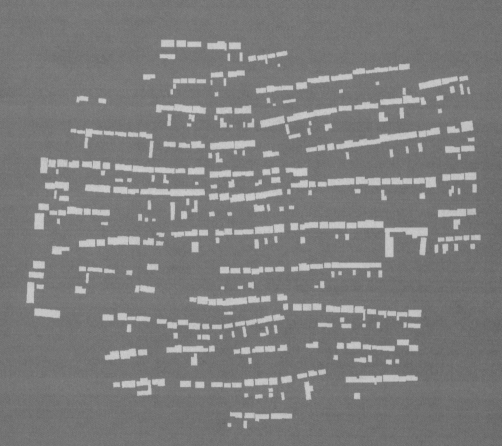

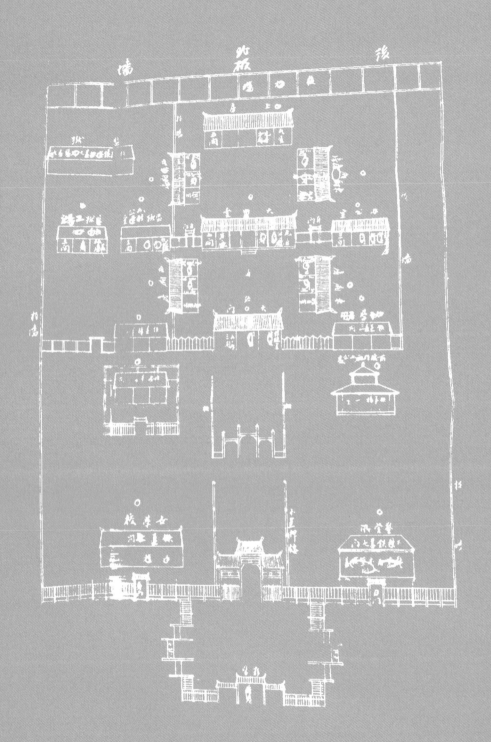

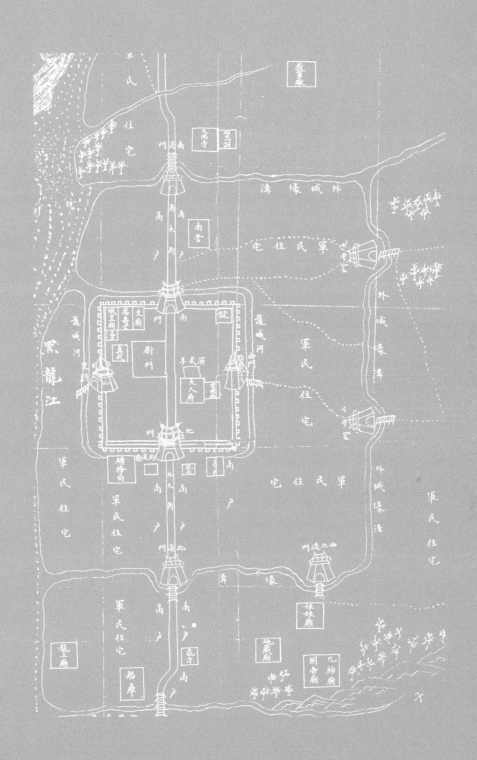

黑龙江

聚落

中国传统聚落
保护研究丛书

黑龙江聚落

周立军　周天夫　著

国家重大出版工程项目
"十三五"国家重点图书

中国建筑工业出版社

总编委会

顾　问：

张锦秋　　陆元鼎　　王建国　　孟建民　　王贵祥　　陈同滨

编委会主任：

常　青

编委会副主任：

沈元勤

总主编：

陆　琦　　胡永旭

委　员：（按姓氏笔画排序）

王　军	王金平	韦玉姣	冯新刚	朴玉顺	刘奔腾	关瑞明
李群(女)	李群(男)	李东禧	李树宜	杨大禹	吴小平	余翰武
张兴国	张鹏举	陆　峰	范霄鹏	金日学	周立军	郑东军
单晓刚	赵之枫	姚　赯	贾　艳	高宜生	郭　建	唐　旭
唐孝祥	黄　耘	黄文淑	黄凌江	韩　瑛	靳亦冰	雍振华
燕宁娜	戴志坚	魏　秦				

《中国传统聚落保护研究丛书　黑龙江聚落》

周立军　周天夫　　著

审　稿：徐洪澎

序一

一、引子

中国传统文化将一个地方的环境气候和风俗民情的特质和韵味称为"风土"。《国语·周语上》韦昭注："风土，以音律省土风，风气和则土气养也"，即从当地方言的乡音民谣中便可感知一方土地、民风的文化气息，因而"风土"一词与英文的Vernacular近义。"风"指风习、风俗、风气，"土"指水土、土地、地方，所谓一方水土养育一方人，供奉一方神，从这个意义上，"风土"与西方的"场所精神（Genius Loci）"也有一定的关联性。日本近代哲学家和辻哲郎著有《风土》一书，他对"风土"的定义是自然环境气候诸因素加上"景观"，这里的"景观"应指审美角度的自然和人文两个方面，二者相融合的文化景观就是一种典型的传统聚落。

然而，在当今乡村振兴的时代大潮中，传统聚落最常见的关键词是"乡土"而非"风土"，差不多已约定俗成了。"乡土"一词是中国农耕社会中故乡、家乡、老家和乡下的意思，至今中国社会还延续着这个传统的语义。但中文"乡土"与英文Vernacular的语境存在差异，因为西方并不存在以宗法制为基础的传统乡民社会，其乡村也就不会有类似于中国"乡土"的概念内涵。而乡村的发展前景是要走出农耕语境的乡土，留住文化记忆的乡愁，延续场所精神的风土，再造生态文明的田园。再说自近代以来，乡土并不包括城里的传统聚落，比如北京的胡同，西安、成都、苏州的巷子，上海的弄堂等属于"风土"而非"乡土"的范畴。

自1930年朱启钤先生发起成立中国营造学社以来，在梁思成和刘敦桢两位学科巨擘的引领下，我国建筑界对传统民居和乡土建筑的研究持续推进，成就斐然，形成了传统建筑研究的一大专业领域。但如何使这些研究更多地关联和影响城乡建设的进程，对整个建筑类学科都是一个很大的挑战。

二、中国传统聚落的源流与特征

1. "匝居"与城乡同构

中国传统聚落营造的信史可追溯到商周时期的聚落遗址。其中有关"营造"的最早文字记载见于《诗·大雅·灵台》："经始灵台，经之营之"。这里的"经"，是策划、管控的意思；而"营"，原意即"匝居"，是围而建之的意思，例如"营窟""营市（阛、阓）""营垒""营国"等一系列聚落营造范畴的词汇。因此，古代聚落即以"匝居"的方式，形成血缘的乡村聚落，地缘的城邑聚落，以至作为国家统治中心的都邑聚落——都城。这些华夏聚落以宗庙或祠堂为空间秩序的中心，以城垣壕堑为空间领域的边界，虽层级和功用不同，但从深层构成看却大多同构，保持和发展着"匝居"的聚落营造方式，从而部分地诠释了城乡一体的"亚细亚生产方式"学说。因为，一方面，许多乡村聚落拥有城垣、堡楼、街坊、庙宇等要素，俨如一座座城邑，如从汉代的"坞堡"到明清的庄寨、围堡均是如此；另一方面，城邑甚至都邑虽然看上去坚固伟岸，依然不过是政治权力和经济活动高度集中，等级制度极为森严，壕堑防卫更加严密，水平向扩展开来的巨型村寨而已，是乡村聚落的放大升级版。

2. 聚落原型与变换

从"匝居"的外在方式到聚落的内在构成，可以看到中国传统聚落源于商周"井田制"的"井"字形空间概念及其原型意象。所谓"井田制"，即以王室收取贡赋为目的的土地经营制度和划分方式。如周代王室拥公田，公卿以下据私田，遗有周代理想的营国制度，以百亩为夫，九夫为井，九井为国（都邑）。据此制度，田野的纵横阡陌就演变为聚落内经纬交错的街衢，并围合成间、里等空间尺度及单位。后世的里坊、厢坊、街坊，以及后来的胡同、街巷和弄堂等都是这样演变而来的。但这一"井"状网格空间原型的聚落并非处处趋同，而是因地制宜，异彩纷呈，依循了"因天材，就地利，故城郭不必中规矩，道路不必中准绳"（《管子·立政篇》）的变通法则，适应地理环境和地貌条件的差异而产生拓扑变换。这就犹如某种语言，尽管"方言"各异，但"句法"和"语义"相通。或许以这样的解读，方可辩异认同、知恒通变，把握住中国传统聚落的结构本质及其演变方向。

3. 水系与聚落分布

中国传统聚落源于近水的邑居，据《史记·五帝本纪》："禹耕历山……一年而所居成聚，二年成邑，三年成都"。其中，对水畔、雷泽、河滨等的劳作场所描述，均寓意了聚落是伴水而生的文化地景。甲骨文中的"邑"字右边旁加三撇表示傍水，即"邕"字的金文来历，同样表示聚落即环水的邑居。除了统治与防卫上的考虑，古代聚落选址的首要地理条件，是必须依傍满足漕运需要，方便物资供给的水系。因此，自上古以来聚落选址一般都位于大河的二级台地或其支流的一级或二级台地上。在物流以漕运为主的古代，这些水系可以说是聚落生存的命脉，对于都城而言尤甚，如长安、洛阳、汴梁（开封）沿黄河及其支流东西走向一字排开，建康（南京）、江都（扬州）濒临江淮，北京（涿郡）和临安（杭州）则处于南北大运河的两端。实际上历代中心聚落——都城在空间上的移动，均因应了文化地理的条件和漕运线路的兴衰，并与社会动荡、族际战争和人口迁徙相伴随。

4. 乡村风土聚落

在中国古代，与城邑聚落不同的是，乡村聚落社会是按血缘关系和经济共同体为纽带所形成的聚居系统，聚族而居的社会秩序和居住形式仰赖宗法制度维系，特别是自宋代以来，程朱理学倡导"敬宗收族"，形成了以祠堂、族田和族谱为核心的宗族组织及其聚居制度，宗法的社会结构更加趋于自组织化。但由于特定地域下的自然环境（如气候、地貌、水土、材料等）和人文环境（如宗法、宗教、数术、仪式等）的差异，聚落中的宗法秩序和空间布局亦有着同中有异的呈现方式，营造活动很少有统一法式的约束，较之城邑营造更加因地制宜，灵活多变，因而在与自然地景融为一体的有机生长中，保留了纯朴的古风和浓郁的地方性，可以说是千姿百态，谱系纷呈，表现了与西方的"场所精神"相类似的地方特质。以下按地理纬度和等降水量线，将中国各地域的聚落建筑分为四个区段。

1）农耕—游牧混合地区，即400毫米等降水量线以北半干旱北方地区的聚落建筑。如昆仑山南北侧和蒙古草原上游牧民族的帐幕、蒙古包；塔里木盆地周缘突厥语族—东伊朗民族的木构平顶阿以旺住宅；青藏高原上的藏式碉房，甘青地区各族建筑元素相混合的"庄窠"式缓坡顶两合院与三合院，以及青藏高原东部边缘的羌式碉房及合院等。

2）西北、华北和东北地区，即400毫米等降水量线以南至800毫米等降水量线以北之间半湿润北方地区的聚落建筑。如豫、晋、陕、甘各式窑洞，木构坡顶及包砖土坯（胡墼）墙房屋组成的晋系狭长四合院；东北、京、冀、鲁、豫木构坡顶、平顶、囤顶建筑构成的宽敞四合院等。

3）西南、江淮、江南地区，即800毫米等降水量线以南湿润地区的聚落建筑，如川、黔、桂、滇地区，以穿斗体系、干阑—吊脚为显著特征的楼居及合院，藏缅语族各民族的"土掌房""一颗印"（"窨子屋"）"三坊一照壁"等合院；湘、赣、闽北地区"四水归堂"的天井合院或"土库"建筑；江淮地区介于南北方之间的合院和圩堡；徽州地区以堂楼为中心，高耸的马头墙、墙厦、精工木雕、楼面地砖为特色的天井合院；江浙地区穿斗—抬梁混合式的多进厅堂和宅园等。

4）华南地区，即大部处于1600毫米等降水量线范围的高湿多雨地区聚落建筑，如闽南、粤北地区客家、潮汕（闽系）聚落以夯土墙和木屋架构成的大厝、土楼、土堡、围龙屋；粤南广府地区大屋、天井、冷巷构成的合院群等。

总体而言，延续至今的乡村传统聚落基本上都是明清以来的遗存，说明经过两晋南北朝开始的由北而南为主流的历次民族、民系大迁徙，明清时期各地乡村建筑相对稳定的地域分布格局已基本形成，可以从民间流传的营造匠书和聚落族谱中得到印证。如元明之际的《鲁般营造正式》、明万历年间的《鲁班经匠家镜》和清末民初的《营造法原》等，对江南地方的民间建筑影响尤其广泛。

至于少数民族地区的乡村传统聚落，因源于不同的文化传统，其构成及相互关系比较复杂，与汉民族聚落也存在交融现象。比如，明清两代逐渐推进"改土归流"，在南方的少数民族地区以"流官"管理制取代"土司"世袭制，推进了汉族与少数民族的异质文化交融，但后者的"熟化"（或"汉化"）程度，大大超过了前者的"夷化"。

自1930年中国营造学社成立以来，在梁思成和刘敦桢两位学科巨擘的引领下，建筑史界对乡土民居的研究成就斐然，形成了传统建筑研究的分支领域。跨世纪以来，建筑史界对传统民居的人文地理背景和建筑形态分布区系已有一些学术探讨，并有过以传统建筑结构类型为主线的地域区划专题研究。但是这些研究成果怎样对城乡改造中的遗产保护难题产生积极影响，还有待实践中的借鉴和运用。

三、城乡改造与传统聚落

1. 消亡中的乡愁载体

自19世纪末以来，直到改革开放之前，传统中国逐渐从农耕文明走向了工业文明，演变进程是相对缓慢曲折的。尽管传统聚落的宗法社会结构已经崩解，但血缘和宗族关系依然得以延续，聚落的空间结构和传统风貌依然大致如故。随着近30年来城镇化和城乡改造浪潮的冲击，传统聚落的文化特征已发生巨变，大部分古城只保留着少量的历史文化街区。作为乡村传统聚落的大多数村镇，经过撤并集聚或自发式改造，使原有的自然和社会生态系统瓦解或巨变，残留下来比较完整，较多保留着原生态风貌的多在边远山区，占比很大的部分已破败不堪，或被低质化改造，总体上正以极快的速度趋于消亡。

据中外学者的研究，民国时期的城镇化水平不过10%左右，中华人民共和国成立直到改革开放前也只达到17%左右。20世纪70年代末改革开放以来，城镇化开始飞速地发展，城镇化率2018年已达59.58%，其中城镇户籍人口42.35%（包括拥有宅基地的部分镇人口和城中村人口），与欧美约75%～85%及日本93%的城镇化率相比仍差距明显。截至2016年，我国乡村自然村仍有244.9万个，基层自治管理单位"村民委员会"52.6万个，乡村户籍人口7.63亿，常住人口5.6亿，在本地和外地谋生的农民工约2.88亿。2017年全国城乡人均收入倍差2.72，一些贫困的山区和边远地区农村人均收入与全国城乡平均收入倍差则远高于这个数字，这些地方的衰败或空村化现象更加严重（数据来源自2017年、2018年国家统计局公布的数据）。

虽然这种文明进程在任何一个走向现代化的农耕社会迟早都会发生，但是中国作为人类文明诸形态中唯一保持了连续性进化的国家，文化传统的基因和源头即存在于城乡传统聚落之中。这一"乡愁"载体的消亡，不但会使国家和地方失去身份认同的文化根基，而且会使城乡一体化发展的战略目标发生偏差。

2. 风土建成遗产

在中国传统聚落的话语体系中，"民居"是对功能类型而言，"乡土"是对乡村聚落而言，而"风土"是对城乡聚落及其文化地理背景而言，三者均属同一范畴。因此，乡村聚落也是最具文化载体性的风土聚落，呈现了各个地域环境、气候和民族、民系背景下异彩纷呈的风土特质。西方的风土建筑研究可以追溯到法国18世纪新古典主义理论家德·昆西（Quatremère de Quincy），他最早指出了建筑语言的风土（Vernacular）和习语（Idiom）属性。到了当代，英国建筑理论家兼乡村爵士乐作曲家鲍尔·奥利弗（Paul Oliver，1927—），集风土建筑研究大成，在1997年出版了覆盖全球的《世界风土建筑百科全书》（Encyclopedia of Vernacular Architecture of the World），他认为研究风土建筑不只是为了记录过往，对未来的文化和经济可持续发展也是不可或缺的。随后R. 布伦斯基尔（Brunskill R. W.）在2000年出版《风土建筑：一部图解的历史》一书，把20世纪以前定义为"风土建筑时代"，以大量的插图详解了数百年来英国风土建筑在农耕时期和工业化早期的形态特征。

"建成遗产"是经由营造活动所形成的建筑、聚落、景观等文化遗产本体的总称。1999年，国际古迹遗址理事会（ICOMOS）在《风土建成遗产宪章》（Charter on the Built Vernacular Heritage）中，首次提出了"风土建成遗产"的概念，即特定风俗和土地上所建造的文化遗产，其保护价值今已成为全球共识。首先，"聚落建筑"作为风土建成遗产的第一保护对象，是城乡历史环境的栖居场所，也是民族民系身份认同和乡愁记忆的空间载体，携带着可识别的中国传统文化基因。其次，"营造技艺"蕴含乡遗的工巧智慧精华，是对其进行保护、传承和再生的意匠源泉，而只有将传统聚落的营造技艺真正传承下去，保护才是可持续的，才能使聚落遗产长存下去。再次，"文化地景"（或文化景观Cultural Landscape）呈现聚落的环境因应特征，是人工与天工相交融的在地景观。韩国建筑师承孝相，为了表达地景建筑创意，生造了"Landscript"（地文）一词，本意是强调人的活动在土地上留下的印记，就如大地书写一般。显然，"地文"需要保护和续写，即像日本的"合掌造"民居、中国的西递—宏村那样，严格保护好聚落遗产标本，激活历史环境的"场所精神"（Spirit of Place），在新建筑中创造性地转化风土建成遗产的原型意象。

3. 国家级聚落遗产

根据住房和城乡建设部和国家文物局颁布的最新保护名录，中国传统聚落列入国家保护名录的有三大类，均可看作风土建成遗产。其一为100多处"国家重点文物保护单位"身份的传统聚落；其二为国家历史文化名城、名镇、名村，包括135座"名城"、312个"名镇"和487个"名村"；其三为6819个部分由国家财政资助保护的"传统村落"。此外，皖南古村落西递—宏村、福建土楼、开平碉楼与村落，以及红河哈尼梯田文化景观等4项乡村传统聚落及景观被收入世界文化遗产名录。

这其中的传统村落数量最为庞大，部分还同时具有国家级历史文化名村及重点文物保护单位的身份。其分布特点为：南方约占全国总量的78%，大大多于北方；山区多于平原、盆地，如晋、湘、滇、黔、闽的山区占比超过全国总量的二分之一；方言区多于官话区，如晋系方言区约占北方各官话区总和的40%左右；工业化、城镇化起步较晚的地区多于起步较早的地区，如西北地区多于东北地区；城乡人均收入倍差相对较高的地区多于发展水平相近的较低地区，如贵州、云南处于全国传统村落数量排名前列。

上述的三大类传统聚落遗产保护系列中的前两类，有着相应的国家保护法规及实施细则，生存问题相对无虞。而第三类——传统村落量大面广，没有直接的相应保护法规作保障，其生存问题看似有国家财政资助，实际状况则堪忧。

四、传统聚落的保护与活化

1. 模式与问题

对风土建成遗产的专项保护，比较典型的首推北欧斯堪的纳维亚半岛的挪威和瑞典，这里在第二次世界大战前最早以民俗博物馆的方式，保护和展示当地的风土建筑，这种方式随后风靡欧洲大陆和英国。1952年英国"古迹委员会"将18世纪以前的风土建筑均纳入了保护名录，特别值得注意的是，英国将乡村划为120个自然区和181个特色景观区，这是可以借鉴的乡村文化地景谱系保护策略。日本于20世纪70年代兴起的"造村运动"，是通过农业升级改造、乡村特色塑造和技术培训投入，提振乡村经济社会活力和磁力，最终使乡村聚落得到活化和再生。聚落遗产保护和传承是其中的一个部分，如长野县的妻笼宿和岐阜县的马笼宿，其风土建成遗产在存真、修缮、翻建、活化等方面皆有坚定的价值坚守和丰富的保护经验，可供中国乡村风土建成遗产保护和再生实践学习借鉴。

我国城乡风土建成遗产保护与活化前后已历20载左右，经验和教训并存，其中数量占大多数的乡村聚落遗产保护与活化主要有三种模式。第一种为国家文博体系和大型国企主导的乡村博物馆模式，如山西的丁村、陕西的党家村、湖南的张谷英村、福建的田螺坑土楼群及玉井坊郑氏大厝等，经费、法规、导则等条件较为完善，部分村民通过村委会组织参与经营活动受益。第二种为社会企业主导的风土观光综合体模式，乡村聚落遗产由企业与当地政府、村自治体——合作社以契约形式合作及分成，如安徽黟县宏村、浙江松阳县村落、山西沁水县湘峪村、福建连江县杜棠古村三落厝等。第三种为村自治体主导风土生态体验区模式，以由村自治体所属企业及乡村活化能人掌控风土观光资源，进行乡村聚落开发，村民参与其中的相对较多，受益也相对大一些，如安徽黟县西递村、山西平遥县横坡村、陕西礼泉县袁家村、山西晋城市皇城村、福建屏南县北村等。

不可忽视的是，乡村聚落遗产在保护和活化中存在一些带有普遍性的问题和挑战：一是大多没有以乡村经济、社会的改造升级为根本前提，而是过多地依赖于旅游资源的消耗；二是管理政出多门，既条块分割，又一事多管，造成一些村落一村多名，准入标准和处置方式交错低效；三是原住民生活资料——集体土地、宅基地和房屋处于不确定的流转状态，所有权和使用权分离，但土地与房屋租金普遍低廉，收益分配不成比例，原住民的公平共享诉求难以兑现，存在着大量的权益矛盾和法律纠纷，潜在的社会风险已然存在；四是维修和民宿化改造等多为村民自发行为，存在严重的安全隐患，如结构安全意识薄弱，涉及公众安全的强制性技术规范和安全施工监管缺位，消防间距、人身防护不合规范的状况随处可见，声、光、热等室内环境控制指标大都达不到基本使用要求；五是宅基地内滥建低质楼监管缺失，低质翻建率常在一半以上，严重的达70%~80%，使村落风貌严重失控，而招揽观光的利益驱动导致拆真造假现象也随处可见；六是薪火相传趋于中断，大部分营造技艺面临失传，由于种种原因，"非物质文化遗产传承人"名誉并未起到明显的弥补作用，传统意匠及技艺存续与再生尚待突破，新旧修复材料融合手段薄弱等问题普遍存在；七是同质化严重，社会资金普遍投入乡村聚落保护与再生项目的可能性有限，而传统村落依赖国家财政扶持也是很有限的，且不可持续。

2. 标本保存谱系化

当下我国城乡风土建成遗产的保护与活化，首先并不是个建筑学问题，而是涉及保护什么，如何保护，怎样活化的实质性问题，与经济、社会的可持续发展背景息息相关。从物种标本保存的战略眼光看，传统聚落保护与活化的前提是对聚落遗产标本的保存和研究。

少量被定格在某个历史时期或文化样态下的聚落遗产，比如平遥、丽江古城以及各地名镇、名村一类进入各种遗产名录，是受到严格保护的风土建成遗产标本。但这些遗产标本只是聚落遗产中极小的一部分，我们认为，实际上需将我国城乡风土建成遗产按民族、民系的语区或方言区进行全覆盖，成体系地作分类分级梳理，为后世存续完整的风土建成遗产谱系标本，兹事体大，关及国家和地方历史身份和文化传承的根基。因此，应依风土建成遗产谱系统一甄别、筛选和认定聚落遗产，再以地景修复、聚落修补和技艺传承为基础，将之纳入再生过程。当务之急，是应对其谱系构成缘由与分布有比较系统的认知。

由于语言作为文化纽带的重要性仅次于血缘，而风土在语言学上的含义，即连接一个地方聚居群体的交流媒介"语缘"，既可代表不同的文化身份，也可作为判断各文化身份间亲疏关系的参照。因此，从文化地理学和人类学的角度，可尝试以民系方言和语族—语支为参照，对各地风土建筑做出以"语缘"为纽带的谱系分类区划。总体上看，历史上语族相近，说明有相关的文化渊源；语族的方言或语支相通，说明血缘和地缘存在关联性。传统的汉语族—方言和少数民族的语族—语支是在漫长的历史变迁中，由于地理阻隔及民族、民系迁徙所形成的。虽然建筑谱系和语言谱系是否完全对应确是个问题，但设若不同族群在语言上可以交流，则其聚落及建筑一般也会存在交互关系。

参照语言人类学家的语缘区划，汉藏语系的汉语族民族民系聚落及建筑谱系主要可分为：其一，东北、华北、西北、江淮和西南等五大官话区建筑谱系；其二，华北的晋语方言区建筑谱系；其三，江南的吴语、徽语、赣语和湘语四大方言区建筑谱系；其四，华南的闽语、粤语和客家语三大方言区建筑谱系。少数民族语族区聚落及建筑谱系主要可分为：其一，西南地区汉藏语系藏缅语族17个民族的建筑谱系，壮侗语族9个民族和苗瑶语族3个民族的建筑谱系；其二，北方地区阿尔泰语系突厥语族7个民族，蒙古语族6个民族和通古斯语族5个民族的建筑谱系等。此外，还有少量西北地区印欧语系斯拉夫语族和伊朗语族的民族的建筑谱系，以及华南地区南亚语系和南岛语系民族的建筑谱系。以这样的谱系认知方式，对风土建成遗产谱系遗产的标本系列进行谱系化的保护，是有重要意义的一种尝试。

突厥语族区建筑		其他区建筑	蒙古语族区建筑		其他区建筑	通古斯语族区建筑		其他区建筑
定居区	游牧区		定居区	游牧区		定居区	渔猎区	
北方官话区西部建筑			晋语方言区建筑			北方官话区东部建筑		
河西	关中		北部	中部	东南部	京畿	胶辽	东北
西南官话区建筑			北方官话区中部建筑			江淮官话区建筑		
滇	黔	川	鄂	豫	鲁	淮	扬	
藏缅语族区建筑			湘语方言区建筑		赣语方言区建筑		徽语方言区建筑		吴语方言区建筑	
藏区	羌区	彝区	其他	湘西	湘中	湘东	豫章	临川	庐陵	歙县	婺源	建德	苏州	东阳	台州
壮侗语族区建筑			客家方言区建筑			闽语方言区建筑		
壮区	侗区	其他	西部	中部	东部	闽中	闽东	
苗瑶语族区建筑			粤语方言区建筑			闽语方言区建筑（闽南）		
其他区建筑			桂南	粤西	广府	潮汕	南海	台湾

我国民族民系风土建成遗产谱系分布示意图

3. 大量性传统聚落的出路

除了经典传统聚落风土建成遗产谱系的标本保存，大量性的传统聚落，特别是乡村聚落，总体上面临着景象劣化、原有建筑被大量低质改建、乡村经济和民生有待振兴的境况。因此，需要将聚落有机更新和文化地景再造，作为未来发展的主要方向。实际上，对大量性传统聚落的可持续发展而言，实践中应考虑保存有标本价值的聚落典型建筑，延承风土营造谱系所曾依存的地貌特征、空间格局和尺度肌理，再造出隐含着基质原型、适应生活变迁的新风土聚落及文化地景。

此外，传统聚落遗产管理系统和遗产归口的合理化，遗产运作的信托化，遗产基金、社会"领养"

和活化途径的模式化，营造技艺传承的制度化，以及保护技术的系列化等，都应作为传统聚落保护与再生的改进方面加以关注和实施。

五、关于丛书编纂

这部丛书是第一部关于中国传统聚落特征与保护的大型研究集锦，内容覆盖了各省市自治区传统聚落的历史溯源、地域特征与现存状态、保护与活化的方法与途径，以及未来走向的展望等。丛书中的"传统聚落"聚焦于狭义的"村"和"镇"，并可选择性地涉及"城"，即"县"或"市"的老城区，如北京的胡同和上海的弄堂。书中内容兼顾理论观点和叙述方式的历史性、逻辑性和独特性，引述材料要求真实可靠，体例同中有异，充分表达地域特征，并将之纳入史地维度和经济、社会发展的叙事语境。保护与活化内容要求选取兼顾普适性和典型性的工程实践案例，对乡村振兴中的建成遗产存续和再生问题进行全方位的讨论。由于本丛书仍是以行政区划单位作为各分册的研究范畴，难免存在少量跨省市区之间的互涵和重复内容，但作为一部大型丛书，总体上还是完整统一的，其中不少篇章都可圈可点，对乡村振兴和传统聚落的未来探索有多方面的参考价值。

（本文主要内容及参考文献见《建筑学报》2019年12期）

中国科学院院士、同济大学教授
己亥夏至于上海寓所

序二

聚落，是人类聚居和生活的场所，《汉书·沟洫志》曰："或久无害，稍筑室宅，遂成聚落"。聚落这一概念最早出现时是为了描述区别于都邑的居民点，现在已泛指人类生活地域中的村落和城镇。聚落是在各个地域内发生的社会活动、社会关系和特定的生活方式，并且是由共同的人群所组成相对独立的生活空间和领域。传统聚落主要是指具有一定历史性的城乡聚落，拥有物质形态和非物质形态的文化遗产，是先人运用自己的智慧，依据自然、气候、地理、习俗等环境因素建立的适宜的居住空间，同时具有较高的历史、文化、科学、艺术、社会、经济价值，能够反映一定历史时空的社会物质文化与精神文化的重要载体。

传统聚落是人们与自然协调过程中不断地尝试和调整所形成的，是在一定的时空条件下的总结。传统聚落是一定地域空间范围内的人文现象，它既是一种空间系统，也是一种复杂的经济、文化现象和社会发展过程。其起源、形成、发展均在特定地理环境和社会经济背景中，通过人类活动与自然相互作用下的结果，是对自然地理条件、社会治理结构、文化机制作用等多方面的缓慢调整适应，既是人类不断地适应、改造自然环境的实践积淀和智慧结晶，也是特定地域环境人地关系的空间反映。正如本套丛书之一《云南聚落》编写作者杨大禹教授所说："几乎所有的传统聚落，作为联系自然环境和人文环境的中介，从它们的地理分布、外部整体形态、内部空间结构，到聚落与周围自然环境、山水地形的紧密关系，都体现出因地制宜、和谐有机的共同规律。"这些共识是协调当地的地理条件、社会风俗与生活方式等积累而成的。在以聚居为主的生活模式下，都会充分考虑到聚落的环境特点，尽量找到资源配置最为合理、微气候最为和谐的场所。聚落形态与民居建筑形式的存在，与人们应对自然环境的生理、心理需求有着千丝万缕的联系。所以，传统聚落都能反映出在一定的地域空间环境、一定的民族和一定的历史时期所承载的建筑文化底蕴。

传统聚落作为中华文明的一种载体，凝聚着具有地域性、民族性与艺术性的布局特色和建筑风采，以及文化习俗下构成的聚落分布、空间格局、生产模式、景观形态等风情各异、千姿百态的元素。传统聚落是先人们长期适应自然，与自然和谐相处的历史见证，凝聚着中国悠久的农耕文明，展示着人们自古至今的生存智慧，可以说，传统聚落承载着中华文化精华和中华民族精神。所以，保护传统聚落就是维系中国传统文化的延续，就是在保护中华文明的根。

对于聚落空间的研究，既要把控聚落自身各种要素以及各要素之间的相互关系，也要关注聚落内部空间与聚落外部空间之间的关系，从而进一步了解单个聚落与同一个地域内其他聚落之间的关系，以便获得对聚落空间完整概念的把握。通过对传统聚落特色的系统研究，包括将传统聚落的不同历史发展阶段，各种历史文化要素和不同形态载体归纳合一，作为相互交融、贯通的体系来研究，从理论层面上梳理传统聚落各种有关形成、发展、演化的普遍规律和地区特征，挖掘其精神文化及生命智慧，发现其内在的文化价值，尊重其自身的运营机制，肯定其在现代聚落发展中的积极作用，以丰富我们对于人类聚居的认识。

长期以来，我们的先人经过不断的实践，运用了他们的丰富智慧，无论在聚落总体布局或在民居建筑技术、艺术方面都取得了很高的成就，积累了丰富的经验。传统聚落生存智慧拥有中国优秀传统文化的内核，是体现传统建筑智慧最具特色的代表。如何重新再认识传统聚落所具有的地域性、民族性与文化多样性特征，进一步发掘潜藏其中的营建技艺、理论精华和创造智慧，寻求传统聚落的持续发展相应的理论支撑，是我们当前重要的课题。当然，蕴含着中华文化基因的传统聚落更是当代建筑文化特色形成的基础，值得我们去进行研究、总结、学习和借鉴。

"中国传统聚落保护研究丛书"各卷作者综合运用文献研究法、调查研究法、比较研究法、定性分析法等科学研究方法，建构传统聚落研究的基本思路。采用文献分析、田野调查、理论研究与实证分析结合、系统化分析等方法，通过对学术文献、地方志、文书族谱等史料资料进行梳理筛选，对现有传统聚落进行建筑测绘、口述访谈，在吸取前人研究成果的基础上，归纳总结我国传统聚落发展特点及其背后蕴含的丰富文化和物质内涵，从整体上考虑多元文化影响下的传统聚落特征。丛书作者在编写过程中，借鉴历史学、社会学、建筑学、城乡规划学、文化地理学、景观生态学等跨学科交叉的思路，采用融合融贯的研究模式，既对传统聚落的基本共性特点归纳总结，也对受各区域条件影响的传统聚落比较分析，从整体上来把握研究对象。

在新时代的聚落发展和建设中，对传统聚落的保护与研究就显得尤为重要。传统聚落所呈现出来的优秀空间格局与营造技艺，不仅能给聚落的保护更新提供更为合理的方法途径，同时也能为新时代的聚落建设提供更多的方式方法及可能性。探究历史文化基因的内在联系，研究传统聚落的起源、演变、特点和价值，为传统聚落的传承提出依据，以便于更好地加以保护与利用。与此同时，在弘扬与传承优秀传统文化的基础上，探寻传统聚落发展模式及其保护的策略与原则，对保护与更新提出更为具体的要求与措施，构建整体保护的格局理念，以及与其相适应的、分级分类的传统聚落保护体系，更好地把握传统聚落在当代的发展道路与方向。

"中国传统聚落保护研究丛书"的编写希望以准确翔实的史料、精确细腻的测绘、真实生动的图片来全面展示中国传统聚落悠久的历史、灿烂的文化、淳朴的民风。由于各地区的状况不同和民族差异，以及研究基础也会参差不齐，故在编写中并未要求体例、风格完全一致，而以突出各地区传统聚落自身特色，满足各地区建设的需求为主。同时，丛书的编写，也希望对全国各省、直辖市、自治区传统聚落保护与传承、历史街区与传统村落建设，以及城乡人居环境提升起到重要的参考与指导作用，这是本套丛书研究编写的目的和意义所在。

2020年11月16日

前言

聚落，是人类聚居和生活的场所，泛指城市聚落和乡村聚落。而对于笔者的研究对象传统聚落而言，主要是指具有一定历史性的乡村聚落。《汉书·沟洫志》记载："或久无害，稍筑室宅，遂成聚落"，聚落是人们运用自己的智慧，依据自然、气候、地理、习俗等环境因素所建立的适宜的居住空间，是传统的农耕文明所引导的一种聚居而生的社会单元，是一定区域内生活、生产及文化的载体。因此传统聚落凝聚着中国悠久的农耕文明，展示着人们自古至今的生存智慧，传承着中国五千年的文化魅力。

传统聚落作为中华文明的一种载体，它包含了乡土建筑、文化习俗、生产方式等凝聚着艺术性、民族性、地域性的构成元素，是新时代乡村建设的一笔巨大的财富。所以，保护传统聚落就是在维系中国传统文化的延续，就是在保护中华文明的根。中国作为一个历史悠久、资源丰富、多民族聚居的农业大国，形成了千姿百态、风情各异的传统聚落形态，"五里不同风，十里不同俗"是对我国传统聚落的真实写照。如何更好地保护这一灿烂的瑰宝，更好地传承优秀的聚落文化，使得传统聚落在当代得到更好的发展，是新时代乡村建设的重中之重，也是本次研究的意义所在。

黑龙江省是一个边疆大省，地域辽阔，资源丰富，气候独特，生态环境复杂多样。绵延的山脉、辽阔的平原、奔腾的河流形成了"五山一水一草三分田"的地理格局。同时，独特的气候环境，营造出独具地域特色的冰雪文化，复杂的生态环境造就了多样的传统聚落形态。

黑龙江省作为华夏文明的发祥地之一，从距今四万年至三万年的旧石器时代开始，经历了鲜卑文化、渤海文化、金源文化等，从清朝的戍边开垦、中东铁路的修建到后来的闯关东、知青插队，在多元文化的融合下造就了独具特色的黑龙江地域文化。同时，黑龙江省汇聚着众多的少数民族，其中包括满族、朝鲜族、回族、蒙古族、达斡尔族等多个世居民族，不但影响着黑龙江省地域的政治、文化等形式的更迭，同时不同的民族也带来了不同类型的文化碰撞，形成了独具特色的人文环境及村落形态，极大地丰富了聚落的文化特性及传统聚落类型，是黑龙江省历史发展不可或缺的一部分，对社会的发展、民族的融合、文化的交流都起到了极大的促进作用。此外，黑龙江地区曾在清代初年作为满族的龙兴之地而遭到200多年的封禁，也客观地保存了当地地域文化的原始风貌，使黑龙江省传统聚落更具独特的历史价值和文化内涵。

改革开放以来，黑龙江省村落建设步入了新的历史阶段，并经历了快速的发展过程。但在城镇化发展的冲击下，黑龙江省不少传统聚落在追求经济发展的同时，忽略了对历史文脉的科学保护，传统聚落的风貌、文化、风俗等受到了不同程度的破坏。而在党的十九大所提出的乡村振兴战略中指出，要合理地划定乡村建设的历史文化保护线，保护好文物古迹、传统村落、民族村寨、传统建筑、农业遗迹、灌溉工程遗产。传承传统建筑文化，使历史记忆、地域特色、民族特点融入乡村建设与维护。因此，在新时代的聚落发展和建设中，对传统聚落的保护与研究就显得尤为重要。

本书根据研究内容共分为七个章节。从黑龙江省传统聚落的历史、地理、人文等环境背景谈起，详细解析黑龙江省传统聚落的类型、布局结构、功能形态、景观环境等，探究传统聚落民居建筑的类型特征及营建技术，最终回归到对传统聚落的保护与更新之上，完整地阐述对黑龙江省传统聚落当代发展与保护的认知。

第一、第二章，对黑龙江省传统聚落的生成发展背景进行概述。从历史地理环境、人文环境两方面系统地阐述了黑龙江省传统聚落发展所依附的历史、人文、地理环境。从历史沿革、区划变迁、人口聚落的历史变迁等方面探寻传统聚落发展背景，从自然地理特征入手研究传统聚落的选址特点，从文化因素寻求传统聚落的内在涵养，系统地解读在历史、文化、地理等不同因素的主导下，其传统聚落发展的形态特征。

第三章，对黑龙江省传统聚落的分类及其聚落的结构形态进行分析研究。不同的聚落依据其所处地形、气候、文化等因素影响，展现出不同的形态肌理及结构类型。根据其聚落肌理形态的不同，对黑龙江省传统聚落进行分类，并对不同类型的聚落形态的成因、特点进行分析。同时，依据道路、院落、边界、节点、标志物五种不同的构成元素对传统聚落的空间结构进行拆解分析，全面地阐述其与传统聚落的联系及所形成聚落形态结构的特征。

第四章，对黑龙江省传统聚落的功能形态进行阐述与分析。结合黑龙江省不同区域的生产、地理、文化等因素，将传统聚落分为生产、商贸、行政、防御等不同功能形态的类型，同时梳理其内在特征，阐述不同类型聚落的功能属性、形成缘由及其发展模式等。最后结合不同类型的传统聚落实例，对其相应功能形态的聚落进行例证分析。

第五章，结合聚落的环境构成，对黑龙江省传统聚落的景观形态进行分类整理。从自然与人文两种景观要素入手，结合农田、山林、河流、气候等自然景观及建筑、构筑物等人文景观，分析不同元素对聚落的整体的景观环境的影响及其所塑造的聚落景观空间，并通过具体实例阐述不同类型的景观要素在传统聚落中的表达形式及特征。

第六章，传统民居的类型及营建技术。由大层面的聚落转到小层面的民居建筑，从建筑的类型谈起，同时分析其相应的营建技术及策略。根据黑龙江省多民族聚居的特点，按照汉族、满族、朝鲜族及其他民族的建筑文化形式，对传统聚落中的民居进行分类，探究不同的民族文化对民居建筑设计建造的影响，分析不同类型的传统民居建筑的形态布局、空间特征、材料构成、建构技术等，总结其优秀的传统建造技艺，积累丰富的设计经验。

　　第七章，对黑龙江省传统聚落的保护与更新策略进行探究。通过对黑龙江省传统聚落在发展过程中所存在的问题进行分析总结，从理论与实践两个角度出发，归纳黑龙江省传统聚落保护更新的原则、策略、措施等。从传统聚落的空间布局及其形态结构出发，通过对道路、院落、边界、节点和标志物等要素的分析，从宏观整体到微观结构，寻求传统聚落在空间、建筑、景观等方面的保护与更新措施。同时，结合实际的保护更新实践案例，从不同层面剖析其在保护更新中所存在的问题，以及其值得借鉴的措施方法等，从而为更多的传统聚落的保护与更新提供参考及帮助。

　　本书作为"中国传统聚落保护与研究丛书"中的一卷，黑龙江省传统聚落是我国传统聚落研究的重要组成部分。特定的自然环境和文化背景，黑龙江省传统聚落在发展的过程中形成了独特的气质，蕴含着丰富的历史信息，是珍贵的文化载体和历史遗存。但是因为行政区划内的黑龙江省地域辽阔，传统村落分布较为分散，加之冬季寒冷漫长，全面系统的实地调研都有一定困难。而现阶段对于黑龙江省传统民居的研究主要偏重于对民居单体构成及环境要素的描述分析，很少有从区域内传统民居聚落分布和演变的宏观视角开展研究，前期资料与研究成果比较缺乏，所以开展黑龙江省传统聚落的研究工作具有一定的难度。

　　本研究经过近五年的研究积累，大量收集和扩充黑龙江省传统聚落田野调查，特别是根据聚落研究强调整体性空间布局的特点，采用无人机拍摄和摄像等工作方式，使研究成果更真实生动。同时，运用综合运用文献研究法、比较研究法、定性分析法和学科交叉研究等多种科学研究方法，来解析我国黑龙江省传统聚落发展现状及其背后所包含的丰富的文化和物质内涵，通过归纳与总结、比对与分析等来探寻传统聚落发展模式及其保护的策略及原则，希望本书能弥补一些之前黑龙江省传统聚落研究的空白，丰富黑龙江省传统聚落的理论研究。这是黑龙江流域汉族、满族、朝鲜族等传统聚落形态研究的成果，也是对基于文化地理学的东北传统民居演化机制与现代演绎研究工作的支撑，并为后续黑龙江省传统聚落保护修复等工作做准备。应该说本研究是一项即有紧迫性和重要的现实意义，又有一定创新性的工作。研究成果可以为黑龙江省传统聚落保护工作提供资料基础。以便更好地传承黑龙江省优秀的传统聚落文化，完善和推进传统聚落的保护、更新与发展，为黑龙江省乡村振兴建设贡献一份力量。

2020年12月28日

目 录

序　一

序　二

前　言

第一章　聚落的历史地理环境

第一节　历史沿革 —————— 002
　　一、气候环境的历史变迁 —————— 002
　　二、交通线路的历史变迁 —————— 004
　　三、农业生产的历史变迁 —————— 009

第二节　历史区划的变迁 —————— 011
　　一、郡县制确立 —————— 011
　　二、管辖区域的演变 —————— 012

第三节　人口聚居的历史变迁 —————— 014
　　一、先秦时期 —————— 014
　　二、渤海国时期 —————— 015
　　三、辽金时期 —————— 015
　　四、明朝时期 —————— 016
　　五、清朝时期 —————— 016

第四节　自然地理环境与聚落选址 —————— 018
　　一、北部山地林区 —————— 018
　　二、东北部平原地区 —————— 022
　　三、滨水地区 —————— 024

第二章　聚落的人文环境构成

第一节　区域特色文化 —————— 032
　　一、土著渔猎文化 —————— 032
　　二、畜牧文化 —————— 033
　　三、传统农耕文化 —————— 035
　　四、近代外来文化 —————— 037

第二节　民族文化 —————— 039
　　一、汉族文化 —————— 040
　　二、满族文化 —————— 040
　　三、朝鲜族文化 —————— 041
　　四、其他少数民族文化 —————— 042

第三节　侨民文化 —————— 042
　　一、俄罗斯文化 —————— 042
　　二、其他西方文化 —————— 043

第三章　乡村聚落类型与结构形态

第一节　传统聚落类型 —————— 046
　　一、散点式聚落 —————— 046
　　二、行列式聚落 —————— 048
　　三、组团式聚落 —————— 049
　　四、条纹式聚落 —————— 049
　　五、自由式聚落 —————— 051

第二节　传统聚落结构 —————— 053
　　一、道路 —————— 053

二、	院落 —————————— 061
三、	边界 —————————— 063
四、	节点 —————————— 071
五、	标志物 ———————— 075

第四章　乡土聚落的功能形态

第一节　生产型聚落 ———————— 082
  一、概述 ———————————— 082
  二、农耕聚落 ————————— 083
  三、渔猎聚落 ————————— 092
  四、游牧聚落 ————————— 099
第二节　交通商贸型聚落 —————— 101
  一、概述 ———————————— 102
  二、商贸型聚落 ———————— 102
  三、交通型聚落 ———————— 103
第三节　行政管理型聚落 —————— 107
  一、概述 ———————————— 108
  二、内政型聚落 ———————— 108
  三、外涉型聚落 ———————— 110
第四节　防御型聚落 ———————— 114
  一、概述 ———————————— 114
  二、戍边型聚落 ———————— 114
  三、驿站型聚落 ———————— 120

第五章　聚落的环境与景观

第一节　聚落景观要素构成 ————— 126
  一、自然景观要素 ——————— 126
  二、人文景观要素 ——————— 129
第二节　聚落自然景观 ——————— 141
  一、滨水村落 ————————— 141
  二、山林村落 ————————— 142
  三、特殊气候村落 ——————— 145
第三节　聚落人文景观 ——————— 146
  一、门楼院居 ————————— 146
  二、桥塔牌坊 ————————— 149
  三、殿府庙寺 ————————— 154

第六章　聚落民居建筑类型特征及营建技术

第一节　汉族聚落民居建筑类型及其建构技术 ———————————— 168
  一、井干式民居 ———————— 168
  二、碱土平房 ————————— 170
  三、瓦房合院式民居 —————— 173
第二节　满族聚落民居建筑类型及其建构技术 ———————————— 177
  一、单体建筑平面形态 ————— 177
  二、院落组成平面形态 ————— 177
  三、烟囱形制 ————————— 178
  四、"口袋房" ————————— 179
  五、万字炕 —————————— 179
  六、索罗杆 —————————— 180

第三节 朝鲜族聚落民居建筑类型及其
　　　建构技术 ——————————— 181
　一、单体建筑平面形态 ——————— 181
　二、院落组成形态 ————————— 183
　三、建筑造型与细部 ———————— 183
第四节 其他少数民族聚落民居建筑类型
　　　及其建构技术 ————————— 184
　一、聚落组成平面形态 ——————— 185
　二、单体建筑平面形态及结构构造 —— 185
第五节 传统聚落民居建造材料 ————— 192
　一、墙体建造材料及建构技术 ———— 192
　二、屋顶建造材料及建构技术 ———— 193
　三、门窗形制及材料 ———————— 194

第七章　传统聚落的保护与更新

第一节 传统聚落的保护更新理论与
　　　原则 ————————————— 198
　一、聚落保护更新理论 ——————— 198
　二、聚落保护更新原则 ——————— 199

第二节 传统聚落保护更新策略与措施 —— 202
　一、聚落现状及存在问题 ——————— 202
　二、聚落保护更新方向 ——————— 204
　三、聚落保护更新策略与措施 ———— 208
第三节 传统聚落保护更新实践 ————— 226
　一、历史人文型聚落保护更新实践 —— 226
　二、自然风貌型聚落保护更新实践 —— 231

索　引 ———————————————— 243

参考文献 ——————————————— 246

后　记 ———————————————— 249

第一章

聚落的历史地理环境

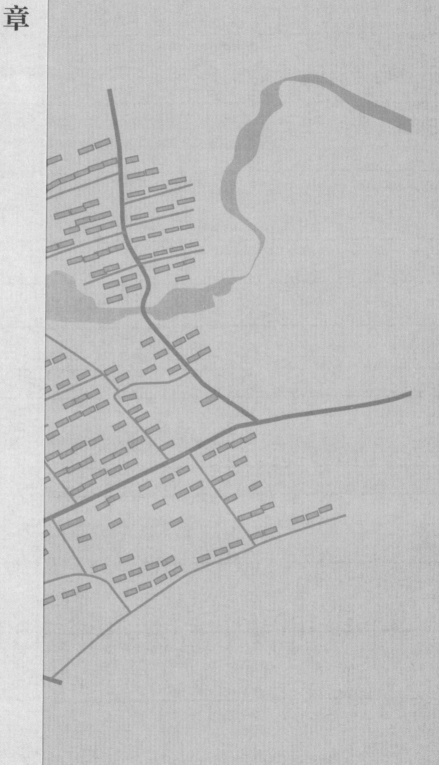

第一节 历史沿革

黑龙江省位于我国的最东北部，在其地理条件和气候条件的作用下，与当地的历史文化相结合造就了今天黑龙江地区独特而丰富的传统聚落形态。历史的沿革变迁是影响聚落风貌特色的重要因素之一。特定阶段的历史环境决定着整个社会的信仰、态度、观念、认知环境等，这又在潜移默化中对当时人们的居住习惯产生着影响。气候特点影响了民居建筑的形式，交通路线的变迁影响了聚落的选址，生产方式影响了聚落的整体风貌，以及其他的因素，在影响乡村聚落形成之外，也造就了黑龙江乡村聚落区别于其他地域的村落空间特征。

一、气候环境的历史变迁

（一）气候

黑龙江省属中温带，寒温带大陆性季风气候。四季分明，夏季雨热同期，冬季漫长。年平均气温在-4~5℃之间，从东南向西北平均每高1个纬度，年平均气温就约低1℃，嫩江至伊春一线为年平均气温0℃等温线。全省≥10℃的积温在2000~3000℃。无霜期约100~160天，大部分地区的初霜冻在9月下旬出现，终霜冻在来年4月下旬至5月上旬结束。

年平均降水量多介于400~650毫米。中部山区最多，东部次之，西部和北部最少。每年5~9月生长季降水量可占全年总量的80%~90%。全省湿润系数在0.7~1.3之间，西南部地区低于0.7，属半干旱地区。

全省太阳辐射资源比较丰富。年太阳辐射总量在4400~5028兆焦耳/平方米。其中，每年5~9月的太阳辐射总量占全年的54%~60%。全省日照时数约在2200~2900小时，其中农作物生长季日照时数占总量的44%~48%。

风能资源比较丰富。各地年平均风速为2~4米/秒。风速≥3米/秒的有效时数较多，松嫩平原、松花江干流谷地和三江平原约为4000~5000小时，主要出现在冬季、春季和秋季。

（二）地貌

黑龙江省位于中国最东北部，中国国土的北端与东端均位于省境内。因省境东北有黑龙江而得名，简称黑。黑龙江东部和北部以乌苏里江、黑龙江为界与俄罗斯相邻，与俄罗斯的水陆边界长约3045公里；西接内蒙古自治区，南邻吉林省，是亚洲与太平洋地区陆路通往俄罗斯和欧洲大陆的重要通道，是中国沿边开放的重要窗口。

黑龙江省东西跨14个经度、3个湿润区，南北跨10个纬度、2个热量带。介于北纬43°26′~53°33′，东经121°11′~135°05′，南北长约1120公里，东西宽约930公里，是中国位置最北、纬度最高的省份。黑龙江省地貌特征可以总结为"五山、一水、一草、三分田"，地势大致是西北部、北部和东南部高，东北部、西南部低，主要由山地、台地、平原和水域构成。西北部为东北—西南走向的大兴安岭山地，北部为西北—东南走向的小兴安岭山地，东南部为东北—西南走向的张广才岭、老爷岭、完达山脉；东北部的三江平原（包括兴凯湖平原）、西部的松嫩平原，是中国最大的东北平原的一部分。黑龙江省山地海拔高度大多在300~1000米之间，面积约占全省总面积的58%；台地海拔高度在200~350米之间，面积约占全省总面积的14%；平原海拔高度在50~200米之间，面积约占全省总面积的28%。

黑龙江省境内江河湖泊众多，有黑龙江、松花江、乌苏里江、绥芬河四大水系，以及兴凯湖、镜泊湖、五大连池、莲花湖、连环湖、桃山湖等众多湖泊。常年水面面积1平方公里及以上湖泊253个，其中淡水湖241个、咸水湖12个，水面总面积约3037平方公里（不含跨国界湖泊境外面积）。

（三）资源

1. 生物资源

黑龙江省土地条件居全国之首，总耕地面积和可开发的土地后备资源均占全国1/10以上，人均耕地和农民人均经营耕地是全国平均水平的3倍左右。全省现有耕地约1187.1万公顷，土壤有机质含量高于全国其他地区，黑土、黑钙土和草甸土等占耕地的60%以上，是世界著名的三大黑土带之一。黑龙江省盛产大豆、水稻、玉米、小麦、马铃薯等粮食作物以及甜菜、亚麻、烤烟等经济作物。2006年草原改良建设约14.7万公顷，草质优良、营养价值高，适于发展畜牧业。

2. 矿产资源

已发现的矿产达135种，已探明储量的矿产有84种。石油、石墨、砂线石、铸石玄武岩、石棉用玄武岩、水泥用大理岩、颜料黄土、火山灰、玻璃用大理岩和钾长石等10余种矿产的储量居全国之首，煤炭储量居东北三省第一位，是全国煤炭调出省之一，其中东部地区为优质煤炭产区，有鸡西、鹤岗、双鸭山及七台河四大煤矿，同时黑龙江省也是中国煤油焦煤的重要产区之一，有中国最大的油田——大庆油田。

3. 森林资源

全省林业经营总面积约3175万公顷，占全省土地面积的2/3。有林地面积约2007万公顷，活立木总蓄积约16.5亿立方米，森林覆盖率达43.6%，森林面积、森林总蓄积和木材产量均居全国前列，是国家最重要的国有林区和最大的木材生产基地。森林树种达100余种，利用价值较高的有30余种。黑龙江省是全国最大的林业省份之一，林业生态地位十分重要。天然林资源是黑龙江省森林资源的主体，主要分布在大兴安岭、小兴安岭、完达山及长白山脉。

4. 动植物

高等植物2000余种，其中，国家一级重点保护野生植物有东北红豆杉，国家二级重点保护野生植物有野大豆、水曲柳、黄檗、胡桃秋等10种。陆生野生动物476种，其中兽类88种，鸟类361种，爬行类16种，两栖类11种。国家一级保护动物17种，如东北虎、丹顶鹤等，有黑熊、白枕鹤等国家二级保护动物66种。

5. 湿地资源

全省湿地面积约867万公顷，其中天然湿地面积约556万公顷，是全国湿地资源分布面积最大的省份之一。具体分布为三江平原约156万公顷、松嫩平原约78万公顷、大兴安岭约85万公顷、小兴安岭和东部山区约115万公顷。按照类型可划分四大类，即河流湿地约46万公顷、湖泊湿地约43万公顷、沼泽和沼泽化草甸湿地约332万公顷、库塘湿地约13万公顷。目前全省拥有扎龙、洪河、兴凯湖和三江四块国际重要湿地。

6. 水资源

全省境内江河湖泊众多，有黑龙江、乌苏里江、松花江和绥芬河四大水系，现有大小湖泊640个、在册水库630座，水域面积达80多万公顷。黑龙江省是中国水资源较丰富的省份之一，年降雨量70%，集中在农作物生长期，雨热同季，生物生长环境良好。

二、交通线路的历史变迁

（一）驿道驿站

1. 魏晋时期

黑龙江地区经济开发比内地要迟，交通主要是依靠人夫、马骡、车船。在魏晋后，勿吉人和室韦人多次派遣使者向中原王朝进贡，由此开拓了黑龙江通向中原的道路，其历史也被载入《北史》《魏书》等，是我国最早的关于黑龙江道路交通的记载。

2. 盛唐时期

以"海东盛国""万里寻修"著称的唐代渤海国（公元698～公元926年），有着纵横交错、四通八达、水陆通衢、漂洋过海的浩大交通体系（图1-1-1）。

对此，《新唐书·渤海传》有一段脍炙人口的记述："龙原，东南濒海，日本道也。南海，新罗道也。鸭渌，朝贡道也。长岭，营州道也。扶余，契丹道也。"

渤海国政治、经济和交通中心，是王都忽汗城（即"上京龙泉府"，今黑龙江省宁安市渤海镇）。忽汗城以近忽汗河（今牡丹江）、忽汗海（今镜泊湖）得名。在渤海国229年的历史中，曾四次迁都，两驻忽汗城。忽汗城仿大唐长安建造，代表着渤海人创造的"海东盛国"的灿烂文明，渤海国交通就是从这里发端，辐射海内外。后人补证的"黑水道"，经由德里镇（黑龙江省依兰县），沿松花江、黑龙江顺流而下，最远到达黑龙江入海口、库页岛。

渤海国时的道路是东北古代交通的基石和丰碑。渤海国以后，辽、金、元、明、清历代道路沿革，直至东北现代公路、铁路主干线，都可以从渤海国时的道路找到源头或前身。

3. 元朝

元朝政府为了加强对东北地区的统治，除了行政建制、设官镇守外，还在黑龙江地区开辟了几十条驿道，设立站赤百余所。"站赤"是蒙语驿传的译名，就是驿站。其职责是"通达边情，布宣号令"。使用的交通工具"陆则以牛以马，或以驴，或以车，而水则以舟"。这些驿道和驿站，宛如游龙，丽若明珠，串级在白山黑水之间，沟通了祖国内地和东北边疆的政治、经济联系，贯彻了中央政府的政令实施。这对于加强祖国边防，促进黑龙江社会经济的发展，起到了积极的推动作用。

元朝从大都（今北京市）经辽阳、祥州（今农安北60里万金塔古城），往北偏东渡拉林河，直奔黑龙江下游的交通线，是当时由内地通往黑龙江流域最重要的交通干线。这条线大部分和金代由腹地通向上京的交通线重合。到了元代，这条交通线有了进一步的发展，但有些站名早已亡佚。以后明代的"海西东水陆城站"，就是在这条交通线的基础上，进一步完备起来的。

由西祥州（今农安北万金塔古城）至失宝赤万户府的驿道，是元代黑龙江地区另一条主要的交通干线。它经扶余县渡松花江、洮儿河，到北京泰来县塔子城，又经齐齐哈尔西北至嫩江县，折而东行抵瑷珲的失宝赤万户府。以后，清代所设的齐齐哈尔至瑷珲的驿道，基本

图1-1-1　渤海国陆海交通示意（来源：《东北古道》）

上沿袭元的这条交通线，其设站地点和站名也大多相沿未改。如元代的吉答站是清代齐齐哈尔的省译；元代的碾站（捻站），清代称为宁年站（今黑龙江省富裕县）。"宁年""碾""捻"，均为满语"大雁"之意。

4. 明朝

明朝在统一东北，建立都司、卫所地方政权的同时，为了适应当时军事政治斗争的需要，加强对东北的管理，积极恢复和建立东北水陆交通驿站。1409年，明朝在黑龙江口附近的奴儿干城设置了奴儿干都司。奴儿干都司管辖西起鄂嫩河、东至库页岛、南濒日本海、北抵外兴安岭的辽阔地区。明朝在那里驻守军队，设置驿站，所以通往奴儿干地区的水上驿路尤其受到重视，是一条主要的驿站线，北起奴儿干城，南接辽东，通向都城北京。

5. 清朝

清代黑龙江驿道、驿站建设得到了飞速发展，200多年的时间里，沿袭并开辟了墨尔根至雅克萨、吉林乌拉至瑷珲、齐齐哈尔至呼伦贝尔、宁古塔至三姓、宁古塔至珲春等10条驿道，总长达10670余里（1里合0.5公里），其中在今黑龙江境内的达6600余里，沿途驿站148个，今黑龙江境内99个，其中额设驿站47个，驻兵驿站52个。这些驿站和吉林、盛京、内蒙古三个地区的驿站相连，并由此通往京师和全国各地，对加强黑龙江地区的边防、管辖和治理，发展经济，促进对外交流等都起到了巨大的作用（图1-1-2）。

黑龙江地区驿道驿站的设置，既是对沙俄用兵的战略需要，也是对该地区管辖、开发的主要手段。首先改变了明朝实行的卫所制，在原有血缘氏族和地域村屯的基础上，建立了自己的基本政权组织——八旗制和姓氏屯长制，把军事体制和居民的户籍管理统一起来。10条驿道的设置也是在各种基础之上逐步建立和发展的。从最初的驱逐沙俄入侵者，保证运饷进兵的畅通和谕令、奏报的及时传递而设立，到后来随着驿站的设置而逐渐形成城镇，以至于商业往来密切，经济开发的需要，从军事到民生，黑龙江地区的驿道驿站设置，起到了巨大的促进作用。

图1-1-2 嫩江古驿道示意（来源：《皇华纪程》：京津——威远堡——宁古塔——珲春）

黑龙江地区的驿站在黑龙江将军管辖下，主要有为雅克萨反击战开辟的两条驿道、为加强西部防务和地区管辖开辟的三条驿道、为加强东部边防和招垦开辟的三条驿道以及最早开辟的两条驿道。

（二）东北亚丝绸之路

据专家探源考证，历史上有一条"东北亚丝绸之路"，古代，这条横贯东北大地，遥遥数千里的漫长交通线，沿东流松花江，连接黑龙江中、下游，直抵黑龙江入海口的鄂霍次克海、库页岛和北海道。沿途驿站达到700余处，无数蹄窝、辙痕融入山川。发源于长白山的松花江，为典型的平原河川，它的自由式曲流，留下了宽阔而平展的河道漫滩，既有水路、陆路可通，又可利用冰雪以狗爬犁、马爬犁往来，路路畅达，四时咸宜。这样的交通线，不仅在我国交通史上独具特色，在全世界也是罕见的（图1-1-3）。

早在3000年前，以今天黑龙江、吉林东部牡丹江为中心居住地的东北先民肃慎人，已开始南移长白山地区，与中原商、周王朝有了交往。先秦古籍中关于"肃慎氏之贡矢"——"北土"贡品楛矢石砮就是明证。此后，辽西走廊和辽东半岛与山东半岛之间的渤海海路，便成为中原与东北地区往来的通道。早在1000年前辽王朝初期，黑龙江地区已有一条海东路，又称"鹰道——五国鹰路"，从辽西起经黑龙江省中部伸向黑龙江流域与岭北地区。金王朝建都以后，向周边地区又有所发展。

元代，是东北地区交通网络初步形成时期，古代黑龙江中部的丝绸之路也正起于此时。元代的东北地区包括贝加尔湖以东、外兴安岭南北和黑龙江下游与库页岛、乌苏里江东部沿海。辽阳行省管内的驿道共有十几条，分南线北线，站赤120处，狗站15处。其中北线的东北路经交通枢纽西祥州（今吉林省农安东北），顺松

图1-1-3 黑龙江陆海丝绸之路经济带走向示意图（来源：黑龙江日报）

花江水路进入今天的黑龙江省，沿松花江在岸边设驿站。贯通黑龙江省中部地区后进入黑龙江水路，直达元王朝征东元帅府所在地奴儿干亨滚河入黑龙江处。

因黑龙江下游地区的少数民族冬季以狗拉扒犁为主要交通工具，早以使犬部闻名，沿江设有15处狗站。狗站从元朝直到民国时期，千年不变。元代的这条"东北路"不但使朝廷的政令得以传布东北边疆，而且促进了"极边"的"水达达路"少数民族地区与松花江地区的交往，其中包括物品的交换，尤其是内地棉帛、丝绸、瓷器、铁器开始进入黑龙江下游地区。

明朝加强了对东北地区驿路的建设与管理，设立了许多水陆交通驿站。元代的东北路、明代贯通黑龙江省中部的丝绸之路——海西东水陆城站，从此正式载入明代史册。

海西并非某城某地，是元明时指从松花江大弯曲处与呼兰河（时称忽剌温江）以东松花江下游地区，即海西女真地区。这条交通线是松花江与黑龙江两条江的水路，但在沿江村镇设驿站，故称水陆城站。《辽东志》与《全辽志》记海西东水陆城站，较元代多出一倍以上，有城站30处，狗站（水狗站）24处（图1-1-4）。

城站的第一站底失卜站，又名韦口铺，后人叫作第四铺，即今黑龙江省双城市南部松花江边花园屯大半拉子古城，海西东水陆城驿路从此进入黑龙江省。先从陆地取直，经尚京站（即阿城市金上京遗址白城）转入松花江水路，今天松花江沿岸各县市均有驿站。这条水上驿路，从莽吉塔古城的药乞站（在抚远东黑瞎子岛）进入黑龙江下游，一直到千里外的明王朝奴儿干都司所在地特林（满泾站）。这里是从辽金时期开始，冬季以狗拉爬犁为主要工具的"使犬部"赫哲人、费雅克人生活的地区。每到秋末黑龙江封冻，朝廷送来的棉帛、丝

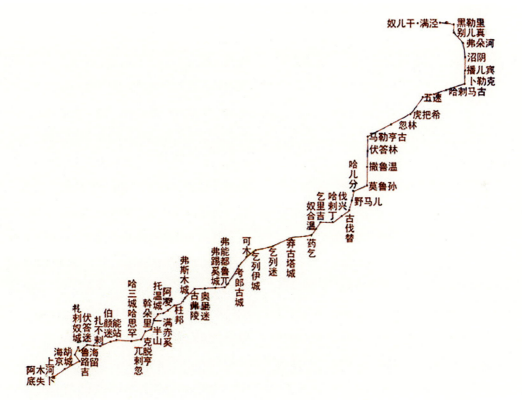

图1-1-4　明代海西东水路城战分布示意图（来源：《开原——底失卜——满泾——海西东水陆城站》）

绸、粮米，以及奴儿干各卫所向朝廷所贡皮毛、水产等物品，全用狗拉扒犁运输，所以称这些驿站为狗站。

这条贯穿黑龙江省中部与黑龙江下游奴儿干地区的明代交通线，其长度不少于1500公里，不少于我国著名的西北丝绸之路从西安到新疆我国边境的路程。

而且，这条驿路到最后一处狗站满泾站并未终止，它还要继续向前延伸到黑龙江入海口，到我们中国人叫作庙街的地方（今俄国尼古拉耶夫斯克），然后渡过鄂霍次克海鞑靼海峡，登上时称"苦兀"的库页岛，然后折向南到库页岛南端果伙。果伙隔海就是日本的虾夷（北海道）了。可见海西东水陆城站这条驿路连通了库页岛甚至日本"虾夷"——北海道。

因此，称其为"东北亚丝绸之路"也不为过。正是由于明代所创建的这3000里长的交通体系如此完整，如此完善，才使得中原地区（包括东北南部地区）先进的生产技术产品——棉帛、丝绸、瓷器、金银饰物与绵绸服装、纸张、粮酒等物品，大量地进入黑龙江地区及其北部、东部的边远边疆与库页岛。而这些地区的土特产品也不断运往内地，向朝廷进贡或换回绸缎衣物器具。

（三）流人文化

流放，是古代的一种刑罚，也就是流刑，把犯人遣送到边远地区服劳役。这些边远地区，要么是未开发的南方苦热苦瘴之地，要么是北方的苦寒之地。宁古塔便是清朝时期一个关外流放罪犯的场所（图1-1-5、图1-1-6）。

宁古塔位于现黑龙江省牡丹江市海林市长汀镇古城村，是清代统治东北边疆地区的重镇，是清代宁古塔将军治所和驻地，是清政府设在盛京（沈阳）以北统辖黑龙江与吉林广大地区的军事、政治和经济中心。为清代吉林三边之首（宁古塔、三姓、珲春）。

从清顺治年间开始，宁古塔成了清朝流放人员的接

图1-1-5 宁古塔（来源：崔馨心 提供）

图1-1-6 清朝流放犯人（来源：《乡规民约》）

收地。当时的宁古塔属边远地区，那时这里环境恶劣，气候异常，寸草不生，五谷不长，由于人迹稀少，单单是依托驻守戍行来抵挡外敌，是很难抵挡外敌侵略的。另外，朝廷将很多的军事物资运送到这儿，需要花费无穷的人力和物力。将那些监犯放逐到这些地方，既能开展农业生产，战时又能助戍行运送物资。同时为了发展，朝廷需要移迁很多人口到边远区域进行生产。

时存300多年的国防重镇，遗留下许多历史文物，其中古城城东约4公里的觉罗古城最为著名，传为清始祖发迹之处，城外有古坟多处，包括萨布素将军墓；城内庙祠有二三十座，可惜大部已损坏；还有清天聪年间修建的大石桥和桥下的泼雪泉等。

（四）近代中东铁路的修建

中东铁路是"中国东清铁路"的简称，亦作"东清

铁路""东省铁路"。1896～1903年修建，1897年8月开始施工，1903年7月正式通车运营。中东铁路干线西起由满洲里入境，中间经过海拉尔、扎兰屯、昂昂溪、齐齐哈尔、哈尔滨直至绥芬河出境，横穿当时的黑龙江、吉林两省；支线从哈尔滨向南，经长春、沈阳等，直到旅顺口，纵贯吉林和辽宁两省。中东铁路干线和支线总长约2437公里，是沙俄帝国连接欧亚两洲的西伯利亚大铁路的一部分（图1-1-7）。

中东铁路建成后，大量资本注入，商贸发展迅速，30多个国家在这里设立领事馆和银行，以铁路为依托，以商贸为中介开埠，满洲里、富拉尔基、扎兰屯、哈尔滨由此发展起来。

1. 中东路事件

1929年7月，在南京国民政府"革命外交"的氛围中，国民政府委员、东北政务委员会主席、东北边防军司令长官张学良以武力强行收回当时为苏联掌握的中东铁路部分管理权。同月17日，苏联政府宣布从中国召回所有官方代表，要求中国外交官迅速撤离，断绝外交关系。同年9月至11月，"苏联特别远东集团军"进攻中国东北边防军，东北军战败。12月22日，东北地方当局代表蔡运升受张学良委派，与苏联代表谈判，达成《伯力协定》。

在本次事件中，东北地方当局损兵折将，实力大为削弱。这场冲突持续近5个月之久，成为中苏历史上规模最大的一次武装冲突，其结局对于东北的局势乃至全国的时局产生了深远的影响。

三、农业生产的历史变迁

黑龙江省自然资源与环境状况在我国北方地区具有较明显的代表性，可分为四个类型区：东北部的三江平原湿地区、北部及西北部的大小兴安岭森林区、西部及西南部的草原盐碱区、中部和南部的松嫩黑土平原区。

图1-1-7 中东铁路管理局办公楼（来源：《哈尔滨一类保护建筑》）

尽管各自然区之间的环境状况不尽相同，但就其环境与自然资源的演变趋势而言，各有互不相同的演化规律和农业历史发展轨迹。

1. 旧石器时代

黑龙江区域的远古人类在同自然环境的抗争中，渔猎首先成了人类生活的依靠。早在旧石器时代早期黑龙江流域就有了人类活动，1996年发掘了阿城市交界镇洞穴遗址，为距今约17.5万年左右。1996年和1997年对该遗址的两次发掘共发现石制品100多件，包括刮削器、砍砸器、石核、石片等，同时发现动物化石2000余件。经研究推断那时的人类尚未形成种族和民族，他们过着四处飘荡的原始群居生活，共同打猎，共同分配，这是人类渔猎文化形成的前奏。

2. 新石器时代

在兴凯湖畔发现的一处不同于国内外其他文化的、富有特征的新开流遗址，以此为代表的这种类型的文化遗存，被命名为"新开流文化"。新开流文明是迄今为止在黑龙江省发掘出土的较早、出土文物最多、最全面系统反映古代肃慎人的渔猎劳动、艺术雕刻、宗教信仰、民俗礼仪等多方面的文明，创造了多方面文明之最。新开流遗址共发现墓葬32座，渔窖10座，出土大量以鱼鳞纹、网纹、波纹为特征的陶器和以渔猎工具为主的石器、骨器、牙角器等。渔猎工具相当丰富，有鱼镖、鱼叉、鱼卡、鱼钩、镞、镶嵌石刃的刀柄等工具，可见在那个时代渔猎文化的发展与普及。新开流文化开创了黑龙江肃慎渔猎文化的先河。

3. 商周至隋朝

在上古的时间范围内，虽然原始的农业已经在黑龙江出现萌芽，但是各个民族基本上是以渔猎为生。"射猎为务，食肉衣皮，凿冰没水中而网取鱼鳖"，这是《北史·室韦传》中记载的室韦人的生活状态。东部地区通古斯族系的肃慎族在商周时还处于新石器时代，虽有原始农业，但渔猎占较大的比重。到魏晋时期，这一族系中的挹娄人由于铁器的使用，狩猎的水平大大提高，以致一次进贡给曹魏政权的貂皮达到400张之多。

当时西部蒙古语族系的东胡开始了游牧生活。此后，同属于这一族系的鲜卑和室韦也从事狩猎与畜牧相兼的生活，很少从事农业。在《魏书·序纪》中记载的"幽都之北，广漠之野，畜牧迁徙，射猎为业，纯朴为俗，简易为化……"说明了当时拓跋鲜卑的生活状态。

4. 唐代至明朝

这一时期省域内的渔猎文化区域开始缩小，农耕文化区域迅速壮大，与渔猎文化分庭抗礼，轮流成为黑龙江区域最主要的文化类型。渤海国的建立促进了经济文化的繁荣，也大大发展了农业、手工业等产业，黑龙江地区人口最多时超过170万，很多人不再进行渔猎生活，渔猎文化在地区中也不再占据绝对统治地位。渤海国的渔猎业仍占有很大的比重，但已集中在北部和东部的山地密林和湖泊沼泽之处。虽然经济生活相对中部落后，但是，渔牧文化仍然在不断充实和进化，狩猎的动物对象大大增多，貂皮、虎皮、麝香等产品闻名四方。

到明朝，黑龙江地区主要生活着蒙古族人和女真人，"土产马、橐驼、黄羊、青羊"说明西部的蒙古族仍然以游牧生活为主。而中、东部的女真人除了少部分从事畜牧业外，农业成为主要产业。"两岸大野，农人与牛布满于野，"讲述了当时春耕时的景象。

5. 清朝至中华人民共和国成立前

清朝初期黑龙江区域农业生产力水平很低。据载，当时"地贵开荒，一岁锄之，犹荒也，再岁则熟，三四五岁则腴，六七岁则弃之而别锄矣"。而"汉人操作则不然，汉人之耕作有分休闲轮作二法。若沙碱地则用休闲法，每年耕作一分，休闲一分；至轮作法最为普遍，即高粱谷子黄豆之类，每三年轮作一次，又名翻茬，为与获茬互相轮种也。"清末以后，随着封禁的解除，地区的经济文化迎来快速发展。大量外地移民不断涌入，到民国期间地区人口从几十万猛增到600多万。流民和垦民作为移民文化的传播者，把大量的农耕技术与劳动技能带入了黑龙江区域，使土著居民摒弃了原始粗放的农耕方式。由于农业生产技术的进步，导致更多的土著居民由单一的游牧渔猎生产向半农半牧、亦渔亦猎或完全农作的生产方式转变，为社会文明的转型和现代化的发展奠定了基础。

6. 中华人民共和国成立至今

中华人民共和国成立后，在黑龙江地区，以渔猎为生的村落多为少数民族村落，位于大、小兴安岭地区以及各大水域旁，这些地区的游猎民族依靠这些极佳的渔猎资源作为主要的谋生手段。畜牧业经济在黑龙江地区的经济中也占有相当的比重，黑龙江境内的蒙古族依然主要从事畜牧业，但已基本放弃游牧的方式，改以定居模式的畜牧生活。从黑龙江大兴安岭，到吉林，再到辽宁西部，直至内蒙古东部，形成了一大片草原，这些区域都有畜牧业的存在。黑龙江经过"百万知青，十年垦荒"后，迅速成为全国的粮食基地、农业大省，农耕文化随之得到发展。除此之外，黑龙江地区还有半农半渔猎、半农半牧过渡型的经济形态。

第二节　历史区划的变迁

黑龙江省区划的变迁，无不随政治、经济生活的脉搏跳动。尤其黑龙江省在历代王朝中涉及较多的少数民族政权以及清时沙俄的入侵，这些都影响着其管辖区域的变化，进而影响着聚落的缘起与演变。

一、郡县制确立

中国历代王朝对黑龙江地区的管辖与治理，经历了从松散管理到逐渐严密控制——从朝贡关系到直接管辖的漫长的历史过程，到唐代才形成了比较完备的行政管理体制。追溯历史，早在夏禹时期所设的幽州、营州、冀州之地，就包含了东北地区的南部与西部地区。商周时期，东北地区的少数民族与中原王朝形成了"朝贡"关系，这是东北行政建制的初始形式。

秦统一中国后，废封建，推行郡县制，东北沿袭了燕在东北的建制，设立三郡，即辽西、辽东和右北平，郡下设县。汉武帝时燕封国被废除，在燕故地设右北平、辽西、辽东三郡，并于郡下设县，实行郡县制。西汉还曾设苍海郡，其辖地包括今黑龙江、松花江流域，图们江流域以及朝鲜江原道的广阔地域。东汉沿袭西汉在东北的旧制，设立辽西、辽东、右北平、玄菟、乐浪五郡，只是辖县有所变动。

秦汉时期，在东北地区设置郡县，有比较完整的地方行政组织，各郡设都尉，统管附属各族，东汉时期还出现了专门管理少数民族事务的机构，加强了对少数民族的管理。

东汉末年，曹操相继降服了乌桓、公孙氏政权、高句丽，统一了东北。曹操灭公孙氏政权之后，开始在东北地区设置行政机构，设置平州，下辖辽东、昌黎、玄菟、带方、乐浪五郡，由护东夷校尉统管之。

西晋在东北设置的行政机构主要为平州，其所领五郡和辖县也基本因袭曹魏。西晋"八王之乱"后的东晋十六国时期，东北地区的西部也相继建立了前燕、后燕、北燕等割据政权。北燕灭亡后，东北地区经历了北魏、东魏、北齐和北周的相继统治。

公元581年，隋朝的建立，结束了中国长期的分裂局面。它的版图不仅将现今的东三省涵盖在内，而且还包括内蒙古东部、西伯利亚东部、库页岛、俄罗斯滨海边疆区、朝鲜半岛北部的广大地区。隋朝在东北建置了一些郡县，另外建立了东北诸少数民族与隋朝的政治隶属关系与朝贡关系。

唐代国力强盛，疆域日广，遂加强了对东北地区的控制与管理，设置营州都督府、平卢节度使、淄青平卢节度使等机构来管辖东北地区。营州都督府不仅负责治理辽东地区的汉族，还管辖着整个东北地区的所有少数民族。为了有效控制东北地区，还设置了道、军、守捉、城、镇等边防机制。为了加强对东北各少数民族的控制和安抚，还建置了47个羁縻州、15个羁縻府。羁縻府州虽然与唐朝直接管辖的内地州郡不同，但都属于唐朝中央政权下的地方民族政权。

渤海王国（公元698～公元926年）是唐王朝隶属下的区域性地方政权，史有"海东盛国"之称，在我国统一多民族国家发展史上占有重要地位。它创造的"海东文化"，是盛唐文化的组成部分。渤海疆域辽阔，地方5000余里，属于我国的历史疆域。它建立初期即仿唐制建置府、州、县，在发展过程中逐步统一建制，完善统治机构。渤海设有五京十五府六十二州和一百三十多个县，分布在其广阔封疆之内。

渤海时期是我国长白山、牡丹江以北以东，尤其是乌苏里江、黑龙江流域开发史上首创郡县制统治的地区。这对于我国统一多民族国家的发展有重要意义。

辽、金、元三朝均为少数民族政权，对东北的管辖主要因袭渤海国的五京制。金最早的都城为上京会宁府，位于今天的黑龙江阿城。金将道改为路，路以下为府、州和县，主要是州。元朝在东北的统治，建行省前，在东北中部设立"开元、南京二万府，治黄龙府"。

明代对东北的统治，在都司以下，最大的特点是废除了实行千年有余的郡县制，而改为卫所制，先后设置了辽东、奴儿干两个都司，以及北平行都司，下辖400多个"卫"，卫下辖"所"，成为军政合一的特殊管理体制。

二、管辖区域的演变

黑龙江省虽然位于我国的最东北地区，但是自从旧石器时代之前这里就有人居住，黑龙江流域创造出的文明像黄河、长江一样璀璨夺目，也是华夏文明的发祥地之一。黑龙江省阿城交界镇的石灰场洞穴遗址证明了省内的人类活动可以追溯到17.5万年以前，3200年前的肇源县白金堡遗址标志着黑龙江地区金属时代的到来，同一时期黑龙江地区形成了东胡、浍貊和肃慎三大族系。此后三大族系的后裔建立了影响中国历史的多个少数民族政权，黑龙江地区的政权更迭也和少数民族有着极大关系。

战国时期黑龙江地区被中央设立地方政权为夫余国。唐开元十三年（公元725年），开始在内外东北地区遍设府、州，委派官吏，实行管辖（在此之前，黑龙江流域的靺鞨和室韦均已与隋唐两朝保持贡属关系）。即在契丹各部置松漠都督府，奚（亦称库莫奚）各部置饶乐都督府，粟末靺鞨（满族前身）各部置渤海都督府，黑水靺鞨各部置黑水都督府（图1-2-1）。唐朝时期的渤海国促进了东北边陲的进一步开发，丰富了中华大统一的历史涵量。渤海国全盛时期，其疆域北至黑龙江中下游两岸，鞑靼海峡沿岸及库页岛，东至日本海，西到吉林与内蒙古交界的白城、大安附近，南至朝鲜之

图1-2-1 渤海国上京龙泉府遗址（来源：周立军 摄）

图1-2-2 江东六十四屯示意图（来源：百度百科"江东六十四屯"）

咸兴附近，设五京十五府、六十二州、一百三十余县。

契丹时建立东丹国，金代国都设立在会宁府（今阿城市白城）。明代在东北设奴儿干都指挥使司，管辖范围包括黑龙江省，与元朝时的范围大致相当，西起斡难河（今鄂嫩河），北至外兴安岭以北，东抵大海，南接图们江，东北越海而有库页岛。

公元16世纪沙皇俄国跨过乌拉尔山，侵入西伯利亚。17世纪中前期俄国侵入中国贝加尔湖地区和黑龙江流域，无恶不作，东北各民族拒绝向沙皇纳贡，沙俄进行残酷镇压，遭到清军和各族人民的反击。康熙皇帝平定三藩以后，屡劝沙俄退出均被拒绝，决心收复失地，组织军民打败了俄国侵略者。1689年，中国与俄国签署第一份关于边界的条约《尼布楚条约》，条约中明确表示整个"外东北"皆是中国领土。

1858年5月，沙俄趁英法联军进犯天津、威胁北京之际，俄国东西伯利亚总督尼古拉·穆拉维约夫率领兵船多艘驶至瑷珲（今黑河市瑷珲区），向清朝黑龙江将军奕山提出俄方拟定的条约草案，宣称以黑龙江为边界，如果不从，俄国将联合英国对华作战。同年5月28日，奕山与穆拉维约夫签订《瑷珲条约》。该条约以黑龙江为边界，黑龙江以北60多万平方公里土地划归俄国，乌苏里江以东40多万平方公里土地划为中俄两国共管，而在1860年签订的《中俄北京条约》把整个外东北划归沙俄。中国只保留了对黑龙江左岸江东六十四屯的管辖权。

江东六十四屯，是指从爱辉县黑河镇对岸的精奇里河口处开始，往南直到孙吴县霍尔莫津屯对岸处为止的一段土地（南北长约140里，东西宽50～70里）（图1-2-2）。这里很早就是满族聚居的地方，历史上曾有过64个中国居民村屯，因此人们习惯地称它为江东六十四屯。

《满洲里界约》又称《齐齐哈尔协议书》，是清朝与沙皇俄国于1911年年底在黑龙江齐齐哈尔签订的不平等条约，也是清政府签订的最后一个丧权的边界条约。其主要内容是：中俄两国重定由塔尔巴干达呼第58界点起，至阿巴该图第63界点，并沿额尔古纳河，至该河与黑龙江汇流处止的国界。《满洲里界约》共计使中国丧失领土1400多平方公里。

20世纪20年代末至40年代期间，苏联政府乘中国国内混乱之机，又在乌苏里江和黑龙江地段，把主航道中心线中国一侧的700多个中国岛屿划去600多个，面积达1000多平方公里。中苏东段边界以乌苏里江、黑龙江为界。由于珍宝岛、黑瞎子岛等岛位于界河之上，俄国、苏联都曾声称拥有珍宝岛等岛的主权。1990年，珍宝岛归属问题得以解决，1991年俄罗斯承认珍宝岛属于中国。2004年，中俄也达成了关于黑瞎子岛的协议，俄罗斯将黑瞎子岛的一部分以及额尔古纳河上靠近内蒙古满洲里的阿巴该图洲渚归还给了中国。

第三节 人口聚居的历史变迁

地处亚洲东北部的黑龙江省，是我国纬度最高的省份，受到黑龙江、松花江、乌苏里江等几条大河的滋养，这里森林茂密、土地肥沃、物产丰富。几千年来，除汉族外，曾先后有肃慎、扶余、东胡、鲜卑、挹娄、沃沮、勿吉、靺鞨、女真以及满族等人在此生息繁衍。传统史学认为，先秦时期的肃慎、汉魏时期的挹娄、南北朝时期的勿吉、隋唐时期的靺鞨、辽金时期的女真、明清时期的满族，脉络清晰、绵延不断，是最具有代表性的土著人系，黑龙江古代文明起源、发展和辉煌也始终与此息息相关。

一、先秦时期

肃慎先民及其后裔一直生活在白山黑水间广袤的土地上。在漫长的岁月里，黑龙江大地曾先后出现了新开流文化、莺歌岭文化、滚兔岭文化和同仁文化等特色鲜明的古代文化。原始经济以渔猎为主，兼事农耕，渔猎文化压制石器发达，农耕文化出土的实物以石器和陶器居多。他们在黑龙江流域的千里沃野和茂密山林中繁衍生息，揭开了黑龙江古代文明的序幕。

（一）渔猎生活——新开流文化

新开流文化分布于黑龙江省东部的兴凯湖畔，是一种以渔猎经济为主的新石器时代文化，距今约6000年。在此发现新石器时代墓葬32座、鱼窖10座，出土大量以鱼鳞纹、网纹、水波纹为特征的陶器及渔猎工具为主的石器、骨器、牙角器等，陶器纹饰繁缛，压制石器发达，说明当时的人民是以渔猎为生，尤以捕鱼为主要生活来源。

（二）农耕农产——莺歌岭文化

遗址位于黑龙江省宁安市镜泊湖南端东岸，分上下两层，上层距今约3000年左右，应在商周之际；下层较上层更早，应在公元前3500～公元前2500年。以陶猪为代表的原始小型陶制艺术品和大量农具的出土，说明那时的人们过着较稳定的农业生活。

（三）城堡林立——滚兔岭文化

滚兔岭文化主要分布在三江平原西南部，因发掘双鸭山市滚兔岭遗址而得名。遗址多为依山而建的山城堡寨群，城内半地穴式房址多寡不同，较大居住址居中，地理位置较高。出土陶器形状各异，有斜向上翘的单柄罐等，年代距今约2000年，相当于汉魏时期。滚兔岭文化的核心区域是七星河流域，该区域防御、祭祀、瞭望、要塞功能的特殊遗存交错存在，表明该区域内汉魏时期是一个统一的整体。有学者认为滚兔岭文化可能是挹娄的文化遗存。

（四）覆穴而居——同仁文化

同仁文化一期主要分布在黑龙江中下游地区，包括绥滨同仁遗址、绥滨二九〇农场四十连遗址、萝北团结墓地等。房址为方形半地穴式建筑，陶器以夹砂陶为主，少量泥质陶，以盘口鼓腹罐、口沿下饰附加堆纹高领鼓腹罐、斜口器和敞口碗等为典型陶器。石器和骨器多为生产工具，铁器有刀、矛、带卡、甲片等，年代约为南北朝时期至隋唐，应该是肃慎后裔勿吉、靺鞨系统的文化遗存。

二、渤海国时期

公元7世纪末至10世纪初，在我国东北地区及朝鲜北部、俄罗斯滨海地区，曾出现过一个强大的、由唐王朝册封的地方民族政权——渤海国。渤海国的主体民族就是靺鞨的一支——粟末靺鞨。公元926年，渤海国被辽所灭。在长达200多年的历史中，渤海国社会发展深受中原盛唐文化的影响，其典章制度，仿自唐朝，衣食住行，皆有汉风，与中原内地的频繁交往，促进了渤海社会的发展，创造了"海东盛国"的辉煌局面。

（一）五京之首——上京龙泉府

上京龙泉府，系仿唐长安城形制营建，故址位于今黑龙江省宁安市渤海镇，周长约16.3公里。史料记载渤海"以肃慎故地为上京，曰龙泉府"。自渤海三世文王大钦茂迁龙泉府为王都后，除其晚年曾有过一段短暂的迁徙外，这里一直是渤海国政治、经济、文化的中心。

（二）海曲华风——渤海人的社会生活

渤海男子辫发，穿唐装或窄袖长袍。妇人皆悍妒，以致渤海无女娼、无小妇、无侍婢。渤海国从建国伊始，便积极与唐朝进行文化交流。"地罕海曲，常习华风"，其典章制度、衣食住行，多仿自唐朝。对盛唐文化的全盘吸收，促进了其政治体制的成熟和经济的发展。

（三）沙门净土——渤海国的佛教

佛教自汉代传入中国，隋唐时期空前发达，佛寺林立。渤海作为唐朝册封的属国，除政治、经济、文化等方面与唐保持很大一致性，佛教方面亦追随唐王朝。据考古调查，大量发现渤海佛寺遗址主要集中分布在上京城、西古城、八连城及附近地区，以及俄罗斯滨海地区。

三、辽金时期

公元12世纪初，继渤海国之后，靺鞨后裔女真人兴起，定居在阿什河畔的女真完颜部，在首领阿骨打的带领下统一了女真各部，并于1115年建立金朝，定都上京会宁府（今黑龙江省哈尔滨市阿城区白城），成为白山黑水的主宰。进而灭辽和北宋，统治中华大地半壁江山达百余年。金朝最强盛时所辖疆域北至外兴安岭，东北至鄂霍次克海及日本海，东南抵鸭绿江与高丽为邻，西达陕西西北地域与西夏交界，南与南宋以淮河为界。

辽灭渤海，居民南迁，靺鞨七部中的黑水部自黑龙江中下游南迁至渤海故地，并以女真之名见于记载。"女真"实即古"肃慎"的不同音译。随着契丹人对女真人奴役的变本加厉，女真人的一支完颜部在其首领完颜阿骨打的率领下，掀起反辽浪潮，建立金国，挥师南下，灭辽和北宋，入主中原。

女真人入主中原后，努力将先进的中原汉地政治、经济、军事等制度运用于国家的管理，使金朝在建筑、农业、手工业、商业方面有了长足的发展，社会经济文化生活水平逐步提高，缔造了百年的帝国霸业。

女真语"金"为"按出虎"，认为按出虎水（今阿什河）源于此，所以称金源。金源文化是女真文化和汉文化及其他民族文化相融合的成果，在考古发掘出土的金代文物和史料记载中也得到了充分证实。清人龚显称赞道："金源魁儒硕士，文雅风流，殊不减江南人物。"金源文化为北雄南秀、气象万千的中华文化增加了新的活力，提升和丰富了多元一体的中华文明。

四、明朝时期

1234年，蒙古灭金后，元朝设开元路和水达达路管辖留在东北地区的女真人。明朝时女真人分为建州、海西、东海（野人）三部，他们在明前期政策的感召下，陆续归顺明朝，明设奴儿干都司及下辖卫所对其实行统治。

1583年，女真人的杰出首领努尔哈赤统一了建州女真各部，创立了军政合一的八旗制度。1616年努尔哈赤在赫图阿拉（今辽宁新宾西老城）称汗，年号天命，沿用"金"为国号，史称后金。1626年，皇太极继承大汗位，1636年改金为清。"万里长城万里长，长城内外是故乡。"1644年，清军入关，入主中原，结束了秦汉以来，筑长城、设重防，把北方游牧民族与中原农耕民族对立起来的格局，建立了巩固的统一的多民族国家——大清帝国。

元朝自忽必烈即位后开始加强对东北的统治，设开元路、水达达路，并派军队屯田镇守，促进了黑龙江地区的发展与繁荣。明朝建立后，明太祖为了扫清故元残余势力，完成全国统一大业，在东北地区废除了元朝行省制度，在黑龙江地区设置了最高级行政机构奴儿干都指挥使司。明永乐年间，明政府又在嫩江流域设立了许多军事卫所，这些军事卫所统归奴儿干都指挥使司管辖。

五、清朝时期

东北地区作为清王朝的"龙兴之地"，在政治上享有特殊地位。此时，沙皇俄国已经开始向东北地区，特别是黑龙江流域侵入，东北地区的边防问题日益突出。清政府在黑龙江地区设置军政机构，发动民众，积极抵御外来侵略。这一时期的人口迁入现象极为显著，甚至发生我国历史上最大的人口迁徙运动。

（一）宁古塔流放

从清顺治年间开始，宁古塔成了清朝流放人员的接收地，发配到宁古塔的罪人，必须在宁古塔当奴隶，服劳役、开荒、种田、修桥、修路等。他们当中有抗清名将郑成功之父郑芝龙，文人金圣叹家属，著名诗人吴兆骞，思想家吕留良家属等。他们的到来，传播了中原文化，使南北方人民的文化交流得以沟通。流民的涌入改变了当地以渔猎为主的原始生活方式，教他们种植稷、麦、粟、烟叶，采集人参和蜂蜜，使农业耕作得到发展。

因为有大量犯人被流放到宁古塔，一定程度上也给宁古塔带来了积极影响。被流放的人也将先进的耕种方式传播到这里，取代了宁古塔之前刀耕火种的原始耕种方式，提高了土地肥力，增加了粮食产量，解决了饥饿人民的温饱问题。

因为经济落后，宁古塔之前很少有从事贸易往来活动的。流放的犯人到达这里以后，仅仅用了一年时间，就开设了几十家货栈，一时间宁古塔贸易繁荣，并且吸引了外地商客来到宁古塔从事贸易活动，从此宁古塔的经济开始发展起来，其中昌氏家族对于宁古塔地区的医疗卫生事业的贡献功不可没。

（二）俄罗斯旗人

1653年，俄罗斯沙皇阿列克谢一世派遣使节，要求顺治皇帝向其称臣，而顺治帝要求俄国沙皇前来北京朝贡。1714年俄国东正教北京传道团开始常驻北京，除传道外，兼顾外交。1861年，俄国在北京正式设立公使馆。

17世纪40～80年代，清朝政府与沙皇俄国在黑龙江中游雅克萨（俄称阿尔巴津）等地发生系列军事冲突。在此过程中，一些被清军俘虏或者投降的俄罗斯哥萨克（即俄国史籍上的所谓"阿尔巴津人"）被迁入京，成了俄罗斯旗人。最早归附的俄罗斯人有清顺治五年（1648年）的伍朗格里，其次是清康熙七年（1668年）归附的伊番等人，第三批人数较多，是企图进入牛满河地区被清军兵船截获的31名雅克萨城俄罗斯人。在康熙皇帝授意下，他们被编为八旗满洲镶黄旗下第四参领第十七佐领，这些人及其后裔就是清代北京的俄罗斯旗人。对俄罗斯降人，康熙皇帝一直优待有加，这很大程度上缘于在黑龙江流域对俄作战的需要。这些被编入八旗的俄罗斯人在前线侦察敌情、劝降同胞，这种攻心战在雅克萨之战中取得奇效。清康熙二十八年（1689年）《尼布楚条约》签订，规定已经在中国生活的俄国人和已经在俄国生活的中国人均无需返回本国，这批俄罗斯人便在中国扎根下来。

（三）闯关东

人们所说的关东，具体指吉林、辽宁、黑龙江三省。因东三省位于山海关以东，故得名。闯关东的人，数量之多，规模之大，是中国近代史上著名的五次人口迁徙事件之一。

历史上的黑龙江虽然土地肥沃，但是气候条件并不好，基本上都是少数民族居住的苦寒之地，人口数量也很少，总共几百万人，明朝中后期随着南美洲农作物引入，大大增加了食物供应量，中原人口出现了大爆发，但是一旦遇到自然灾害和战乱，人口必然就要逃荒，而此时的黑龙江地区，满族是限制中原人进入东北的，甚至筑起上千公里的柳条边墙阻挡。

从明末到清末，黑龙江人口稀少程度堪比今天的西伯利亚地区，直到沙俄入侵战败以后，才意识到边境城市人口稀少问题的严重性，逐渐开放了柳条边墙限制，关内人口开始涌入黑龙江等东北地区，这个过程持续了一二百年，直到20世纪50、60年代，苏联援建了中国156个大型项目，东北占了50个，需要大量工人，又开始最后一轮移民潮。

同时，1861～1911年，鸦片战争后清政府对边疆控制日益削弱，沙俄不断侵蚀黑龙江边境，清政府采纳了黑龙江将军特普钦建议，于清咸丰十年（1860年）正式开禁放垦。从此开禁放垦，鼓励移民实边，以振兴关外的经济。这期间，闯关东的百姓已经大规模向黑龙江地区迁移，例如哈尔滨市的小西屯，一部分河北百姓迁移到那里，并且把河北文化带到了那里，繁衍生息。农民移民关外，多是华北地区的农民，尤以山东、河北两省农民最多。山东胶东地区的登州、莱州、青州和河北省保定、滦州等冀东地区、京津地区，有便利的途径，有闯关东的习惯，是移民的主要输送地区。后来，河南也有相当数量的农民迁移到东北。黑龙江的现有人口绝大多数都是移民的结果。

第四节　自然地理环境与聚落选址

地理环境是人类社会赖以生存和发展的必要物质条件，是人们活动的场所，它为社会物质生活提供必要的物质和能量资源，地理环境条件的优劣能够加速或延缓社会的发展。不同的地形地貌产生了不同的聚落选址，山地地区聚落选址受地势影响较大，大多取地势相对较为平坦的地块，依附山地走势建造；黑龙江平原地区土质肥沃，对于以农耕为主要生产方式的聚落选址较为自由；滨水地区根据不同流域的地貌特征选址依据各不相同，且相同流域的上中下游也存在着各自适宜的聚落选址。黑龙江省内各地区历史文化与自然地理形态差异较大，使得传统聚落各自具有突出的建筑、民俗、美学、历史等价值。

一、北部山地林区

（一）大兴安岭山地地区

1. 地貌特征

大兴安岭地区位于祖国最北部边陲，东与小兴安岭毗邻，西以大兴安岭山脉为界与内蒙古自治区接壤，南濒广阔的松嫩平原，北以黑龙江主航道中心线与苏联为邻，东北—西南走向，全长1200多公里，宽约200～300公里，海拔约1100～1400米。大兴安岭原始森林茂密，是中国重要的林业基地之一。

大兴安岭东侧的辽河水系、松花江和嫩江水系与其西北侧的黑龙江源头诸水及支流的分水岭，山脉南段西坡的水注入蒙古高原。大兴安岭地势呈西高东低，位于地势第二阶梯东缘，是第二阶梯、第三阶梯接合部，大兴安岭山脊以东为第三阶梯地，以西为第二阶梯地。大兴安岭地貌形成具有明显的不对称形态。全区地形总势呈东北—西南走向，属浅山丘陵地带，北部、西部和中部地势高。

2. 发展历史与聚落选址特征

大兴安岭既是中国北方游猎部族和游牧民族的发祥地，也是东胡人、鲜卑人、契丹人、蒙古民族起源的摇篮。在这片沃土上，至今还生活着蒙古、鄂温克、鄂伦春、达斡尔、锡伯、俄罗斯等多个民族，中国唯一的鄂温克自治旗、鄂伦春自治旗、达斡尔族自治旗、俄罗斯民族乡均设立在此。

位于蒙古高原东部的大兴安岭山地，地势较高，分布着广袤的森林和草原。大兴安岭山地与内蒙古草原之间几乎没有天然的屏障，游牧民族在草原和森林之间进行着不断的迁徙活动，他们遵循着游牧民族的古训中"逐水草而居"的生活习性，冬季则入藏于大兴安岭的森林地带，春、夏、秋三季则迁徙到水草肥美的内蒙古草原。

大兴安岭地区传统聚落主要呈现出依山而居的特点，因地理位置偏远寒冷，此处聚落分布数量较少。聚落选址多在低山丘陵地区，取山势和缓起伏之处，且被群山环抱，主要是因为山林里资源丰富，在古时生活资源匮乏的时代，大量关内人逃荒来到黑龙江，主要是迫于生存压力，而山区可以很好地提供大量生活资源，同时山林地区交通闭塞，也可以避免被捕和躲避战乱。再者，大兴安岭地区在清康熙时期曾下旨开辟嫩江到漠河的驿道，沿途设驿站33处。清朝后期，大兴安岭采金业崛起，年产黄金最高达10万两，古驿路由此命名为"黄金之路"。因此，该地区部分聚落也是伴随着金矿的建立而逐渐形成的，多选址于大兴安岭地区北部采金河道附近，以便开采（图1-4-1）。

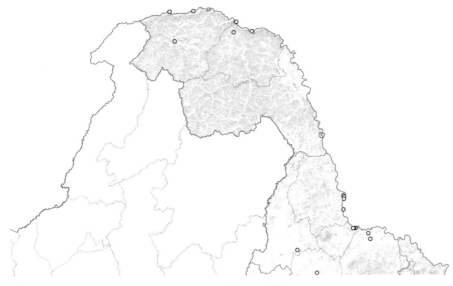

图1-4-1　大兴安岭地区传统聚落分布示意图（来源：崔馨心　绘制）

（二）小兴安岭山地地区

1. 地貌特征

小兴安岭，亚洲东北部兴安岭山系西北—东南走向山脉之一，是东北地区东北部的低山丘陵山地，是松花江以北的山地总称。山脉西北接大兴安岭支脉伊勒呼里山，东南到松花江畔张广才岭北端，是黑龙江与松花江的分水岭。南北长约450公里（亦说500公里），东西宽约210公里，面积约77725平方公里。

小兴安岭山势不高，海拔一般500～800米，整个地势东南高、西北低，地貌表现出明显的成层性，属低山丘陵地形。东部和南部海拔800～1000米的山峰较多，超过1000米的山峰主要沿松花江和呼兰河的分水岭分布，最高峰平顶山，海拔约1429米，其次为小城墙砬子，海拔约1223米，此外尚有大青山等10余个海拔超过1000米的山峰，多属断块中山地形。围绕中山的是低山和丘陵，海拔约500～800米，向西北降为丘陵状台地，到孙吴至黑河一带成为海拔300米左右的宽广台地。小兴安岭南北两坡由于新构造运动上升的不对称性，地貌对比差异十分显著，南坡山势浑圆平缓，水系绵长；北坡陡峭，成阶梯状，水系短促。在东部，东北—西南向和南北向的山文线比较明显，但总体来说，山脉走向很乱，几乎无明显的方向，分水岭蜿蜒曲折。

小兴安岭山区的主要河流有属于黑龙江水系的逊河、沾河、乌云河等；属于松花江水系的有汤旺河、呼兰河等。在西北部，黑龙江和逊河有较宽的冲积平原，东南部除汤旺河上游有一些较宽的谷地外，其中游和下游山势高峻，河流侵蚀强烈，多悬崖绝壁及"V"形峡谷，水流湍急。小兴安岭构成黑龙江水系与松花江水系的分水岭。

2. 发展历史与聚落选址特征

"金山"是小兴安岭的腹部，故反映着小兴安岭的历史文脉。小兴安岭、伊春和金山屯是"金源内地、金上京辖地"，"小兴安岭金祖文化"虽然与"金源文化"不是等同的概念，但与"金源文化"一脉相承，又有自己的地方特色。"金祖文化"不仅是金山（实际是小兴安岭）之祖，更广义的概念，"金祖"应当涵盖了整个北方女真人活动发展的历史。如果将"金祖"引申为"大金之祖"，那么它所涉的地域广阔，不仅包括金朝创建时期，也包括大金先祖们，从肃慎、到挹娄、到勿吉、到女真人，涉及北方广大地区，包括黑龙江、松花江等流域，也包括长白山、小兴安岭、张广才岭等，小兴安岭是"金祖"先人的重要活动区域之一。

小兴安岭山区北部与俄国接壤，清代常受俄国军队侵扰，因此古时将城市选址定于此处，以防御外敌。小兴安岭山地地区山脉走向较乱，只有个别聚落选址于山林中，以获得天然屏障的防御作用，大部分聚落选址仍然注重山水的位置，例如相对平缓的山脚处，依山傍水或依山近水处。小兴安岭的山很少有很高险的山峰，西北地区是林场，无尽森林，西南地区是黑龙江冲刷的沃野耕地，聚落分布相对密集，此处既有丰富的林业资源，也有大面积的耕地，绵延不绝的森林、草甸子和耕地交错，方便发展农耕、畜牧等产业，传统聚落选址于此处的数量明显较多（图1-4-2）。

（三）东部山地地区

1. 地貌特征

黑龙江省东南部为东北—西南走向的张广才岭、老爷岭、完达山脉。

1）张广才岭

张广才岭地区位于黑龙江省中南部和吉林省东部部分地区。历史上曾为中国北方肃慎人、靺鞨、女真人建立的渤海国、金、辽、清等势力管辖，是金、清两代王朝的发祥地，清代长期为清朝禁地。20世纪，曾由日本人扶持的"伪满洲国"管辖。日本投降后，建立了新的行政管理体制，由黑龙江省哈尔滨市、牡丹江市辖部分县市区、吉林市的东部部分县（市）管辖，属于黑吉两省的经济发展的重要区域。张广才岭山势高峻，地形复杂，既有悬崖绝壁，又有深谷陡坡，为黑龙江省最突出的崇山峻岭。由主脊向两侧，逐渐由中山降为低山和丘陵，属于流水侵蚀山地。

2）老爷岭

老爷岭，位于黑龙江省东南部和吉林省东部，为长白山支脉。呈西南—东北走向，西抵镜泊湖和牡丹江中游谷地，东北部与肯特阿岭相接，东部至穆棱河谷，长约200公里，延伸在牡丹江、宁安、穆棱、鸡西、东宁、绥芬河等市、县，总面积约3.26万平方公里，其中有林地约175万公顷，多桦、椴、红松等树，林木蓄积

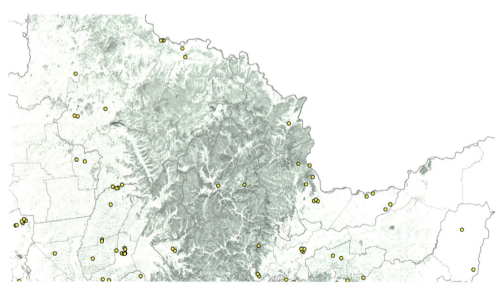

图1-4-2 小兴安岭地区传统聚落分布示意图（来源：崔馨心 绘制）

量达1.5亿立方米。

西老爷岭西侧为伊舒地堑，东侧为蛟河断陷盆地，受东北向断裂带控制，是以华力西期和燕山期花岗岩为主体的块断山地。局部山体由二叠系变质岩和侏罗系火山岩组成，在新构造运动中上升明显。以中山为主，山顶浑圆，海拔多在800～1000米，相对高度在600米以上，北段山势低缓。西老爷岭属中山地貌，位于蛟河北东部，群山林立，山势陡峻，海拔一般在600～800米，主要山峰均是千米以上，山顶多呈尖顶状和锯齿状，坡度50°～60°之间，切割深度达400～800米，沟谷呈"V"形。

3）完达山

完达山位于黑龙江省东部，属长白山山脉北延，是黑龙江省东部主要山地之一。主脉呈西南—东北走向，逶迤于挠力河与穆棱河之间，南部为虎林与宝清两县市分水岭，北部在饶河县境内，北抵挠力河，西南接那丹哈达岭，主峰神顶山在虎林市与宝清县交界处，海拔约831米。

地貌类型主要是侵蚀低山和丘陵，山地高度虽然不大，但与两侧低平原形成强烈反差，显得山势巍峨雄伟。在低山两侧是丘陵分布区，丘陵之间山谷纵横，山坡较为平缓，山体呈浑圆状，西北坡河谷多呈"V"形，谷坡较陡。山地与三江平原接触处，有显著的断层崖，故完达山的形成系断裂抬升作用的结果。

2. 发展历史与聚落选址特征

在松花江上游、中游流域的丘陵地带，靠近张广才岭的山地与河流附近出现了许多城堡，这是农业文明高度发达的标志。

在东部山地地区，地势陡峭，几乎不适用于人们建造房屋居住，但当地还是发现了一些聚落遗址，建于此处的聚落受地形限制，只能择取相对适宜居住的位置营建聚落，例如山腰处、山脚处以及两山之间形成的山谷。一些建造于山林中的，会选取地势相对较为平坦的地块，依附山地走势建造，主要是借助山势起防御作用；还有一些聚落选址于该地区被流水侵蚀的中低山丘陵宽谷地区，这里水系支流遍布，更适宜人们居住。牡丹江于东部山地地区穿梭而过，古时渤海上京城中心即建立于此，如图1-4-3中所示，聚落分布呈现出一个中心密度较高区域。

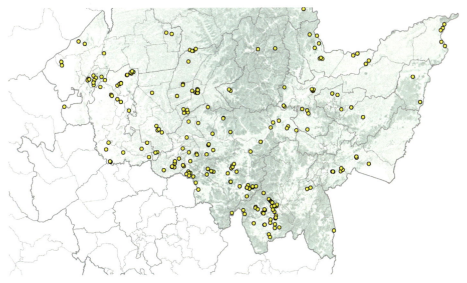

图1-4-3 东部山地地区聚落分布示意图（来源：崔馨心 绘制）

二、东北部平原地区

（一）三江平原地区

1. 地貌特征

三江平原又称"三江湿地""三江低地"，处于东北大平原的东北部，中国最大的沼泽分布区，在三江盆地的西南部。三江平原与东北大平原之间，被南部长白山脉的张广才岭和松花江北部的小兴安岭山脉相隔。这两大平原之间被松花江水道所贯通。所谓的三江平原，实际上就是由黑龙江、松花江、乌苏里江冲击而形成的平原。我们现在习惯把完达山以南到兴凯湖地区的穆棱河—兴凯湖平原划为三江平原的南部地区。

三江平原的北部地区则是依黑龙江中游和下游的接合部的右岸，以及松花江下游左岸和诸支流水系冲刷而成的低地、湿地、丘陵和平原所构成。实际上属于松花江和黑龙江两江汇合后的三角洲。这里土质肥沃、水源充沛、地势平坦、交通方便，易于人类的繁衍和农业的开发。三江平原的西部则是在佳木斯市以西地区的倭肯河与牡丹江流域为限，这里虽然是多山地丘陵，但是从倭肯河发源地的七台河市附近的平原和谷地一直向这地区延伸。东部则是以乌苏里江左岸为限。

2. 发展历史与聚落选址特征

三江平原的特殊的地理环境，孕育和诞生了东北古代三大民族系统之一的肃慎族谱系。近数十年来，在三江平原地区众多的考古发现已经充分证明了这一地区是黑龙江流域古代文明的早期发祥地。目前黑龙江地区的史前文化遗存主要分布在三江平原及兴凯湖畔的砂地山冈上，新开流遗址、小南山遗址、倭肯哈达遗址、宝清县劝农村二道河遗址等，都是三江平原比较典型和重要的新石器时代遗址，属于三江平原地区古族先民的重要遗存。

三江平原位于黑龙江流域东部，该地区的聚落选址多临水而居，因是古代居民多为以狩猎、渔捞为主的肃慎—女真系统。此处水资源丰富，"渔猎经济"为主要谋生方式，例如在当时的密山县，大、小兴凯湖之间的湖岗上发现的"新开流遗址"，考古工作者在这里发掘了32座墓葬，并发现了10座鱼窖，说明新开流文化的经济类型仍属于渔捞和狩猎。

三江平原相对于松嫩平原面积较小，该地区聚落分布呈现出带状形态，平原地区居民多注重农耕，但由于三江平原为三江交汇之处，水系资源丰富，在松花江沿岸和乌苏里江沿岸的聚落多远山近水而建；三江平原中部地区的聚落多依山远水或远山远水而建，因有充足的耕地资源，农耕是平原地区人们主要的生活方式（图1-4-4）。

（二）松嫩平原地区

1. 地貌特征

松嫩平原位于黑龙江省西南部，南以松辽分水岭为界，北与小兴安岭山脉相连，东西两面分别与东部山地和大兴安岭接壤。松嫩平原与辽河平原由位于长春市附近的侵蚀低丘——松花江、辽河的分水岭隔开，又合称为松辽平原，是东北平原的主体。

松嫩平原全区可分为3个地貌单元：即东部隆起区；西部台地区（统称山前冲积、洪积台地，又称高平原或漫岗）；冲积平原区。山前台地分布于东、北、西三面，海拔180～300米，地面波状起伏，岗凹相间，形态复杂，现代侵蚀严重，多冲沟，水土流失明显。冲积平原海拔110～180米，地形平坦开阔，但微地形复杂，沟谷稀少，排水不畅，多盐碱湖泡、沼泽凹地，且风积地貌发育，沙丘、沙岗分布广泛。

松嫩平原历史上由于受到地壳抬升的影响，地势较高，除哈尔滨—齐齐哈尔—白城的三角形地区外，海拔

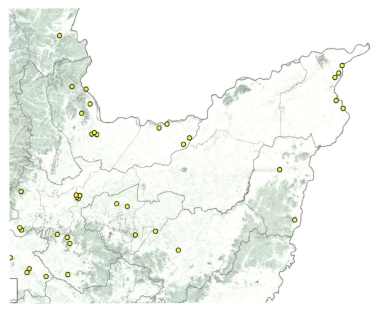

图1-4-4　三江平原地区聚落分布示意图（来源：崔馨心 绘制）

多在200～250米。地面受流水切割，出现缓岗浅谷的波状起伏。在松花江与嫩江汇流的地带，由于地势低洼、水流不畅，以及气候方面的原因，形成了面积较广的沼泽和湿地，如肇源、大安、安达等地都有大片沼泽。松嫩平原是中国重要商品粮生产地区之一。粮食作物以春小麦、玉米、高粱、谷子为主，局部地区栽种早熟的粳稻。经济作物以大豆、甜菜、亚麻为主。

2. 发展历史与聚落选址特征

目前黑龙江地区的史前文化遗存主要分布在松嫩平原嫩江流域，松嫩平原孕育了夫余和大金帝国文化。这一地区的主要特征是，江河纵横，湖泊遍布，由松花江和嫩江长年冲刷而形成的松嫩平原，构成了黑龙江流域最肥沃的土地。松嫩平原地处黑龙江流域中部地区，山峦起伏，河流纵横，开阔的河谷平原与松嫩平原相接，农田密布；松嫩平原的南部与辽河平原相连，形成了松辽大平原。松辽大平原的南部一直到达渤海的沿岸，实际上，松辽大平原也是沟通中原地区和黑龙江流域古代民族往来的大通道。中原地区的农业文明从新石器时代开始就不断地沿着这条通道由南向北迁徙和延伸，生活在辽河流域和辽南地区的貊族集团，不断地向北发展，并与松花江流域的濊族集团相互融合后形成濊貊族群。

松嫩平原的北部与南部，历史上分别建立了强大的"索离王国"与"夫余王国"。生活在嫩江流域以东、松花江以北的索离族则从松花江流域的北部向南迁徙，并与濊貊族集团融合后，在松嫩平原上建立了强大的夫余王国，而夫余王国立国的根基是农业。

松嫩平原土质肥沃，气候适宜，十分适宜人居生活。可以看出面积较大的松嫩平原地区村落分布呈现出面状分布形态，且分布比较均匀，数量较多。松嫩平原地区的水系分布对于该地区传统聚落选址没有那么重要，主要是由于在平原地区，大多数人以农耕为生，更加看重土地的质量，而除了水田需要大面积灌溉之外，其余农耕多为"看天吃饭"，等待雨水浇灌，因此反而对水系资源并不十分需求。此外松嫩平原北与小兴安岭山脉相连，东西两面分别与东部山地和大兴安岭接壤，此处的聚落多为依山就势，形态追随自然地形而定（图1-4-5）。

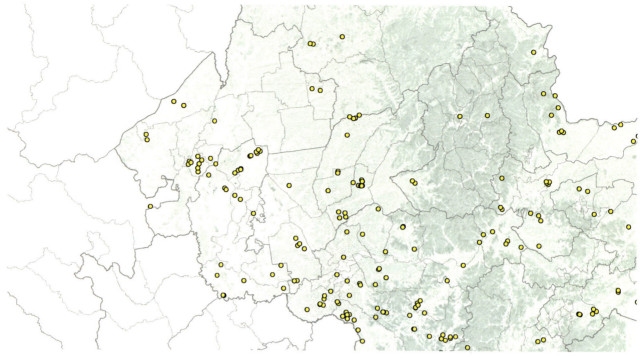

图1-4-5 松嫩平原传统聚落分布示意图（来源：崔馨心 绘制）

三、滨水地区

（一）黑龙江流域地区

1. 地貌特征

黑龙江是流经蒙古、中国、俄罗斯、朝鲜的亚洲大河之一，位于亚洲东北部。黑龙江有南北两源，以南源额尔古纳河为河源，全长4440公里，在俄罗斯的尼古拉耶夫斯克注入鄂霍次克海峡。黑龙江水系是东亚流域面积最广阔的水系，干流（自漠河县西北部的洛古河村石勒喀河河口起）全长约2821公里，是中国四大河流（包括黑龙江、黄河、长江、珠江）之一，世界十大河之一。

黑龙江流域广阔，流域包括中国、俄罗斯、蒙古、朝鲜四国，15个一级行政区，流经内水力资源丰富，航运条件较好。黑龙江流域的地貌特征是，平原区主要分布在松花江与嫩江合流后的南北，其北部与大小兴安岭东西两翼的丘陵山地相接，南部则与辽河平原相连，并构成了东北亚地域内最大的平原区。此外，在黑龙江下游与松花江、乌苏里江三江汇合口的地方，形成了三江平原区。在结雅河与黑龙江交汇的黑龙江中游沿岸，还分布着河谷平原。这三大平原区构成了黑龙江流域最肥沃的土地，同时也是黑龙江流域古代文明的发祥地。

同时，该流域鱼类丰富，下游约有100种鱼，上游约60种，甚至超过了窝瓦河和多瑙河一类的欧洲大河，其中约25或30种具有商业价值。黑龙江的一个特点是，大量鱼类在海中发育，以避免遭受夏季河中出现的水位急速变化的损害。

总之，黑龙江流域地域辽阔，江河纵横，山地绵亘、森林茂盛、物产极为丰富，是古代各族繁衍、生息、发展、壮大的最理想的场所之一。

2. 发展历史与聚落选址特征

历史上，黑龙江干流曾经是中国的内河，是满族人的发祥地。黑龙江沿岸最早的居民是古亚细亚人，后受通

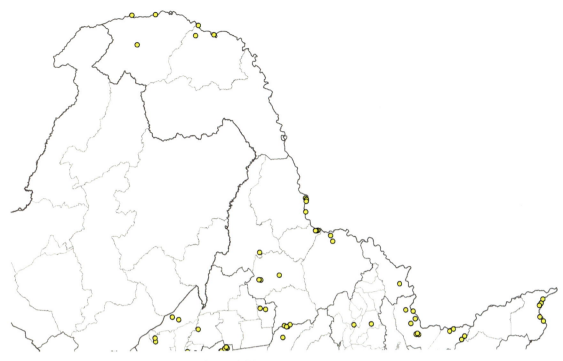

图1-4-6 黑龙江流域聚落分布示意图（来源：崔馨心 绘制）

古斯人压力，只分布于黑龙江下游，代表性民族是尼夫赫人，他们发展出发达的定居捕鱼与海兽文化。唐朝，契丹辽帝国和金朝都曾经松散统治过黑龙江流域。元朝时，整个黑龙江流域被纳入中国版图范围。清朝中期以后，新兴的沙皇俄国在不断东侵，侵略西伯利亚地区。晚清，清政府忙于应对英法侵略者和太平起义军，沙皇俄国趁其自顾不暇的时候，通过武力威胁、虚言欺诈等多种卑劣手段，通过签订一系列不平等条约，偷取了我国东北约150万平方公里的领土。黑龙江成为中俄两国的界河，乌苏里江口到入海口的江段尽数落入沙俄之手。

从黑龙江流域的空间分布上看，黑龙江流域的古代聚落大致可划分为三个地区，即黑龙江流域西部地区，以游牧经济为主的东胡系统的诸聚落，中部地区以农业和渔捞经济为主的夫余、濊貊系统的诸聚落，以及黑龙江流域东部地区，以狩猎、渔捞为主的肃慎、女真系统的诸聚落。这三大聚落之间的不断迁徙、接触、碰撞、融合的过程，创造了黑龙江流域独特的大河文明。

黑龙江流域传统聚落多选址于黑龙江沿线，因此处曾盛产沙金，在清朝达到繁荣，为带动当地经济发展起到了重要作用，沿河流域也生产黄金，自漠河县至瑷珲古城曾被称为"黄金之路"。聚落选址依山傍水，是为满足当地居民除采矿，还可以山中打猎、下江捕鱼谋生。在黑龙江流域，由于地理位置偏远且温度高寒，人烟稀少，因此传统村落呈现出小型组团的点状分布形态，且此处沿河营建的聚落数量并不多，逐渐往南地区聚落数量明显增多（图1-4-6）。

（二）松花江流域地区

1. 地貌特征

松花江是黑龙江最大的支流。松花江全长约2309公里（从流程更长的北源嫩江源头算起），是中国北方地区最重要的内河航道。

松花江流域西部以大兴安岭与额尔古纳河分界，海拔约700~1700米；北部以小兴安岭与黑龙江为界，海拔约1000~2000米；东南部以张广才岭、老爷岭、完达山脉与乌苏里江、绥芬河、图们江和鸭绿江等流域为界，海拔约200~2700米；西南部是松花江和辽河的松辽分水岭，海拔约140~250米。松嫩平原，海拔约50~200米，是流域内的主要农业区。松花江在同江附近注入黑龙江后，与黑龙江、乌苏里江下游的广大平原组成有名的三江平原。

松花江流域范围内山岭重叠，满布原始森林，蓄积在长白山、大兴安岭、小兴安岭等山脉上的木材，总计10亿立方米，是中国面积最大的森林区。矿产蕴藏量亦极丰富，除主要的煤外，还有金、铜、铁等金属资源。

松花江流域土地肥沃，盛产大豆、玉米、高粱、小麦，此外，亚麻、棉花、烟草、苹果和甜菜亦品质优良。松花江还是中国东北地区的一个大淡水鱼场，每年供应的鲤、鲫、鳇、哲罗鱼等，达4000万公斤以上。因此，松花江虽然是黑龙江的支流，但对东北地区的工农业生产、内河航运、人民生活等方面的经济和社会意义都超过了我国东北地区的其他河流。

2. 发展历史与聚落选址特征

松花江的名称来自于女真语或满语，金代的松花江中上游曾被女真语称为"宋瓦江""宋嘎江"，元明两代则把整个松花江称为"宋瓦江"，清代满语则称之为"松噶里乌拉"，其意为天河。金代还曾在松花江中下游的胡里改路，附近设有"哥扎宋哥屯谋克"建置。1977年3月，在黑龙江省依兰县达连河乡晨光村出土了一方金代官印，即"哥扎宋哥屯谋克印"，隶属宋哥屯猛安管辖。"哥扎"即亲军之意，"宋哥"当与"松噶里"音近，可能是金代松花江的称谓之佐证。

白金宝屯就建造在松花江右岸的台地上，挖掘出了已经被掩埋了3000余年的历史文化的"树根"。由于其地处白金宝屯，遂被命名为"白金宝文化"，又因为它是黑龙江地区发现的最早的出土有青铜器物的遗址，因此学者们又将其视为黑龙江地区青铜时代的开端。松花江中游流域的白金宝遗址出土的大量骨鱼钩、骨鱼叉、骨鱼镖，以及各种玛瑙、燧石、青石、骨角器等压剥而成的石箭链和骨链等狩猎工具，说明白金宝文化的经济类型是以渔捞、狩猎为主。

在黑龙江古代文明的发展史上，一个不可忽视的阶段，就是王国政权的建立时期。属于濊貊—夫余系统的古代民族，在今松花江上、中游地区，分别建立了强大的"索离王国"与"夫余王国"。

松花江流域可以明显看出传统聚落呈现沿江分布的带状分布形态，松花江流域上游、下游地区均流经开阔的平原地区，平原地区土地肥沃，居民以农耕为主，聚落不再需求临水或近水，选址更为自由，但中游地区途径山地地区，该处地势受限，聚落选址依旧呈现出依山傍水的特点，顺应山地与河流走势，且位于山地阳面以获得足够光照（图1-4-7）。

（三）牡丹江流域地区

1. 地貌特征

牡丹江是松花江干流右岸最大支流，位于黑龙江省东南部，发源于长白山脉白头山之北的牡丹岭，流经吉林省敦化市和黑龙江省宁安、牡丹江、海林、林口、依兰等县（市），在依兰县城西注入松花江，全长约726公里（亦说全长为725公里），河宽约100~300米，水深约1.0~5.0米，每年11月中旬至次年4月中旬为结冰期。

牡丹江主要支流有珠尔多河、海浪河、五林河、乌斯浑河、三道河等，流域总面积约37023平方公里，在黑龙江省境内流域面积约28543平方公里。著名的镜泊湖是该河干流式的一个大型堰塞型湖泊。牡丹江流域上游地区主要分布在吉林敦化市境内；中游主要分布在黑龙江省牡丹江市、宁安市、海林市以及镜泊湖的周边地

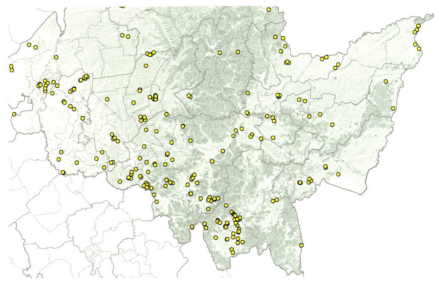

图1-4-7　松花江流域聚落分布示意图（来源：崔馨心 绘制）

区；下游地区主要分布在黑龙江省林口县。

牡丹江流域中部是牡丹江河谷盆地，整个地区凸显山势并且连绵起伏，亦纵横河流，被称为"九分山水一分田"。地形则是以山地、丘陵为主，呈现出中山、低山、丘陵、河谷盆地四种地质形态。流域平均海拔高度约230米，牡丹江流域地区的海拔最高处位于张广才岭的白突山，其海拔高度约为1686.9米，而海拔最低地区则是位于绥芬河市与俄罗斯的边境地区，约为86.5米。

2. 发展历史与聚落选址特征

牡丹江流域的古代先民在漫长的历史变革中，由于各个朝代的更替，其称呼也不尽相同。在夏、商、周时期，被称为肃慎、息慎和稷慎；在两汉、三国、魏晋时期，肃慎人改称为"挹娄"；南北朝时期，挹娄人又转称勿吉；隋唐时期，勿吉又转称靺鞨，靺鞨人当时分为七个部落，其中佛涅部居张广才岭东牡丹江和宁安境内，呈宝部居绥芬河流域；五代时靺鞨人改称女真，居住在牡丹江流域的旧日渤海国边民被称为生女真；到了清朝皇太极即位后，将族名定为"满洲"，简称满族，由此牡丹江流域的土著居民便称其为满族。

牡丹江流域分布的传统聚落主要是渤海古城，从渤海古城整体分布的数量和规模上看，位于牡丹江流域中游地区的渤海古城数量较多且规模较大，共计22座。分布在牡丹江下游地区的渤海古城数量少且规模较小，共计6座，多建在隘口或两水交汇的夹角地带。

如果从平原城和山城两种类型的角度加以统计，那么牡丹江中游地区的22座渤海古城中共有14座山城，8座平原城；下游地区的6座渤海古城几乎都设置在两水交汇的隘口台地上，具有明显的防御性质和控制交通要道的特点。牡丹江中游地区的渤海古城的分布以上京龙泉府为中心，周围分布着大量的渤海时期的山城及平原城。从古城性质上分析，大型山城多为拱卫上京城的重要军镇，小型山城则为戍守的城堡，起到瞭望、戍守、控制交通驿路等作用；而平原城则是分布在渤海上京城附近的附属府、州、县级性质的古城。

无论从人口的密度，还是城市布局的规模上看，牡丹江流域的中游地区都是最繁华、人口最集中的渤海国的中心区。牡丹江流域下游地区的渤海古城较之上游地区的数量依然偏少、规模偏小的特点，说明了这地区的居民人口的密度也是偏小的。当然，这种现象可能受到许多因素的制约，但是，其中最重要的因素可能是受到地理环境等因素的影响。牡丹江流域下游多大山峡谷，森林密布，多崇山峻岭，河流湍急，交通不便，又远离政治统治中心区，商业贸易、社会百工都不便展开，尤其是缺乏中心都市的调节和调动作用。

传统聚落多选址于牡丹江流域的中游地区，这里地势平坦，有着广阔而肥沃的东京城盆地，这里支流众多，水道纵横，江河湖泊水量充沛，由此构成的水路交通网络系统形成了渤海上京城地区对外交通往来的便利条件。肥沃的东京城盆地为农业的大力开发、粮食的大面积种植提供了可能；周围的山地多矿藏，又为渤海上京城的矿藏的开采提供了可能。发达的水系与茂密的山林又丰富了都市居住者的生活，促进了饮食加工业的兴旺，渔捞业、狩猎业、畜牧业、家畜饲养业、屠宰业、毛皮加工业各种工匠都可以大显身手，为这座都市提供生活的保障。

（四）乌苏里江流域地区

1. 地貌特征

乌苏里江是现在黑龙江省东部边界与俄罗斯的界河，是黑龙江中下游结合部右岸的较大支流，历史上曾经是中国的内陆河，其地貌特征主要为平原地形，约占50%，山区与丘陵区依次占29%和21%。

上游地区为兴凯湖盆地或称兴凯平原，主要位于虎林市、密山市、鸡西、鸡东这一地区，其地势西北高、东南低，为低山、丘陵和平原的混合区。虎林市北部为完达山地的南缘，西部则是老爷岭的西缘，兴凯湖平原则是被俄罗斯境内的锡霍特山脉的锡尼山、中国境内的老爷岭余脉的太平岭、老秃顶子山、完达山所围绕。

乌苏里江流域的中游地区主要为完达山山地，该河段位于虎林市北部以及饶河县南部境内。

乌苏里江下游地区左岸由三江平原湿地构成，主要位于双鸭山市饶河县北部以及佳木斯市抚远县境内。下游流域的地貌特征是河流相互交错，沼泽众多，湖泊星罗棋布，岛屿点缀其中，并与江心洲相连成片。乌苏里江下游流域中属于中国的江中岛屿有数十个之多，其中最著名的是珍宝岛、七里沁岛。

总之，乌苏里江流域特殊的地理环境与地貌特征，孕育了丰富的物产、水产、林产，为早期人类的活动和繁衍生息提供了极为便利和丰富的物质条件。肃慎先民及其后继者，利用这里的自然条件创造了渔捞、狩猎、采集和原始的农业、畜牧业和手工业的地域文化与文明。

2. 发展历史与聚落选址特征

乌苏里江流域广袤的森林资源为世代生活在这里的古代居民提供了丰富的狩猎资源；一望无垠的平原与交错纵横的河流，以及充盈的湖水则滋润着先进农业的萌芽；而江河湖泊的水域为水产资源提供了渔捞作业的最佳场所。浩瀚的湿地及其湿地与山地之间的丘陵为采摘果实的种植提供了便利，湿地中的干燥地带为畜牧业提供了可能。原始农业经济、渔捞经济、狩猎经济、采集经济、畜牧业与家庭饲养业等诸多经济模式交汇融合，形成了独特的乌苏里江流域的文化特色。乌苏里江流域是肃慎、挹娄、勿吉、靺鞨、渤海、女真、满洲、赫哲、鄂伦春、鄂温克、费雅喀等各类人群的故乡。

乌苏里江流域上游地区聚落主要沿江畔营建，中游地区流经山地，聚落选址变为依山傍水或依山远水地带，乌苏里江流域中游地区的文化的代表无疑就是饶河小南山遗址。小南山遗址位于黑龙江省东部乌苏里江中游左岸冲积平原的饶河县城南端，东临乌苏里江，西接完达山的丘陵地带，北临县城，南侧是乌苏里江冲击形成的河谷低地。中游地区还分布着众多历史遗址，包括渤海、辽金、元、明、清时期的遗址。到了下游地区开阔的平原地带，聚落选址不再受到山和水的限制，相对自由。

（五）绥芬河流域地区

1. 地貌特征

绥芬河流域面积约17321平方公里，其中在中国境内约为10059平方公里，黑龙江省境内流域面积约7541平方公里。河流含沙量少，水质清澈。落差大，水流湍急。绥芬河还以产滩头鱼闻名。绥芬河年平均封冻天数只有126天，因而绥芬河流域的东宁县有"小江南"之称。以大绥芬河为上源，全长约443公里，其中在中国境内长约258公里，干流在中国境内长约61公里，中俄界河长约2公里。

绥芬河流域南北西三面为高山，多森林，夏季植被茂密，为山区性河流，落差大。底质为砾石、卵石，中游最开阔处宽约160米，最深处可达7米。流经东宁镇后进入平原地区，继而向东流经1公里，为中苏界河，然后流入苏联境内流速每秒0.6～1.0米，最大流速每秒4.83米。水位受降雨影响波动幅度很大，绥芬河地区气温较其他邻近县为高，年均气温为5℃，夏季平均气温17.3～23.2℃，冬季平均气温为－11.1～－16.2℃，雨量集中在全年的6～9月，占全年的80%。秋季河水的透明度最大。

绥芬河下游东宁水文站年径流量达13.1亿立方米。多年平均封冻时间128天（11月下旬至次年4月上旬），多年平均最大冰厚0.9米。水资源丰富，上中游已建成多座小电站。河中有滩头鱼、大麻哈鱼、鳟目鱼等特产。

2. 发展历史与聚落选址特征

渤海、辽、金时期是绥芬河流域文明最繁盛的时期，也是这一时期城市文明和城镇化进程快速发展的时期。最突出的代表性遗存就是这一时期发现的数十座分布在绥芬河两岸的渤海时期始建，辽、金、元相继沿用的古城遗址。位于我国境内的绥芬河流域古城址主要有红石砬子山城、城子沟山城、轴水砬子山城、小城子山古城等。

俄罗斯境内的绥芬河流域及其邻近地区的古城主要有维索卡耶城址、斯塔罗列契斯克城址、斯捷克良努欣斯克城址、奥特拉德年斯克耶城址、塔诺夫斯克渤城址、康士坦丁诺夫斯克城址、西尼洛夫斯克城址、新盖奥尔戈耶夫斯克城址、克拉斯基诺古城、赛加古城、拉佐古城、阿纳尼耶夫卡古城、斯卡利斯托耶古城、叶卡捷里诺夫卡古城、普拉霍特组卡古城、萨因巴尔斯科耶古城、戈尔巴特科夫古城、南乌苏里斯克1号城址和南乌苏里斯克2号城。

据黑龙江省内现有遗址发掘，辽金时期人们的生活范围领域包括阿城金上京的周边地区，以及我省东部的穆棱河流域、兴凯湖一带。在黑龙江省内密山市、尚志市等地，存在大量有价值的金代女真人村落遗址，有的还具规模，发掘出重要的实物证据，进一步廓清了金代女真人沿金上京白城至绥芬河流域继续向东，出张广才岭顺穆棱河东下，在兴凯湖周边活动的踪迹，而且分布广泛，村落密集，生产、生活有序。

绥芬河流域主要位于我国与俄国交界处，自古以来，此处的聚落形式多是为抵御外敌而建设，在河岸处建造的聚落均处于沿河（指蚂蚁河、乌珠河、阿什河两岸）台地而建。绥芬河流域南北西三面为高山，多森林，夏季植被茂密，聚落形态多依山水势而成，借助自然环境形成天然防御屏障。

也有聚落建于绥芬河上游狭窄的河谷之地，这里山高林密，谷深坡陡，绥芬河环绕山城脚下的南、东、北三面。绥芬河沿着山间深谷的谷底由南向北奔流，由于山势造成了此段河流形成了一个向东伸出的袋状。建于此处的城墙恰好修筑在袋状的口部，卡住了唯一进入城内的通道，还有部分聚落选址借助沼泽作为天然防御地带。

第二章

聚落的人文环境构成

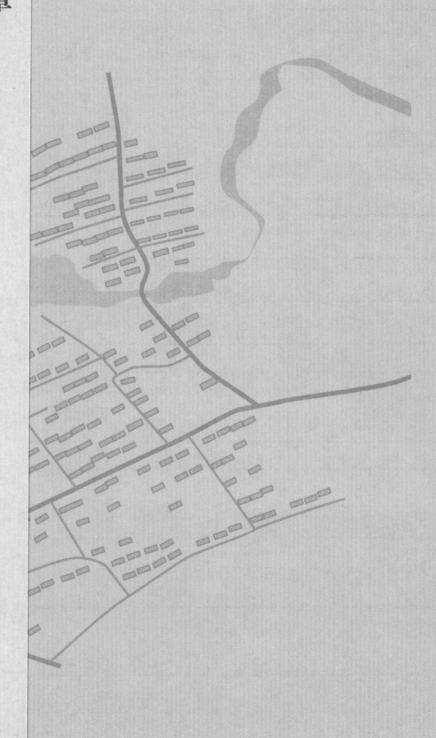

第一节　区域特色文化

黑龙江地区早期就已有人类居住于此，人类文明在该地区也是渊源已久，从早期本土的渔猎游牧文化发展到畜牧文化，后来受到中原地区影响逐渐形成的农耕文化，再到外来文化来到中国，先进的建筑思潮、技术材料不断被引进黑龙江地区，与本土历久以来发展形成的多民族文化融合在一起，形成一种多元并存的人文环境，这复杂矛盾的发展历程在一定程度上影响着人类的居住方式，聚落文明也因此在不同时期呈现出不同的特色。

一、土著渔猎文化

黑龙江的土著渔猎文化作为土生土长的一种文化，它在区域中产生的时间最早、统治时间最长，对区域整体文化的影响很大。同时，渔猎文化作为黑龙江部分区域的核心文化将长期存在，决定了这种文化仍需延续和发展。

（一）先发内源的形成模式

黑龙江区域的远古人类在同自然环境的抗争中，渔猎首先成为人类生活的依靠。由此，渔猎建筑文化也成为黑龙江的古代历史中产生最早的建筑文化，并在唐朝以前的上古时期，占据区域中绝对的统治地位。在黑龙江建筑文化生态系统的四大子系统中，本土渔猎建筑文化是受外来文化影响最小、土生文化性质最纯粹的一种建筑文化，因此，它的形成是一种先发内源的模式。

早在旧石器时代早期的黑龙江流域就有了人类活动的痕迹，1996年发掘了阿城市交界镇洞穴遗址，距今约17.5万年左右。1996年和1997年对该遗址的两次发掘共发现石制品100多件，包括刮削器、砍砸器、石核、石片等，同时发现动物化石2000余件。经研究推断那时的人类尚未形成种族和民族，他们过着四处飘荡的原始群居生活，共同打猎，共同分配，这是人类渔猎文化形成的前奏。在旧石器时代晚期，黑龙江的远古人类由原始群居时期过渡到了早期母系氏族社会，种族已经形成，人类的文化活动开始繁荣。尤其重要的是，对这一时期的考古研究发现了建筑这种文化景观。目前在黑龙江已经发掘了哈尔滨阎家岗、顾乡屯、皇山、五常学田、讷河市清河屯、昂昂溪大兴屯、塔河十八站、呼玛县老卡、加格达奇的大子羊山等遗址，其中最具代表性的是哈尔滨阎家岗遗址，距今约4.1~2.2万年。在这里除了发掘出动物化石、石制品和骨器之外，还发现了两个古营地遗址，这是我国发现的最古老的建筑遗址之一。两个营地相距约40米，分别由500和300多块兽骨垒砌而成。残存的半圆形墙基朝南或东开口，墙高0.5~0.8米、宽0.6~1米、外径5~7米。上面盖有兽皮作为遮风挡雨之用。在当时以渔猎为主要生活来源的背景下，人类四处搬迁，使用旧石器工具，能够建造出这样的建筑堪称伟大的成就。这一发现说明了黑龙江的建筑文化具有悠久的历史和良好的发展基础，也标志着这一时期是渔猎建筑文化形成的萌芽阶段。

（二）范围收缩的发展历程

黑龙江本土渔猎建筑文化经过了漫长的发展历程，在黑龙江的历史中占据了相当长的统治时间，这在其他省域是少见的。同时，这一建筑文化在区域历史的发展状况很不平衡，总体上呈现出空间影响范围逐渐缩小的发展趋势。

1. 统治期——商周至隋朝

在上古的时间范围内，虽然原始的农业已经在黑龙江萌芽，但是各个民族基本上是以渔猎为生，渔猎建筑文化控制了整个省域。"射猎为务，食肉衣皮，凿冰没水中而网取鱼鳖"，这是《北史·室韦传》中记载的室韦人的生活状态。东部地区通古斯族系的肃慎人在商周时还处于新石器时代，虽有原始农业，但渔猎占较大的比重。到魏晋时期，这一族系中的挹娄人由于铁器的使用，狩猎的水平大大提高，以致一次进贡给曹魏政权的貂皮达到400张之多。

2. 抗衡期——唐代至清末

这一时期黑龙江省域内的渔猎文化区域开始缩小，农耕文化区域迅速壮大，与渔猎文化分庭抗礼，轮流成为黑龙江区域最主要的文化类型。渤海国的建立促进了经济文化的繁荣，也大大发展了农业、手工业等产业，黑龙江地区人口最多时超过170万，很多人不再进行渔猎生活，渔猎文化在地区中也不再占据绝对统治地位。渤海国的渔猎业仍占有很大的比重，但已集中在北部和东部的山地密林和湖泊沼泽之处，虽然经济生活相对中部落后，但是渔牧文化仍然在不断充实和进化，狩猎的动物对象大大增多，貂皮、虎皮、麝香等产品闻名四方。

辽代到明代的时期，社会发展几度动荡反复，渔猎活动仍然是人们的主要生活方式之一，尽管多数时间能与不断发展的农耕文化分庭抗礼，但是占据的空间范围进一步缩小。辽国为了削弱渤海人的反抗力量，对渤海进行了移民总数可达110余万人的南迁和西迁。随后，金代完颜亮于1153年迁都燕京，大批女真人随之迁居中原，金末又发生战乱。元朝时期则是战乱不断。以上这些事件使得黑龙江地区本来良性发展的经济文化遭受打击，刚有发展起色，便又大步后退，阻碍了农业等先进的经济产业的发展，客观上维护了渔猎文化在地区仍占有较大的比重，但是也限制了渔猎文化发展。明朝时黑龙江地区主要生活着蒙古族和女真人，渔猎仍然占有很重的地位。而中、东部的女真人除了少部分从事渔猎外，农业成为主要产业。在这一背景下，渔猎建筑也逐渐演变成一部分定居的农耕文化建筑。

3. 衰败期——清朝至中华人民共和国成立

在这一时期，几次大规模人口移民到来，使得地区的渔猎文化受到广泛的冲击，控制范围大大缩小，并迅速走向衰败。清初期黑龙江区域内的人口只有90万，清朝统治者为保其"龙兴之地"，在相当长的时间对东北地区实行"封闭"政策，"限内外，禁出入"，而1861年后随着封禁的解除，30年内人口已达324万。在民国和抗日战争期间，黑龙江的移民数量继续增加，到1945年已达1000万。中华人民共和国成立前，黑龙江地区以渔猎为生的民族主要有蒙古族、达斡尔族、鄂伦春族、鄂温克族、赫哲族等，这些民族都生活在西部的草原、大小兴安岭以及黑龙江沿岸等地区。

4. 转型期——中华人民共和国成立至今

中华人民共和国成立后，渔猎文化的区域范围只分布在大、小兴安岭山区、黑龙江与乌苏里江流域沿岸的部分地区和嫩江平原的草原等局部地区。同时在深山老林中的鄂伦春、鄂温克等民族也走出大山，放弃了狩猎的生活方式，开始了以畜牧为主，兼作农业的生活，但是，他们的生活仍然具有一定的渔猎文化色彩。在这些区域，传统的渔猎建筑几乎都被淘汰，渔猎文化建筑自此发生了很大的转型并持续着，在转型过程中建筑文化几乎完全失去了渔猎特色的聚落建造特征。

二、畜牧文化

畜牧业的发生，是从驯化野生动物开始的。人类在长期的采集渔猎生活中，积累了相当丰富的有关动物的知识。这些知识正是原始人类得以驯化动物的先决条件，在这个基础上开始出现了游牧民族，逐步形成畜牧文化。畜牧建筑文化同渔猎文化一样受外来文化影响较小，它的形成也是一种先发内源的模式。

（一）先发内源的形成模式

大约距今6000年前，黑龙江人类社会经过旧石器、中石器阶段进入新石器时代后，与之相适应的社会形态也从原始群、氏族、氏族部落、部落联盟诸次向部族过渡，并由母系社会过渡到父系社会。语言和地域生活方式的共同性在此时都已初步形成，这就是民族的雏形。当时，在黑龙江区域内形成三大族系的古代民族源流，分别为：蒙古语族（今蒙古族、达斡尔族为其后裔）、古亚洲语族、阿尔泰语族的通古斯（今满族、鄂伦春族、赫哲族为其后裔）。这三大族理论上是同源，之所以能够出现民族的区分，原因是在漫长的社会进化中，不同的自然条件和不同的地理环境使他们为了谋生存而采取了不同的经济生活方式，久之形成了不同的语言词汇、不同的心理状态、不同的风俗习惯等，由此导致考古学上不同的文化类型。民族的形成使人类文化进一步丰富和完善，在以后很长的一段时间内这些民族的文化类型都是以畜牧文化为主导。在这种文化背景下，在与恶劣的生存环境的抗争过程中，各民族逐步形成了以游居为主、少量定居的建筑模式，使畜牧文化建筑产生了比较明确的体系特征。

畜牧业在黑龙江地区主要分布在大兴安岭一带。该区域有大片的草原为畜牧业提供了资源。黑龙江地区的蒙古族也主要分布在此。随着时代的发展、经济水平的提高，畜牧民族和地区的居住村落也逐渐固定下来，由游牧变为定居，形成了其特有的传统村落和聚居形式。

（二）稳步前进的发展历程

黑龙江的畜牧建筑文化是伴随着土著渔猎文化的发展过程产生的，直至现在依然是人们生活的重要生产方式之一，虽然随着社会发展也会受到社会与外界的影响，但总体上呈现出稳步前进的发展形势。

1. 萌芽期——商周至隋朝

当时西部蒙古语族系的东胡也开始了游牧生活。此后，同属于这一族系的鲜卑和室韦也从事狩猎与畜牧相兼的生活，很少从事农业。"幽都之北，广漠之野，畜牧迁徙，射猎为业，纯朴为俗，简易为化……"，在《魏书·序纪》中的记载说明了当时拓跋鲜卑的生活状态。此时东部地区通古斯人的肃慎人还处于新石器时代，虽有原始农业，但畜牧占有较大比重。

2. 发展期——唐代至清末

渤海文化挖掘范围较为广泛，是唐朝名重一时的"海东盛国"创造的灿烂文化。渤海国领有5京、15府、62州，居民达10多万户。常备兵员数万人。这一时期畜牧业、农业、手工业、商业、交通运输业等城镇经济获得很大发展。人们培育了很多畜牧的品种，比如有"扶余之鹿""太白山之兔"的记载，表明当时的猎人们似乎已掌握了人工养鹿、养兔的技术。

3. 辽代到明代的时期

金源文化要从阿城故地挖掘入手，向北京、海内外拓展。狭义指女真人以阿什河流域阿城为中心创造的文化，即金上京地区或金代早期文化。自海陵王迁都北京，1157年上京号降为会宁府，至金大定十三年（1173年）恢复上京号，返祖地巡视，使金上京会宁府的地位远远高于其他陪都，故获得规模空前的发展。金京都上京会宁府人口36万人，是当时少有的大城市。金代以农为本、畜牧业、冶铁业、手工制作业发达，建筑业空前发展，商贸、文化艺术繁荣。到明朝，黑龙江地区主要生活着蒙古族和女真人，"土产马、橐驼、黄羊、青羊"说明西部的蒙古族仍然以游牧生活为主。而中、东部的女真人除了少部分从事畜牧业外，农业成为主要产业。"两岸大野，农人与牛布满于野"讲述了当时春耕时的景象。

4. 转型期——中华人民共和国成立至今

中华人民共和国成立后，黑龙江境内的蒙古族依然主要从事畜牧业，但已基本放弃游牧的方式，改以定居模式的畜牧生活。在这些区域，传统的畜牧建筑几乎都被淘汰。可以说，中华人民共和国成立后，畜牧文化建筑发生了很大的转型。至今，这一转型仍在继续，但是人们已经意识到在转型过程中所发生的偏离，就是建筑文化在转型过程中几乎完全失去了畜牧特色，而这一现象并非是时代发展的必然。

三、传统农耕文化

传统农耕文化在黑龙江的控制范围最大，是地区最主要的文化之一，它既是在土著渔牧文化的基础之上分化而来，又受到中原文化的影响。虽经过了几千年曲折的发展，却仍然显现出历史基础比较薄弱的特征，这一文化的发展对于黑龙江区域整体建设将起到决定性的作用。

（一）混发混源的形成模式

尽管黑龙江的早期历史中渔牧文化占据了很大的比重，但是农耕文化也很早就产生了，开始是作为渔牧业的副业，随后两种产业的分离导致建筑的居住模式与建造方式等方面发生变异，从而产生了最早的农耕文化建筑，这是农耕文化建筑的产生起源之一。随后，中原文化对黑龙江区域的农耕文化产生了很大的影响，在建筑方面的体现也很明显。渤海国以后，区域中出现了很多类似中原地区的木建筑，主要作为农耕文化中的上层人士所使用，成为农耕文化建筑中新的构成类型，这是农耕文化建筑产生的另一起源。由于传统农耕文化建筑产生于不同的时期，具有不同的起源，因此它是一种混发混源的形成模式。

在距今8000~7000年的蒙古族祖先遗址，即铜钵好赉文化遗址中发现了一些石制的农业工具，说明那时已经有了原始的农业。但是，后来农业在草原上消失了，取而代之的是兴旺的畜牧业。据研究，这与当时的气候和生态环境有关，在原始农业产生后，自然环境发生了变化，导致了农业向畜牧业的转变，说明早期的农业和渔牧业一样，也对自然因素具有很大的依赖。此后，在距今4000年左右的莺歌岭下层文化中又表现出浓厚的原始农业色彩。遗址中出土了磨制石斧、打制石斧和板状砍伐器。他们是先民用来砍伐树木的原始工具，树木砍倒后，用火将树木和荒草烧光，然后进行播种。遗址中还出土了一件鹿角鹤嘴锄，它是刨坑播种用的原始工具。由于有了原始的农业，人们已经开始定居生活，在莺歌岭下层曾发现了两座带有火灶的穴居房子，约40平方米。其说明从穴居再到地上建筑，是早期的农耕建筑与渔牧定居模式建筑共同经历的建筑发展过程。大约2000年前，有记载表明挹娄人都居住在5米×5米的方形半地穴房子里，而有钱有势的"大家"，虽仍为穴居，却是"以深为贵""至接九梯"。公元前5世纪~1世纪的沃沮人已经开始使用铁质的斧、镰、锥、钵等农业工具，他们的房子均为长方形或近方形的半地穴式，房屋的结构远较北邻挹娄的穴居复杂得多，多用土和石板筑成"烟道—火墙式"取暖设施，这是火炕的前身。这些建筑与渔牧定居建筑十分相像，这说明那时黑龙江区域的农耕文化与渔牧文化还没有完全分化开来。此后，农业从渔牧业中分离出来，建筑特征也随生产方式、生活习俗的改变以及中原文化的影响而发生了一定的变异。因此，早期的农业建筑是在渔牧文化的定居建筑的基础上转型发展而来，两者具有一定的传承关系。这是农耕文化建筑产生的最主要来源之一，基本为平民阶层所使用。在对上京遗址的考察中发现，整个上京城就是仿照长安而建。进入宫城，南门后是一组雄伟的、排列在一条南北中轴线上的主体建筑，共五座。从宫城往北约200米是第一殿址（俗称"金銮殿"）。台基四周石块砌筑，高出地面一米多。第一殿址是宫城中的主要建筑，相当于唐长安城小的麟德殿，此殿东西长约64米、南北宽约27米，台基上保存了40个大型基石。此外，对其他建筑的发掘也说明京城中的高等级建筑完全模仿中原建筑。这标志着黑龙江传统农耕文化建筑中又一主要类型的大规模产生。此后，在黑龙江古代历史发展中比较兴盛的时期，农耕文化的上层阶级建筑多采用模仿中原建筑的做法。

（二）往复徘徊的发展历程

渤海国以后，相对来讲黑龙江的传统农耕文化已经基本形成，但是随后却经历了曲折的发展历程。该文化在发展中的兴衰过程大致与渔牧建筑文化相反，在经过了几次大的反复之后，导致其发展甚微。直到近古时期的清末以后，随移民的大量涌入才迎来了快速的发展时段，一举奠定了其影响区域最广的文化地位。中华人民共和国成立后，这一文化虽有了进一步发展，但总体的进化却并不明显。需要指出的是，在这一发展过程中，传统农耕文化区域也出现了很多城市，尽管城市里的手工业和商业比较繁荣，但是也无法替代农业的经济主导地位，因此这些古代城镇的建筑也属于农耕文化的范畴。总体上，传统农耕文化的发展大致经历了三个阶段。

1. 反复期——渤海国至清末

在渤海国至清末这一漫长的历史时段中，渔牧文化和农耕文化交替占据着黑龙江地区的统治地位，传统农耕建筑文化总体经历了三次大的反复。

1）第一次反复

辽代建立后为巩固统治，对渤海国采取灭其国、迁其民、毁其城、焚其宫、荒废其地的政策，使已经发展壮大的渤海农业文化遭到毁灭性打击。渤海国的建筑成就完全毁于一旦，从考古发现，直到辽代的后期，黑龙江农耕建筑文化的发展也远远没有达到渤海国时期的水平。

2）第二次反复

金代是黑龙江区域历史上社会经济空前发展的阶段，铁器农具已经被普遍推广和使用，农具的种类繁多，农业结构不断完善，到金代中期以后，原来粗放型的生产技术已有了明显的进步。在黑龙江地区的耕地面积，超过了以前任何一个时代，广阔的松嫩平原、三江平原等平原地带都得到了开发，是地区古代农垦史上的一个高峰。

3）第三次反复

发生在此后至清末以前的这段时期。元朝统治时期战乱不断，而且蒙古人不善农业，因此，农耕文化发展不快。在明朝后期，黑龙江地区的农耕文化发展才有所起色。海西女真"事耕种，言语居处，与建州类"，说明他们已从元代的"无市井城郭，逐水草而居，以打猎为业"，开始南迁并转向从事农业。随后的清初时期，黑龙江区域的发展已迅速向全面的封建社会转变。可是，正当农业文化的发展刚刚开始恢复元气欲快速发展时，又受到一次巨大的政治影响。这就是清朝入关，不但南迁了大批居民，使黑龙江地区只留下几十万人口，而且多数为偏远地区居民或贫民。平原地区的农耕文化再次遭到毁灭性打击。随后，清政府对"龙兴之地"实行了长时间的封闭政策，严重限制了黑龙江地区的文化发展。

2. 统治期——清末至中华人民共和国成立

清末以后，随着封禁的解除，地区的经济文化迎来快速发展。大量外地移民不断涌入，到民国期间地区人口从几十万猛增到600多万。流民和垦民作为移民文化的传播者，把大量的农耕技术与劳动技能带入黑龙江区域，使土著居民摒弃了原始粗放的农耕方式。清朝初期黑龙江区域农业生产力水平很低。据载当时"地贵开荒，一岁锄之犹荒，再岁则熟，三四五岁则腴，六七岁则弃之而别锄矣"。而"汉人操作则不然,汉人之耕作有分休闲轮作二法。若沙碱地则用休闲法,每年耕作一分,休闲一分;至轮作法最为普遍,即高粱、谷子、黄豆之类,每三年轮作一次,又名翻茬,为与获茬互相轮种也。"由于农业生产技术的进步,导致更多的土著居民由单一的游牧渔猎生产向半农半牧、亦渔亦猎或完全农作的生产方式转变,为社会文明的转型和现代化的发展奠定了基础。

3. 徘徊期——中华人民共和国成立以后

中华人民共和国成立后,黑龙江省经过"百万知青,十年垦荒"后,迅速成为全国的粮食基地、农业大省,农耕文化也随之得到发展。但是由于整体经济文化发展水平的制约,在建筑方面的发展却一直徘徊不前。仿照中原传统建筑的类型在大部分农耕区域很少出现。在哈尔滨等大城市出现的少量的几座有"大屋顶"建筑,也是受当时全国性的建筑思潮所影响,并没有明显体现出地域建筑发展的延续性。一般的农村民居仍然延续了1949年前的建筑特征,在类型扩展、形式更新等各个方面都没有较大的进步。改革开放以后,农耕文化区域的经济得到改善,大量的改建和新建建筑不断出现,但是由于缺乏高水平的设计,以及有效的引导,除了采用了性能更好的现代材料以外,多数新建建筑并没有明显的进化。如今,农耕文化正面临着重要的发展时期,大规模的更新仍在不断进行之中。

四、近代外来文化

黑龙江省的近代外来文化主要在哈尔滨产生广泛影响,其他个别城市也有少量涉及。尽管这一文化类型从近代产生算起发展时间不长,但在黑龙江省却促成了一批艺术成就最高、文化影响力最强、建筑历史价值最大的建筑。

(一)后发外源的形成模式

黑龙江省的外来文化产生于近代社会,在区域历史上属于后期发生的文化类型。它是伴随着俄罗斯等西方列强国家和日本的侵略而传入的,所以其产生来源并非是当地传统文化的传承和变异,而是典型的外源文化移植,并在适应了当地的自然环境和人文环境的基础上,形成具有旺盛生命力的文化类型。因此,近代外来文化的形成是一种后发外源的形成模式。

1840年6月,中英鸦片战争爆发,西方的殖民主义开始了对中国疯狂的入侵,使一直闭关锁国的古老中国被迫对外开放,并沦为半殖民地半封建国家。同时,也促使中国很多城市被动地开始了从农业文明向现代工业文明的转型发展。1858年5月28日,在沙俄蓄谋已久侵占中国领土,而清政府又腐败无能的背景下,中俄签订了极不平等的《瑷珲条约》,将黑龙江以北、乌苏里江以东100多万平方公里的土地割让给了沙俄。随后的1858~1878年的20年中,沙俄又不断蚕食和侵扰东北边疆。19世纪末20世纪初,沙俄积极向远东扩张,为实现它的远东政策,采取的重要措施之一就是修筑一条从莫斯科直达符拉迪沃斯托克的西伯利亚大铁路。当西伯利亚铁路修建到外贝加尔地区时,如果按原计划一直沿中俄边界俄国一侧修建,需要东绕黑龙江北岸,并且这一路线地势复杂,岗峦起伏,给筑路造成很大困难。因此,俄国于1895年正式提出建造穿越满洲的铁路以便连接伊尔库茨克和符拉迪沃斯托克的方案,这样不仅能缩短约560公里的路程,节约工程费用,加快工程进度,而且还能通过修筑这条铁路占领中国的领土。为此,沙俄通过一系列手段迫使已是四面楚歌的清政府接受了这一方案。1896年6月3日李鸿章同维特、罗拔诺夫在莫斯科签订了《御敌互相援助条约》,即《中俄密约》。该密约使俄国取得了在中国东北修筑中东铁路和开设华俄道胜银行等特权。1896年9月8日俄国又同清政府签订了《合办东省铁路公司合同》。同年12月

16日，公布实施《合办东省铁路公司章程》，为中东铁路在东北的修筑扫平了一切障碍。根据中东铁路合同和章程规定的开工日期，中东铁路建设局于1897年8月28日，在绥芬河右岸三岔口附近举行了开工典礼。1898年6月9日，中东铁路建设局机关迁到了哈尔滨，中东铁路全线开工。这一活动标志着外来文化在黑龙江地区的大规模入侵的开始。外来文化的入侵对黑土地域人民来说，既是屈辱与苦难，也是发展的机遇。帝俄及各资本主义国家的资本家、金融家纷纷在铁路沿线投资建厂、购地筑房，从事各种工商经济活动，使哈尔滨、绥芬河、齐齐哈尔、牡丹江等一批近代城市，开始了由传统农业向工商业的现代化城市转型发展。在这种城市转型发展的过程中，外来文化以强制性的方式渗透到人民生活、社会生产、城市建设与经济政治体制等各个方面，也就是说外来建筑是以整体社会系统的同步侵入方式而被移植到黑龙江省区域的。就好比将一种植物移植到另一个地区时，同时将它的土壤、肥料甚至平时护理的园丁也一并移植过来，这样植物的适应力和成活率会大大增高。同样的道理，外来建筑的整体入侵奠定了它能够在此区域生根发芽，并最终发展成为黑龙江省主要建筑文化的重要原因。但是这一移植的模式也存在一定的问题，因为没有当地的历史文化积淀，很多建筑文化内容甚至是与当地的历史文化有冲突的。比如，农耕文化背景的人民性格非常粗放、豪气、不拘小节，而以工商业为主要文化模式的外来文化背景中，人们的性格比较细腻、严谨，善于精打细算。这些矛盾为它与当地历史文化的融合发展带来难度。

后发外源的形成模式也决定了外来文化的很多主要特征，比如作为后期产生的建筑文化，其生产力基础更先进，内容更为适合时代的发展，比早期的文化更有竞争力和生命力。这也是它能够仅仅经历了半个世纪的时间便迅速成为区域核心文化之一的重要原因之一。

（二）相对集中的发展历程

外来文化的侵入主要集中在19世纪末至中华人民共和国成立前约半个世纪的时间范围内。作为中东铁路的枢纽站，哈尔滨成为外来文化的内核区域，无论从外国人口数量、外国工商业的规模与数量，还是从外来文化的类型和发展程度等各个方面，其他几个城市都是无法相比的。因此，也成为近代外来文化建筑集中的区域，虽然绥芬河、齐齐哈尔、牡丹江等城市也留下了一些外来文化建筑，但是在数量、规模和成就上和哈尔滨相差很多。在这半个世纪时间中，外来文化的发展大致可以分为三个阶段。

1. 奠定期

奠定期是从1898年中东铁路全线开工至1917年俄国十月革命胜利，对黑龙江的殖民结束。这一阶段奠定了外来文化系统在黑龙江区域的基础。中东铁路开始建设以后，1907年哈尔滨正式向西方各国开放，供外国人自由通商和居住。从1907年1月，俄罗斯驻哈尔滨总领事馆设立，在此后的几年之中，先后有法国、美国、德国、西班牙等20余个国家在哈尔滨设立领事馆。由此开始，西方各国就按自己的需要对哈尔滨和黑龙江省的部分城市进行改造。据统计从1898年至1917年，帝俄在哈尔滨的投资总额达2.6亿卢布。除俄国之外，其他欧美国家也不断把大量资本投入黑龙江区域的城市建设之中。伴随经济的发展，外来文化也成为近代黑龙江城市文化的主体。1898年8月，俄罗斯人就在其驻地田家烧锅附近的香政街建立了北满地区第一座简易的东正教堂，到1917年哈尔滨就建造了8个教堂，此外还有其他地区建造的教堂，如1902年建造的现存唯一的木质教堂——横道河子喇嘛台、1908年建造的呼兰天主教堂、1913年在绥芬河建造的协达亚·尼古拉堂，以及昂昂溪某教堂等。导致东正教在当时哈尔滨及黑龙江近代其他几个主要城市广泛传播。1901年，中东铁路临时工厂在道里开办了图书馆和俱乐部,同年,俄国人创办了黑龙江最早的报刊——《哈尔滨每日电讯广告报》。翌年,中东铁路局图书馆和俱乐部在南岗成立,同年俄人诺夫创办了中国最早的电影院。1903年,希尔科夫等创办了第一个剧场,同年伊万诺夫创办了剧团。外国人的大批移民也将他们的饮食文化、服饰文化等带入黑龙江。这些文化包括俄罗斯文化,以美、英、法为代表的西方文化,以及伊斯兰阿拉伯文化、犹太文化等丰富多元的文化类型。因此,外来文化一开始就是以整体和系统的状态侵入黑龙江近代城市的。

2. 发展期

发展期是从1917年至1931年日本发动"九一八事变"侵占东北。这一阶段黑龙江省的外来文化进一步发展。1920年中国政府相继收回中东铁路当局侵占的中国主权,成立了东北省特别区。虽然,中国人的重掌主权增强了民族自豪感,从而产生了复兴民族文化的思潮,但同时辛亥革命、新文化运动、五四新文学的浪潮一波一波地冲击旧传统、旧文化,从思想上解放人们的旧观念,客观上促进了人们对以先进生产力为基础的外来文化的接受。因此,这一时期民族文化和外来文化的碰撞虽然明显,但是总体上外国文化继续迅速向以哈尔滨为主的黑龙江城市渗透,并不断发展。从1918年到1931年,先后又有爱沙尼亚、拉脱维亚、丹麦、葡萄牙、荷兰、立陶宛、瑞典、意大利、比利时、波兰、捷克等国家在哈尔滨设立领事馆。这些国家的商人、传教士和大量增加的俄国难民不断来到黑龙江进行经济和文化的传播,这期间黑龙江区域又新建教堂10座左右,比如,1923年重建的圣·索非亚教堂等。据统计截至1928年底,以哈尔滨为中心,东自绥芬河,西至满洲里,外侨私立学校共计71所,学生7138名,使得外来文化的发展非常迅速。

3. 完成期

完成期是从1931年至1945年日本战败,结束对黑龙江的统治。这一时期,黑龙江省外来建筑文化系统的发展进入完成期。日本帝国主义在侵占东北全境,建立傀儡政权之后,倾力推行反动的文化政策,企图以残暴的法西斯手段灭绝东北人民的民族意识和传统文化。同时,在这一时期,在哈尔滨的一些外国商人纷纷撤出投资逃离哈尔滨,城市文化出现整体的畸形发展。但是由于当时日本所推行的文化很大部分是其从西方学习而来,因此外来文化的发展得到进一步的延续。尤其在城市与建筑方面表现得最为明显。日本侵占哈尔滨后,立即规划和实施哈尔滨都市建设计划,使哈尔滨再次成为欧美现代城市规划思想的试验场。

第二节 民族文化

随着社会进步、文化的演变与传承,村落的布局肌理和空间形态都发生着变化,同时也体现该地区的地域文化和历史文脉。村落的布局及形成与人文历史因素关系密切,主要影响因素就是不同的民族文化、风俗习惯等。黑龙江地区民族众多,趋同的同时也保留了一定的民族特点。东三省的主要居住民族为汉族、满族和朝鲜族,同时还有众多少数民族。

一、汉族文化

黑龙江省汉族居民多为自历史上不同时期由中原迁徙而至东北地区的，中原地区的汉族在整个历史中，一直成为东北汉族的主要来源和主要流向。因而，东北地区汉族建筑既具有中原汉族建筑的共性特征，也具有由汉族自身民族文化和所处地域条件共同形成的地域民族特征。

宗教对许多民族有重大影响，在汉族中没有产生全民族必须信仰的完全意义上的宗教。汉族自古对各种宗教采取兼容并蓄的态度。自汉代以来及至近代多种外来的宗教，如佛教、天主教、新教等，都有一部分汉人信奉。无论是何种外来的宗教，其教义与汉族固有的天命观与宗祖崇拜不相矛盾，或改造其某些教义与汉族固有宗教观念相适应，才有可能得到流传。汉族传统上为以祖先信仰为主，并且具有儒、释、道三教合一的宗教信仰传统和特点，同时存在其他多种宗教。汉族宗教文化，有"儒道释"三教之说。一般的中国人，在祖先崇拜的基础上，都受到儒、道、释三教思想的影响，称之为中国民间信仰。

以农业自然经济为基础的封建社会统治了中国几千年，这种封建的宗法社会，在民族心理上造就了两个特点：一是对血缘关系的高度重视，二是对等级差异的强调。因此在言语交际上一个突出的特点是讲究亲属称谓的使用，长幼辈分的严格区别。重视长幼的宗法观念被移用到社会的人际关系，就变为等级观念。几千年的封建社会一直提倡长幼有序、尊卑有序。

在古代，汉族对于堪舆学是十分重视的。像婚丧嫁娶、易居开业都要迎请易学大师来进行卜卦预测。用现代人的话去理解，就是环境好的地方，人们居于此处，能助人事兴旺、发财，可令后代富贵、显达。在古代符合优良环境的宝地标准一般为后有靠山、左有青龙、右有白虎、前有案山、中有明堂、水流曲折。中国传统环境观告诉人们要能顺应自然规律，要优化自然环境。

黑龙江省传统村落中的汉族古村落，现存量较大、分布较广。汉族村落具有深远的文化内涵。汉民族自古建立起以儒学为主导的社会政治形态、文化形态和生活形态，渗透到社会的各个角落。自然经济的聚族而居、渔樵耕读的传统村落形态是中国封建社会之本。封建时代成功人士以村庄生活为依托，走向城市、走向全国，最后携带巨大财富和丰富文化信息回归，在村庄留下众多文化遗迹。然而从今天存留的村落看，黑龙江省由于战乱频仍，村落不容易留续。所以村庄独姓者少，杂姓者多，少有宗祠，历史短暂。

位于黑龙江省的肇州县肇州镇的肇安村其主要居住民族是汉族，但由于村庄现代化发展，传统的民居形式多数已不复存在，只保留了汉民族的生活习惯。遗憾的是，像肇安村这样未能保存完好汉民族建筑文化的村落，在东北地区比比皆是。

二、满族文化

满族长期生活在东北松花江和黑龙江下游广阔地域。这里的地域气候条件、生产生活方式以及社会发展水平决定了满族建筑特征，并逐渐形成了民族特点鲜明的寝居习俗。为了抵御冬季风雪和严寒，满族先世肃慎人、挹娄人和勿吉人基本为"穴居"。女真人在形成期，仍然沿袭先世的"穴居"习俗。随着女真社会生产力的不断发展以及中原建筑的影响，女真平民的住宅有了很大的进步。在广泛使用火炕取暖的同时，他们逐渐由"穴居"转向在地面建房。满族民居建筑伴随其社会的发展，逐渐形成了自己独特的格局。

提到满族村落，就不得不说明一下京旗文化的由来。清乾隆年间，一千户闲散旗人离开自己居住的百年老宅，经过两个多月的跋涉，来到了冰天雪地的五常拉林，建屯立旗，开始了自食其力，"出则为兵，入则为民，有事征调，无事耕猎"的屯垦戍边生活。此后，从又有2000户北京闲散旗人移居到拉林阿城地区，建立了32个京旗满族屯落。于是，异于当时黑龙江地区并带有浓郁京都色彩的特殊的文化区域出现在白山黑水之间。

满族文化具有浓烈的宗教色彩，萨满教是其主要宗教信仰。萨满教是一种原始的多神教，远古时代的人们把各种自然物和变化莫测的自然现象，与人类生活本身联系起来，赋予它们以主观的意识，从而对它敬仰和祈求，形成最初的宗教观念，即万物有灵。宇宙由天神主宰，山有山神，火有火神，风有风神，雨有雨神，地上又有各种动物神、植物神和祖先神，从而形成普遍的自然崇拜（如风、雨、雷、电神等），图腾崇拜（如虎、鹰、鹿神等）和祖先崇拜（如佛朵妈妈等）。

萨满教崇拜祖先和自然神灵，其居住习惯、住宅文化也具有强烈的宗教意识，如满族民居的院落形态通常方正，坐北朝南，以西为尊，因此长辈通常居住在西侧，以萧红故居为典型代表。满族民居室内有萨满教的祭祀空间，西墙用于供奉，设有佛爷匣子，西炕尊贵，称为"佛爷炕"。院内东南方向立有索罗杆，用于祭祀和饲喂满族神鸟乌鸦。可见宗教文化对民居空间的影响。

位于黑龙江省五常市的拉林镇至今有900多年的历史，在漫长的历史进程中，积淀了深厚的历史文化，尤其是京旗文化，与其他地区的满族相比有其迥异性，同北京的满族同源同根。由于清乾隆时期的京都移民，不仅促进了民族团结，更促进了京旗文化的融洽与发展，使拉林成为京旗文化的发源地。

三、朝鲜族文化

我国的朝鲜族中咸镜道、平安道、庆尚道人占绝大多数，主要分布在东北三省，黑龙江省和吉林省舒兰、蛟河、吉林、磐石等内陆地区的朝鲜族则来自朝鲜庆尚道及全罗道等朝鲜南道。大部分朝鲜族聚居在一起，形成有规模的朝鲜族村落（或村庄），保持着民族的传统性和整体性。

朝鲜族是一个迁入民族，19世纪中叶后陆续大批迁至我国黑龙江省。在与汉族及其他民族长期共同生活中，勤劳、智慧的朝鲜族人民在继承本民族优秀文化传统的同时，吸收了汉族及其他民族的先进文化，创造并迸发了光辉灿烂的民族文化。他们的隐士、服饰、建筑、雕刻、回话及文学作品无不带着浓厚的民族特色，无不闪烁着东方文明的光芒。朝鲜族民居的形式一般有草房和瓦房两种。多面向南或东南、西南，有院落。屋顶多四个斜面构成，主室上盖为大"人"字形，两翼斜坡较小，用谷草或灰瓦片覆盖。每套房屋正面开一扇或四扇门，同时开窗。后面一般亦设门和窗，内分为寝室、厨房等。

朝鲜族崇尚儒教，遵循礼制，注重等级思想。重孝道，敬祖先。房屋布局和形态较有规律。但对于移居至此的朝鲜人来说，对村落布局影响较大的还是风水理念。如良好的村落布局要满足"坐北朝南""负阴抱阳""藏风聚气""山水环抱"等几点要求，都是风水观念对传统村落的影响。如宁安江南朝鲜族村，其选址就为背山面水，负阴抱阳之地。

黑龙江省镜泊峡谷的前身就是镜泊湖瀑布老河谷朝鲜族民俗村，朝鲜民俗村现在依然在镜泊峡谷，这里的村民很好地保留了本民族的文化特色和建筑特色。朝鲜族民居是朝鲜文化的重要组成部分，它集中体现了朝鲜族的民族文化、民族心理、生产方式及社会发展状况，朝鲜族人民结合本民族的生活习俗、行为模式建造出了与东北寒冷气候条件、地理环境相适应的民间住宅，这些至今仍散落民间的民居在总体布局、平面与空间构成、立面造型、结构体系、构造做法及建筑材料的选用等方面具有朝鲜族的民族特色和地方特色。

四、其他少数民族文化

鄂温克族、鄂伦春族、赫哲族是生活在我国东北地区、人口较少但具有悠久历史的少数民族聚落，他们及其先民长期生活在黑龙江、乌苏里江、松花江与大小兴安岭交织错落的白山黑水之间，被学术界称为"黑龙江三小民族"。他们的建筑形态受到地域自然环境与民族经济条件的影响，在其狩猎、渔猎生活中逐渐形成，最根本的目的是满足基本的生活居住需求。过去，鄂温克族多信萨满教，牧区的居民同时信喇嘛教。1945年前还保留有动物崇拜、图腾崇拜和祖先崇拜等，部分氏族以鸟类和熊等为图腾崇拜对象。

鄂温克族、鄂伦春族的建筑聚落以"小聚居大散居"为主要分布模式。建筑组团规模较小，由一个家族的血缘乌力楞或地缘乌力楞中的斜仁柱排成直线形的一列组成。建筑周围的树林中、河畔的开阔地都可以成为他们进行室外生活、生产、集会的活动场地。赫哲族的固定建筑聚落以临近乌苏里江、松花江、黑龙江岸形成的屯落为主。屯落由若干个家族院落组合在一起形成，总平面形状多呈方形或长方形。屯落中的单元院落由住屋与室外栅栏组成，每个单元院落均朝向南面。院落之间由东向西并列排布，室外栅栏高约1米，前后两列栅栏之间限定形成室外空间。

位于齐齐哈尔市的富裕县共有2个民族乡、17个民族村，其中世居少数民族有满族、达斡尔族、蒙古族等。富裕县少数民族历史悠久，世代生活在这里的少数民族群众创造了丰富灿烂的民族文化。300多年以来，先后有达斡尔、满、蒙古、柯尔克孜等少数民族在此定居。他们始终沿用着本民族语言，保持了浓厚的民族风俗习惯，创造和繁衍了丰厚的民族文化，留下了大量的极具价值的民族文物。早在第四纪晚期，富裕土地上就有古人类居住过。5000多年前的昂昂溪文化，是富裕县境内小登科文化的前身。以友谊乡三家子村为代表的满族文化、五家子村柯尔克孜族文化、以登科村为代表的达斡尔族文化及大小泉子村为代表的蒙古族文化共同组成了富裕县古朴厚重而又绚丽多彩的民族文化，丰富了富裕县居民文化底蕴，推进了文化活动的开展。

第三节　侨民文化

黑龙江省的侨民文化建筑产生于近代社会，在区域历史上属于后期发生的建筑文化类型。它是伴随着俄罗斯等西方列强国家和日本的入侵而传入的，所以其产生来源并非是当地传统聚落的传承和变异，而是典型的外源文化移植。同时，黑龙江省传统聚落文化对于外来文化包容性强，并在适应了当地的自然环境和人文环境的基础上，形成具有旺盛生命力的、新的地域风格。

一、俄罗斯文化

黑龙江中上游边境地区自清代后期以来就生活着许多的俄罗斯后裔。据史料记载，19世纪中叶至20世纪中叶，先后有七八万俄罗斯移民进入该地区。

1840年6月，中英鸦片战争爆发后，一直闭关锁国的中国对外开放，并开始沦为半殖民地半封建国家，与此同时中国很多城市开始了从农业文明向近代工业文明的转型发展。在这一阶段，对黑龙江影响最大的就是沙俄。至19世纪80年代，一直在不断扩张的沙俄，拟修建一条铁路，从莫斯科起直达符拉迪沃斯托克，称为西伯利亚大铁路。随着这条大铁路的修筑，沙俄发现铁路线如果沿着中俄边境修筑，由于地形的缘故，难度较大，于是开始了新的计划，即主张西伯利亚铁路干线通过中国东北，直达海参崴。

俄罗斯侨民进入中国黑龙江中上游沿边地区的历史分为两个时期，一是19世纪末至20世纪初（1860～1918年），此时到来的俄侨很少有定居在中国的，他们的目的是来中国经商、采金，可以定义为临时性短期行为。二是1918～1945年前后，其间俄罗斯经历了十月革命、土地改革与集体化运动等一系列重大历史事件，国内的政治变动促使很多俄罗斯人移民到中国并定居下来。

俄罗斯人在中国的商业活动主要是在城镇进行，特别是沿江的城镇，这里成了他们经商的最佳选择，最典型的城市是黑河市。早在17世纪，沙俄就侵略中国并开始扩大自己在黑龙江流域的影响，但在《尼布楚条约》签署之前，中国很长时间遭受俄罗斯侵略者的肆意烧杀和少数族裔的抢劫。在这样的情况下，一切的接触和交流都不可能是正常的，文化的交流和接触也很少。这种独特的情况下，互市作为一种贸易交流方式保留了下来，并逐渐成为一种文化交流方式。

1858年，中俄《瑷珲条约》规定："两国所属之人互相取和，乌苏里、黑龙江、松花江居住两国所属之人令其一同交易。"条约签订后，两国民间百姓的交往迅速展开。作为黑龙江上唯一的一对姊妹城市，布拉格维申斯克市与瑷珲顺理成章地成为一对重要的边境贸易口岸。在沙俄政府的庇护下，俄人开始在瑷珲建立商号比较早的、有据可查的商铺，比如1905年瑷珲成为正式口岸的当年，俄商就开设了莫德科杂货铺。至清宣统三年（1911年），俄国人在瑷珲已建立多家酒铺、面包铺、烟酒公司和饭店。

1897年8月28日，伴随在绥芬河右岸三岔口的开工典礼，中东铁路建设正式开建。伴随中东铁路建设而来的是大量的俄国铁路工作人员和行政人员，这些人的到来带来了当时相对先进的西方文化。大量受过良好技术教育的俄国工程技术人员参与了这项规划工程，开发建设哈尔滨。也就在此时，他们以一种文化全盘输入的形式把沙俄的文化意识第一次传入黑龙江，使得整个黑龙江的城市建筑发展同整个世界当时的大的发展趋势是保持相对一致的。

沙俄的建筑师将欧洲的和本民族的文化同时融入建筑中，兴建了一批独具黑龙江本土特色的建筑，黑龙江的建筑从建筑风格上看，有当时最新潮的新艺术运动风格建筑、俄罗斯本土风格的传统建筑，也有西方折中主义建筑。但在中东铁路附属建筑中，以新艺术运动风格建筑为多数，多样化的建筑风格构成了近代黑龙江建筑风貌的基调。

抛开战争对中国的影响和伤害，俄罗斯文化通过移民方式在黑龙江省的传播，应该界定为一种原始的自愿、自发的交流，这一点和一切文化之间的碰撞融合具有一样的共性，这也正是俄罗斯文化习俗能够在黑龙江地区传播并逐渐融入其黑土文化当中的基础和前提。

二、其他西方文化

20世纪30年代，日本占领黑龙江后建造了一批当时流行于日本的近代式建筑，这种形式是日本建筑师学习西方现代建筑运动，并结合了一些日本建筑文化的产物。如1936年建的丸商百货店（现哈尔滨第一百货商店）及登喜和百货店、1942年的中央电报局新楼、1938年建的弘报会馆等。这批建筑多为砖混结构的三至五层楼，空间布局适合现代功能。外观呈简单的几何形体，墙面多贴小块乳黄色面砖，立面简洁，基本上不带装饰，具有现代建筑的格调。

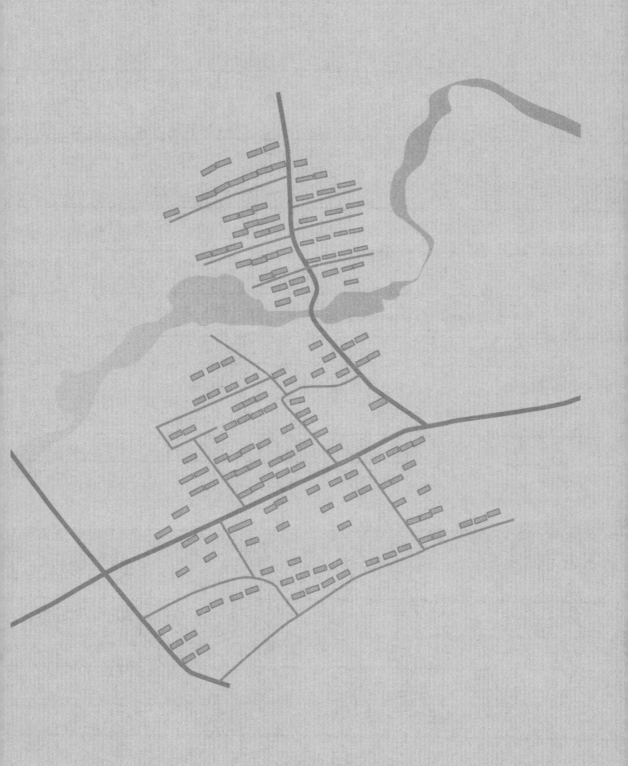

第一节　传统聚落类型

黑龙江省地大物博，地理环境优越，自然资源丰富，得天独厚的自然条件为丰富多彩的不同类型聚落的形成提供了物质基础。对于传统聚落的类型而言，根据分类依据的不同，其所形成的分类结果也会有所不同。在本书中，主要依据传统聚落的空间形态所表现出的肌理进行分类。村落肌理由地形、气候、风俗等多因素影响，不同形式的村落都与其相应的地理环境条件相适应。黑龙江省的聚落肌理与布局形式主要有散点式、街巷式、组团式、条纹式。其中，条纹式和街巷式是常见的空间形式。

一、散点式聚落

散点式，即建筑单体根据地形特点呈点状进行随机分布的一种形态，其呈现的整体形式一般无规律可循。散点式的形态结构是一种常见的村落布局形式，其布局形态体现了与自然和谐共生的特点，自然散点分部于起伏的乡村聚居地。其主要特征为：

（1）这种模式并不试图改造自然，相反与自然相适应，随地形变幻自由布置建筑在规模不大的平整土地上，不强求规整和一致的布局，表面看来缺乏规划，随意性强。

（2）建筑虽散点分布，但又凝聚于某个中心，如晒谷场、池塘等，于稳定统一中体现着开放，也正是这种自由分布造就了点状式村落的多样形态。这种布局形式的村庄与周围自然环境融为一体，有一种不拘一格、自然随机的肌理美。

（3）虽然散点式的布局形态在很大程度上尊重了自然，但是由于房屋间距较大所以显得较浪费土地。住户与住户之间联系并不紧密，同样不方便公共设施的排布。

散点式聚落受自然环境影响较大，主要在山地、丘陵等地形较不平整的区域内散布。黑龙江地域多山地、丘陵等地形，从北部的大、小兴安岭到南部的长白山脉，在高低起伏的地势的影响下，聚落民居一般选择向阳坡顺势分布，所以就造就了很多散点式的聚落形态。同时，在一些地理环境较为多变的地区，在不同的自然环境变化之中，例如湖泊、森林、田地等，天然形成了散状分布聚居形态（图3-1-1）。

散点式村落在黑龙江省村落中比较普遍，除了自然因素外，文化的影响也起到了至关重要的作用，其中历史民俗就是典型影响因素之一。比如，以历史人文主导型特色村落中的朝鲜族特色村落、多民族混居村落等。朝鲜族村落依据其自身特点，在自然环境丰富地区的朝鲜村落呈现出不同的布局特征，但是其布局规划却有一定规律可循。第一，由于过去经济技术条件不甚发达，人们构建村落只能依靠人力，受到地形、水系等自然因素影响较大，因此大多数朝鲜族聚落在构建时都会采取顺应自然条件、因地制宜的原则；第二，在顺应自然规律的基础上，朝鲜族的村落布局反映了其民族特有的思想观念和传统习俗，朝鲜族对于礼教的重视则体现在学校的数量和密度上，在每个朝鲜族聚落不管规模大小都会有不同级别的学校；第三，朝鲜民族开朗、乐观的性格特征也使得朝鲜族村落的布局形态较为放松、自由。因此，朝鲜族村落肌理主要以散点式布局为主，具有很强的随意性（图3-1-2）。

此外，黑龙江省作为多民族聚居的省份，在汉族、朝鲜族迁移融合的背景影响下，多元的民族文化就成了聚落形态的重要影响因素，同时结合地形的变化，使得聚落的民居以散点式进行分布（图3-1-3）。多民族混居村落，多是历史比较久远、经历朝代变迁等特殊因

图3-1-1 散点式聚落（来源：杨雪薇 提供）

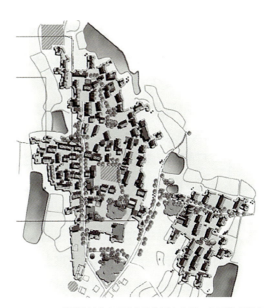

图3-1-2 朝鲜族村落布局形态示意图（来源：金日学 提供）

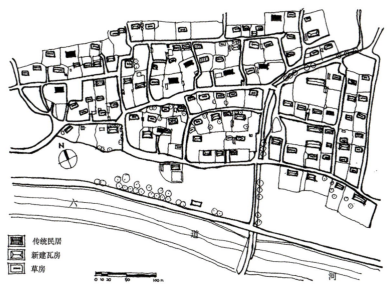

图3-1-3 黑龙江省长财村散点式分布示意图（来源：李同予 提供）

素，造就了多民族混居的情况。比如，黑龙江垦区富裕牧场所辖的七家子村，是一个有100多年历史的村落。现有柯尔克孜族、蒙古族、达斡尔族、鄂伦春族、鄂温克族、满族6个少数民族和汉族。柯尔克孜族最早是因为清政府出于安全考虑，将这些游牧族人民编入八旗后，定居黑龙江富裕县五家子、七家子村。这些混居村落由于形成历史久远，在村庄改造前，多是民居和牛圈"混搭"的情况，村落肌理比较自由。在混居村落中，民族关系看起来一目了然，存在细微差别。多民族"混居"的社会结构和民族关系复杂，导致村落肌理混杂。

二、行列式聚落

行列式聚落，即以聚落中的道路形态对聚落进行分割而形成的聚落形态，一般其道路形态较为规整，有条理。由于街巷是村落交通的主要承载物，所以街巷式聚落形态的数量也最多。其主要特点是：

（1）行列式布局的村庄内部空间是较为封闭、内向的，尤其是巷空间，多属于半公共的线性开放空间；街巷在村庄中既承担了交通运输的任务，同时也是组织村民生活的空间场所，在一些年代比较久远的村庄，还常有河路并行的水街水巷，根据河流与道路、建筑与地形的不同组合关系，河街的空间形式又可分为沿河外街、沿河内街、内外街、沿河廊棚、内街外廊等多种类型；

（2）建筑是界定街巷空间的形式、大小、尺度的主要因素；

（3）行列式布局的村庄一般空间韵律感比较强，使其能形成一个有规律变化的有序框架。

行列式肌理的村落在东北地区分布最为广泛，其分布主要受地形、气候和民族文化的影响。首先行列式的聚落布局一般分布在平原地区，由于其地势平坦，易于形成大型的村落。它的村落空间肌理根据街巷和院落空间的不同组合，呈现出横纵交错的树杈状，这样的村落空间肌理更为整齐与规整。街巷式肌理所形成的主街和次巷具有较强的层次感与韵律感，因此，这种空间肌理更易于向外扩展，并且形成很强的向心性与内聚性。黑龙江地区西部为松嫩平原，东北部为三江平原，在平坦的地势下，传统聚落多以规整的形式进行民居建筑的排列。例如黑龙江省五大连池的邻泉村与青泉村（图3-1-4、图3-1-5）。其次黑龙江省由于其所处纬度较高，冬季漫长且寒冷，通过规整的行列布局以及建筑松散的分布，一方面可以更好地抵挡冬季寒风的侵袭，另一方面可以在冬季最大限度地使建筑获得阳光，以获得更好的取暖效果。最后受清朝末期"移民实边""闯关东"等关内汉

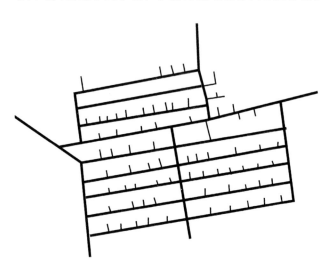

图3-1-4 五大连池邻泉村肌理（来源：汤璐 绘制）

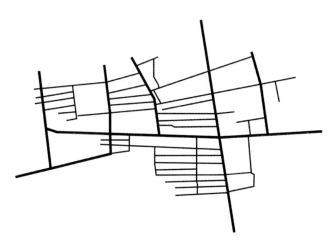

图3-1-5 五大连池青泉村肌理（来源：汤璐 绘制）

族人口迁移的影响，将中原的建筑规划思想也带到了黑龙江地域，使得行列式的聚落布局更为广泛。

三、组团式聚落

组团式，即建筑单体通过某种关系所形成的以块状为单位的整体形态。组团式形态布局多是村落在不同时期发展的过程中，由于地理环境、精神文化、宗族礼制等原因形成的相互之间距离较短的村落组团关系。随着村落的扩张，其内部组团的形式也随之扩大，团块之间的关系更为紧密，但内部都存在其主要的控制核心，相对独立。其主要特点为：

（1）村庄的组团式布局和城市居住区内的组团相似，村庄内的各组团既相对独立又密切联系。

（2）组团式肌理的村落多存在于地形条件比较复杂的大型村落中，它的形成受自然条件与地理环境的因素影响较大。组团式肌理的村落通常被河流、湖泊等水系空间穿插，所以就形成了多个相对较为独立的组团空间。这些相对独立的组团之间一般由道路、水系、植被等元素连接，各组团之间既相对独立又彼此联系，这是顺应自然环境的方式。

（3）建筑组团式的布局可以更好地应对寒冷的天气，民居之间相互遮挡起到躲避风寒的效果。

黑龙江地域辽阔，地形环境多变，而人口分布相对较少，所以就给聚落的形态发展提供了充足的空间需求，进而使得部分聚落在发展过程中呈组团式分散排布。此外，黑龙江省民族形态较为多元，在发展过程中逐渐形成了大聚居的形态，但在不同民族的意识形态下民居的组合也有所变化，相同文化属性下的民居往往聚居而生，无形中就形成了组团式的结构布局。

位于黑龙江省绥化市绥棱县六棵松村（图3-1-6）就是典型的组团式布局，图中可见该村落规模较大，形成了不同的组块形式，组团和组团之间联系并不紧密，虽然是依就地形地势排布，但不利于公共设施的排布，该村落以中间组团为中心并向外侧延伸。一条较大公路贯穿其中，方便部分组团的出行，同时各组团之间相对独立，有自己的形态中心。

四、条纹式聚落

条纹式，即建筑呈线性排布的形态特征。这一类村庄形态肌理由于受到地形、湖畔、街道、河流等地理条件的制约，呈现出带状布局形态，村庄沿着轴线双侧或单侧排列。也正是因为这种类型的村庄呈现典型的线状分布，道路形态狭长，并有可能以弯路为主，公共服务较难布置，道路、管线等设施配套成本高。这一类村落形式也有其一定的优点，这种村庄的布局多沿水路运输线延伸，河道走向和道路走向往往成为村庄展开的依据和边界。根据不同的地形，有其不同的布局方式：

图3-1-6　绥棱县六棵松村（来源：Google地图）

（1）在水网地区，村庄往往依河岸或夹河修建。

（2）在平原地区，村庄往往以一条主要道路为骨架展开。

（3）在丘陵地区，由于村庄没有相对较为平坦的开阔地，山地地形限定了若干的自然空间，村庄依山地地形和走向来建设，村庄周边以山林为主，围合感较强，村庄边界以自然限定，形式比较自由，由于受地形限制，村庄呈带形组织模式发展，一定程度上体现了资源利用的公平性。

传统的条纹式聚落主要受自然环境的影响较大，其主要是分布在地形高差较大的丘陵、山地或水系旁，这种村落肌理对于用地紧张的山地地区来说是一种较为适宜的空间布局形式。村落沿着山地或水系的走势而蜿蜒展开，可以说是顺势而为，自然的造就。黑龙江地区水系丰富，蕴含着黑龙江、乌苏里江、松花江三江流域，还有大、小兴安岭、长白山等山地地区，故而，条纹式肌理多见于这些地区的聚落之中。例如大兴安岭老道口村、漠河北极村（图3-1-7、图3-1-8）。

此外，受民族文化的影响，一些少数民族的村落在结合地形等条件下也往往呈现出条纹的聚落肌理。例如在黑龙江省的传统村落中，满族村落多具有典型的条纹式村落肌理，满族村落多考虑防御及生活要求，具有边缘性、

图3-1-7　大兴安岭老道口村（来源：Google地图）

图3-1-8 漠河北极村（来源：Google地图）

防御性的特点。最传统的满族聚落多坐落于山坡的坡脚与台地交接的边缘，这样依山而建，不仅出于中国传统环境观的考虑，更便于狩猎活动，为满族人四季林中作业提供方便。因此村落肌理多为条纹式，村落多依山就势、居高建房。所以，这种以自然风貌为主导的特色村落，多具有良好的自然条件，或依山傍水，或占据特殊自然资源位置，这类村落多以条纹式顺应自然地势发展。

五、自由式聚落

自由式顾名思义，建筑单体在布局形态上不遵循一定的规律，进行较为随意的排布。由于其形态的自由性，在传统村落缺乏一定规划意识的前提下，其分布数量也较多。其主要的布局特点为：

（1）自由型聚落在其内部布局中受限较少，民居相互之间的组合关系和朝向都较为自由。

（2）聚落在形态布局上受到文化、礼制、宗族等因素影响性较小，建筑群体布局自由散乱，对整体的布局朝向和形式考虑较少，一般只是共享村落中的公共生产生活场所。

（3）讲究聚落布局与自然相互融合，不讲究整齐统一的规划风格。

这种自由形态布局的村落的形成主要存在以下几点原因：第一，村落内部构成较为复杂，一般宗族之间关系多样或是多民族的聚居形式，加之其建设的时间顺序有所不同，所以其规划形式无法得到统一；第二，村落的形成与发展相对独立，受到外来影响较小，居民生活舒适安逸，村民之间的群体意识较弱，其内部建设也形成了"各自为政，内向性较弱"的形式；第三，与自然环境和谐共生，尊重自然环境，顺应地理环境的形式，从而使得形成的建筑单体较为自由，村落布局较为散乱。

黑龙江省由于聚居与平原地区的人口所占比例较大，在地理环境约束较小的情况下，自由式生长的聚落类型分布相对较少，例如黑龙江省齐齐哈尔富裕县的中和村等（图3-1-9）。而对其形态影响较大的主要方面就是其内在文化因素的影响，例如宗教、民俗等。

图3-1-9　富裕县中和村（来源：Google地图）

第二节　传统聚落结构

在黑龙江省悠久的历史文化及多民族多元文化的熏陶下，聚落的类型与结构更为多样、独特，具有鲜明的特色，本节主要从道路、节点、院落、边界、构筑物五方面系统地阐述黑龙江传统聚落的结构形态构成。

一、道路

道路是凯文·林奇（Kevin Lynch）城市意象中五个要素之一，是人们认识空间的主要途径。在传统村落中主要表现为街道、巷弄等，道路作为空间的骨骼和支撑架，构成了村落的基本形态，并把环境要素联系起来。其形式存在着一定的拓扑变换，同时也影响着村镇的主要空间形态。道路是村落意向的主导因素，除了承担基本的交通作用外，也是人们生活和交往的媒介。本书将通过以下几个方面来对黑龙江省传统聚落布局中的道路进行分析。

（一）黑龙江地区传统村落的道路结构形态

道路网络作为聚落的结构骨架，既承担了交通运输的工作，又联系了居民的生活生产。传统的聚落道路结构与聚落形态的关系一般可以分为两种，一种是先村后路，另一种是先路后村。先村后路，即通过民居的分布及人们的生活状态逐渐形成了聚落的道路结构；先路后村则是在交通道路的影响下逐渐形成了聚落的形态，这种形式多见于官道、商道等主要的交通要道上。而道路结构形态的样式则主要受地形地貌及人为规划两方面的影响。首先，对于传统聚落而言，在手动的建造工具的局限以及强调与自然和谐统一的建造理念下，聚落道路一般都是顺应自然环境的天然形态，在不同的地形环境下其结构形式也会存在差异，例如平原地区道路网络较为规整，而山地地区道路网络则较为随意。黑龙江省地形多变复杂，人口分布较为广泛，所以聚落的道路结构也更为多样。此外，传统聚落道路网络的形成往往与人们的生活生产相关，这也就形成了人们最早的聚落规划思想，道路网络往往是在人们进行生产、生活、建造、习俗等因素影响下自然而然地形成的。黑龙江省地域辽阔，生产方式及生活习俗多样，民族文化深厚，在很大程度上影响了聚落道路网络的形成。

黑龙江地区的传统村落道路其线性状态分为直线、曲线和折线，通过以上三种不同线性的道路形成了村落中不同组合形态的道路网。通过大量的实地调研分析与资料整理，可以将黑龙江地区传统村落的道路网络类型总结为以下几种：纵横交错式、鱼骨式、梳子式、图案式、树枝式、不规则网式、单一道路式和自由生长式。

1. 纵横交错式（棋盘式）

黑龙江地区由于平原众多，地势较为平坦开阔，纵横交错的棋盘式道路形态得以存在。这种类型的道路布局类似于《周礼·考工记》所提及的古代城市规划的形态：九经九纬，经涂九轨。道路或纵或横，多为垂直交错，较为规整整齐，呈现出类似于棋盘的形态。主要道路和次要道路十字交叉，村中院落也整齐划一（图3-2-1）。该种类型的道路形态产生的主要原因除了地形因素以外，主要是农村建设的过程中受到人为的干涉，如"拉街基"等政策要求居民的住宅和院落都保持在一条直线上，道路也力求"横平竖直"。交错式道路形态的传统村落代表有黑龙江省黑河市爱辉区瑷珲镇瑷珲村、牡丹江市宁安市渤海镇江西村等（图3-2-2）。

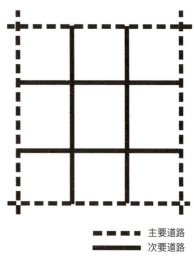

图3-2-1 棋盘式道路示意图（来源：杨雪薇 绘制）

2. 鱼骨式、梳子式

鱼骨式和梳子式的路网作为黑龙江省常见的道路结构，由一条主要道路与多条辅助道路共同构成。顾名思义，鱼骨式道路布局的村落其道路网络形似鱼骨，有一条主要的道路，道路两侧分别连接着形态接近平行的一系列次要道路（图3-2-3）。村中主路位置一般位于村中间即中轴线附近。这种聚落的道路结构类型一般是由道路带动聚落发展的，多分布于平原地带，以主要的交通系统为基础，向两侧衍生而成，例如黑龙江省齐齐哈尔市鄂温克族乡索伦村等（图3-2-4）。梳子式的道路网络与鱼骨式相类似，只是主要道路只有一面连接有平行的

图3-2-2 宁安市渤海镇江西村道路图路网结构（来源：Google地图）

次要道路，主路在村落整体用地的一侧（图3-2-5）。这两种类型的村落一般规模较小，只需要一条道路作为最主要的骨架支撑，支路的疏密程度存在着一定差异，受到村中人口数量、院落尺度的影响。鱼骨式的道路结构具有简单明确、指向性强、村落布局清晰等特点，例如牡丹江市穆棱市河西镇更新村等（图3-2-6）。

3. 树枝式

黑龙江地区由于大小兴安岭的存在，使得部分传统村落是处于山地地形之中的。受到山地地貌的影响，这些传统村落的道路整体形态多趋近于树枝式。村落中通

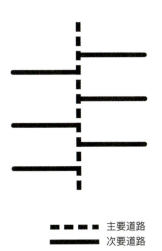

图3-2-3 鱼骨式道路示意图（来源：杨雪薇 绘制）

图3-2-4 鄂温克族乡索伦村路网结构图（来源：Google地图）

图3-2-5 梳子式道路示意图（来源：杨雪薇 绘制）

- - - 主要道路
—— 次要道路

图3-2-6 更新村村路网结构图（来源：Google地图）

常存在一条主要道路，形成"树干"，其他的次要道路街巷等沿着主干道呈树枝状朝外扩散伸展，村落的院落空间就布置在树枝状的次要道路之间（图3-2-7）。整个村落的道路结构清晰分明，主次明确。这种道路形态受到的人为因素干扰较小，属于自然生长式的道路网，能很好地结合地形，契合自然环境，村落肌理较为灵活。代表村落为黑龙江省黑河市爱辉区四嘉子乡卡伦山村等（图3-2-8）。

4. 不规则网型

不规则网型的道路形态其形成主要受到常规纵横交错式道路布局的影响，但由于地形、环境等自然原因，其道路形态不得不就势而行，从而形成了道路线条自由弯曲的不规则网型布局（图3-2-9）。这种形态类型的道路布局，其主要特点是有两条或者两条以上的主要道路，其他次要道路以主要道路为依托，与主干道相连接，并彼此之间交错相通，从而形成一整套自由完整的道路网。尽端式道路与互通式道路随着村民的使用需求与地形因素而交替出现，道路层次丰富，形态自然曲折，受人为干预较少，能较好地适应自然要素。该种道路形态的村落通常村域面积较大，代表村落有黑龙江省齐齐哈尔市富裕县宁年村富宁屯等（图3-2-10）。

5. 单一道路式

黑龙江地区个别传统受自然环境以及地形因素的限制和影响，村落村域面积相对较小，村落内部的人口分布也较少，逐渐形成了单一道路式的道路布局（图3-2-11）。该种类型的村落主要特点是村落中往往只有一条或是平行的两条道路，该条道路一侧直接连接各户人家，并通往邻近的其他村落，另一侧为自然环境或者耕种区，或者两侧均直接连接各户的户门。道路形式简单，村落肌理明确，通常为后期迁入型村庄，建村时间相较于明清之前的村落来说显得历史较短。例如伊春市嘉荫县常胜乡桦树林子村等（图3-2-12）。

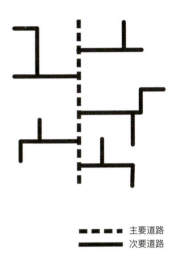

图3-2-7 树枝式道路示意图（来源：杨雪薇 绘制）

图3-2-8 卡伦山村路网结构图（来源：Google地图）

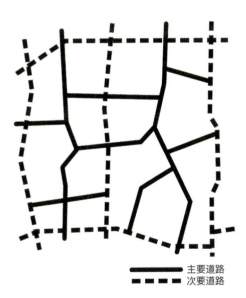

图3-2-9 不规则道路示意图（来源：杨雪薇 绘制）

图3-2-10 富裕县宁年村富宁屯路网结构网图（来源：Google地图）

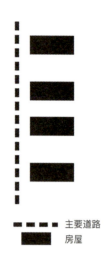

图3-2-11 单一道路示意图（来源：杨雪薇 绘制）

图3-2-12 嘉荫县常胜乡桦树林子村路网结构图（来源：Google地图）

6. 自由生长式

该种类型的村落几乎没有人为或现代规划的影响，完全顺应地形地势和村域的山水要素，道路形态呈现出自由生长的特征（图3-2-13）。主要特点是道路随山势而变化，随河岸而蜿蜒，随田地而散布，根据地势、道路、耕地等自然的形成组团的几户院落，组团或者个别院落之间再随着时间和彼此的交流而自然形成连接的道路。所有的道路都没有规整的线性状态，随需要而产生，呈现出完全自由随机的样式，村落尊重自然肌理，与自然的契合和协调程度较高，例如绥化市绥棱县六棵松村等（图3-2-14）。

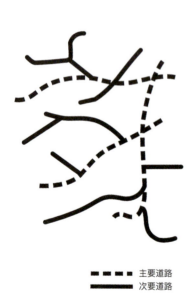

图3-2-13 自由生长式道路示意图（来源：杨雪薇 绘制）

图3-2-14 绥化市绥棱县六棵松村路网结构图（来源：Google地图）

（二）黑龙江地区传统村落道路结构与尺度

1. 道路结构

我国古代传统的街巷道路具有分级明确、层次清晰的特征，由主要道路、次要道路再到尺度较小的巷道。从其开放性上来看，空间的私密程度依次增加，从空间的封闭性上来看，其变化为开放—半封闭—封闭。村民的院落基本上变为围合度较高的私人使用空间。道路的结构不同，开放程度也有所差异，所承担的日常行为也有所不同。这种丰富多元的道路结构形成了传统村落的多种生活感官体验，多种多样的行为也增加了村落的可意向性和记忆点。

黑龙江地区的传统村落几乎都是以户为单位形成院落空间，再由道路来串联各个院落。按照东北地区的道路形态和肌理特征来看，道路结构分为主要道路—院落，主要道路—次要道路—院落，主要道路—次要道路—巷道—院落几种类型。东北地区的院落空间多数为一合院式，只有一个正房，为主要居住空间，部分配套相应的仓房。院落可分为三种，第一种为院落在前，房屋在后；第二种为院落在后，房屋在前；第三种为前后均有院落。除了院落在后的形式以外，其他几种形式都是院落与道路相连，穿过院落到达户内。房屋直接与道路相连接的大多数毗邻主要道路，房屋兼具居住和商业用途。

2. 道路尺度

黑龙江省民居院落相对较大，所以在民居院落的布置下，村落的覆盖地域一般较大，也使得其内部的交通道路尺度相对较大。黑龙江的传统村落道路结构由主路、次要道路、巷道组成，也可看作依次由街、巷、道三个级别构成。其中，街是村落中的一级道路，即主路，具有车辆通行的能力，巷和道依次是二级道路和三级道路，分别为入户道路、户之间的通道，不一定具备通车能力。村落中进村公路路面宽可达8米，一般街（即村落主路）的路面宽度为4~6米，巷（村落支路）的路面宽度为3~5米，道的宽度一般为2~3米。

（三）黑龙江地区传统村落道路线性形态与连接方式

1. 线性形态

黑龙江传统村落以道路为基础，从主路逐渐衍生出次要道路、巷道以及入户道路等，其主要道路的线性形态主要有三种：直线形、折线形和曲线形道路。

1) 直线形道路

直线形道路广泛存在于村落道路形态为纵横交错式以及鱼骨式、梳子式和树枝式等多种类型的村落中，这种线性的道路数量众多，其原因在于黑龙江地形以平原居多，受地势的影响较小，以及人为的干预，使得道路呈一条直线，连接村头和村尾，站在道路的一端视线可以穿越整个村落，呈现一定的严谨性和秩序性。如牡丹江市宁安市渤海镇江西村、齐齐哈尔市讷河市兴旺鄂温克族乡索伦村等，主路贯穿整个村落用地，主要道路和次要道路呈"十"字形交叉，村落布局整齐划一。

2) 折线形道路

折线形道路的产生源自于村落用地地形较为复杂，受自然条件的制约以及村落建设的过程中各个区域组团空间大小以及位置因素的限制，主要道路在连接各个区域以及次要道路时，形成一个或者多个转折，整个村落的空间变化丰富、灵活多变，观察者和使用者在行走的过程中会有"山重水复疑无路，柳暗花明又一村"之感，增加了村落的观赏感和可意向性。这种类型的聚落随着院落组团位置的变化，村落的道路形态也随之改变。

3) 曲线形道路

由于山体与水体的存在，受这两种地势的影响，部分地区传统村落的主要道路往往要随着等高线以及水体的形态而发生改变，从而形成了优美的曲线形道路。曲线形的道路相比于前两种线性形态的道路可意向性更强，更加具有辨识度。村落中院落的布局和空间组团随着道路的变化而展开，空间自由变化，舒展开来，给人以自由之感。不同于直线形道路从头看到尾的穿越行视线，更加具有空间趣味性，有我国古典园林中的"步移景异"之感。

2. 连接方式

根据东北地区传统村落道路相交的形式与角度的不同，村落主要道路与次要道路的连接方式基本上可分为以下几种：主次道路正十字相交、十字错位相交、"L"字形相交、"T"字形相交等。十字交叉的道路是最普遍的道路相交模式，有利于组织交通和人车通行，同时能形成较开阔的视觉空间，方便观察周围的建筑外观。十字错位相交的道路能形成更大面积的道路空间，有利于机动车的回转，由于错位的缘故，也容易形成院落户门的前置空间。传统村落最原始的道路形式，其十字道路多为错位式，是东北地区传统村落中普遍存在的现象。但由于村落的重新规划，以及"村村通"建设等原因，部分十字错位的道路已变为十字交叉式。从调研情况看，由于村落布局形式的原因，"T"字形路比较少见，常见于次要或者是巷道上，容易封闭视线，也容易加深其可意向性，因变形产生的"Y"字形相交的道路其形成的主要原因是宅基地的形状和地形限制，在行走的过程中视野所见的民居和院落充满变化，视野的开阔度也产生由小到大的改变，空间更有趣味性，则更容易增加其辨识度（图3-2-15）。

（四）黑龙江地区传统村落道路铺地材质

黑龙江省自然资源丰富，木材、石材、土等材料充裕，为村落的营建提供了完善的基础需求，而道路的建设往往依托于自然环境，在人为改善下呈现出不同的风格样式。黑龙江传统村落的道路铺地材质主要可以分为以下五类：石板路、青砖路、土路、碎石路、砂石路。

1. 石板路

黑龙江省山地丘陵众多，在此环境下使得一些传统村落盛产石材，其村落道路就地取材，存在很多石板道路，由于交通出行方便的原因，石板道路集中在村落次要的道路上。该种材质的道路与自然环境和乡村风貌的协调性更高，且有利于雨水的渗透和排走，更加经济适

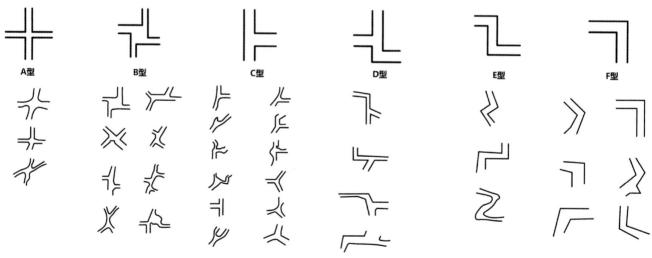

图3-2-15　道路连接方式（来源：杨雪薇 绘制）

用。同时，个别旅游型村落为了增加村落风貌和其可意向性，也会铺设石板路，例如黑龙江省漠河县北极村。

2. 青砖、红砖路

砖技术的应用随着汉族的逐渐迁移而得到了相应的完善，但其主要是用在民居建筑的营建上，道路的应用相对较少。在少数的黑龙江地区部分传统村落还存在着颇具历史感的青砖道路，青砖具有较好的渗水性，有利于道路排水，同时能营造出文化底蕴丰富的历史感受，由于其规格尺寸统一，排列方式整齐，其产生的道路纹理具有韵律感。除青砖路外还有个别村落用红砖铺设次要的村落道路，红砖由于尺寸略小于青砖，其构成的纹理更加丰富，根据其铺设方式的不同，也带来更多的趣味性。

3. 砂石路

砂石路作为最基础的道路类型，在部分传统村落中为了保持其村落原始的肌理状态，将主要道路硬化为水泥路，部分道路依旧采用较为原始的沙石道路。砂石路基本保留了天然的地表形态，所以其具有更好的吸水性，不容易产生积水，路面具有颗粒感，但不利于同行，可达性一般，例如黑龙江漠河县洛古河村等。

4. 碎石路

碎石道路作为黑龙江地区传统村落材质的典型代表之一，以天然的碎石结合土壤，使得这种类型的道路有利于雨水渗透，能减少地面的雨水径流，并具有较丰富的道路肌理，更加具有乡土风情。这种道路类型多见于山地丘陵地带，一般可以充分利用房屋建筑的碎石进行道路的铺设。

5. 土路

受经济条件和生活水平的限制，部分较贫困的传统村落其次要道路依旧采用原始土路。这种类型的道路是在人为的行动下，形成的具有较高效率的道路形式。夯土道路乡土风味浓郁，与村落环境和自然相契合，但雨天不易通行，易起灰尘。

（五）黑龙江传统聚落道路的可读性

传统聚落的道路往往具有一定的可读性和可识别性。村中道路所连接的空间不同，民居样式的区别以及道路两侧的公共建筑的功能与形式，道路两侧的自然景观与植被种类高度等因素，使得传统聚落的道路不同于新农村和城市道路，更加具有可读性，即更加易区分辨别。以黑龙江北极村为例，道路两旁的木井干式房屋相较于其他地方的现代式砖瓦民宅就更加具有可识别性。同时路两侧的植物种类的不同，也使道路更加可读。综上，黑龙江地区传统聚落道路的特点有：

（1）道路的生活性强。传统聚落的道路空间往往交通和生活功能兼备，但道路作为住户之间的连接空间，生活功能要强于交通功能，承载了更多的居民日常活动。

（2）道路尺度合理宜人。在传统村落中，无论是主要道路还是次要道路，都具有宜人的宽度，同时道路宽度与两侧民居高度比值合理，创造出亲切的空间氛围。

（3）道路边界自由。村落的道路边界往往不固定，不同于城市道路的严格限定，道路宽度根据地段不同具有差异性，收放自如。同时在与路旁建筑的连接和组织过程中可以形成形式丰富的活动场所，为居住者创造交往和活动的场地空间。

二、院落

黑龙江传统聚落中的民居大多以院落的形式存在。院落是外界空间和建筑内空间的一个过渡区域。院落是中国人日常生活中不可或缺的重要部分，它是孩童嬉闹、老人乘凉、种植果蔬、圈养牲畜、安放杂物的重要空间。院落式的布局具有重要的气候调节功能，可以抵抗东北地区凛冽的寒风侵袭，阻隔春秋季飞扬的风沙。院落空间的布局形式随着地域的不同也有着巨大的差异性。

黑龙江省院落形制主要是受人们生活习惯与文化融合的影响。黑龙江地区民居院落相对较大，院落内部根据人们的生活习惯，一般会设置菜园、仓房等空间，院落一般前院空旷，进深较大，以容纳其生产生活的活动，并且保证主屋的采光。此外，随着迁入的汉族文化与其他的民族文化相融合，中原地区合院式的建筑形制也逐渐对东北地区原有的院落形式产生影响，一方面是其院落的形制逐渐多样，另一方面也在保留自身特点的情况下进行了相应的改善。总而言之，黑龙江传统村落的院落空间形态受到中国古代等级思想观念的影响，形成中轴对称的平面布局形式，以轴线的形式延伸。此外，由于受"阴阳五行"的影响，合院是东北村落的基本形式，一般一户人家都有一个或两个院落，家庭人口多的或地位高的有三进或四进院落，这些院落一般都是沿中轴线方向展开的。

（一）院落布局

院落可以被看作是人们主动地将外界自然环境引入到住宅中，它既满足了人们对于环境的需求，同时作为一种过渡空间，也符合了人们对于空间私密性等的心理需求。黑龙江地区村落的每户人家一般都有自己的院落，有的只有一个院落，有的拥有多个院落。这些院落都是通过建筑及院墙围合而成的。根据东北村落院落空间的围合程度，将其分为一合院式、二合院式、三合院式、四合院式四种类型（图3-2-16）。黑龙江地区的院落空间多见一合院式和二合院式，三合院式及四合院式的形式比较少见，多存在于传统民居的大户人家之中。

1. 一合院式

一合院是黑龙江地域内民居中最常见的院落布局形式。其布局简单，仅有一个主要院落，部分正房后有辅助院落。正房处于院落轴线的中间位置，院落中还布置有蔬菜水果的种植区、仓储区、厕所以及家畜家禽饲养区，秋季还会在院落中搭建储存粮食的"玉米楼"等。仓储区一般位于正房的东侧或者西侧，紧挨正房，也有部分院落仓储用房与正房分离，位于院落轴线的西侧，厕所的位置并不固定，但多数位于院落的角落。通往居住空

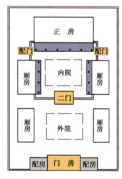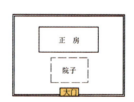

图3-2-16　院落形制（来源：李同予 绘制）

间的院落道路可位于院落的中间或一侧，空余用地一般作为蔬果种植区，正房后的辅助院落也可用于种植。辅助院落可以穿行仓储空间到达，也可以独立另开一个侧面的院门。饲养区根据饲养规模大小，一般位置不固定。

2. 二合院式

二合院是在一合院的基础上，自另外一个方向设置房屋建筑或是廊而产生的围合形式。一合院与二合院式民居，其布局方式多从使用者日常生产、生活方式的角度出发，要考虑到置于院子中的原材料的存放、运输是否便捷等因素以及动物饲养的合理性等要求，而中原民居较为看重的宗法礼制观念等却被淡化，装饰装修工艺也极少被居住者关注，因而是被生活化了的民居平面布局形式。

3. 三合院式

三合院式住宅以正房为中心，在其前两侧建东西厢房，通过院墙与院门将院落围合。一般院门是单间屋宇型大门或是四脚落地式大门。三合院式的建筑空间在院落中的布局较为松散，建筑之间一般没有连廊相互连接，并且一般都不设置耳房。三合院的正房绝大多数都是位于院落中心轴线上的三开间或五开间的南北向建筑，也有少数形制比较高的是七开间建筑，而厢房多为东西向的三开间建筑。正房与东西厢房之间一般都不是直接相连的，而是留有一段距离，此种做法是为了使正房拥有更好的采光。

4. 四合院式

四合院式院落与三合院式很相似，只是入口处有所不同，三合院式的入口是以不同形式的大门存在，而四合院式的入口是以门房的形式存在。同三合院式院落相比，四合院式院落的平面布局更加完整，也提升了院落的等级。二进和三进四合院式院落多见于地位显赫的人家中，平民百姓很少建造如此等级的院落。

除此之外还有院落中有两栋坐北朝南的居住建筑的院落形式，即前文所提到的屋宇式大门，院落的入口位于轴线最南侧的屋宇之中。入口两侧为居住空间或者商业用房，两栋主要的居住建筑之间形成一个完整的院落空间，与普通一合院式院落相似，布置有仓储空间和厕所等。

（二）空间尺度

黑龙江地区传统村落的院落空间其大小是根据宅基地的面积所决定的，面积尺寸并不一致，同一个村落中院落的大小也有所区别。常见的院落面积约600～1000平方米，也有部分宅基地面积较小的院落，其宽度10余米，院落长度约20～30米。部分院落的用地由于个人的买卖等原因，可能尺度更大。住宅的面积一般为60～120平方米，长度为8～15米不等，一般由居住的人口数量所决定。

三、边界

边界，城市意象中所提到的边界是除道路以外的线性要素，它可以是一个地区与一个地区相隔的，具有一定渗透性的屏障，也可以是两个地区相互联系、相互结合的接合口。在乡村聚落中，边界的概念涉及聚落的形态划分、院落的分隔等不同的内容，从而也使得聚落的形态更为丰富多样。

（一）聚落边界

聚落的边界是抵御外部环境变化的一种介质，是村落内部与外部空间的一种界限和分隔，在聚落中主要承担分隔、防御的作用。黑龙江省传统聚落边界按照其分隔性和渗透性的特点，分为开放渗透型、半开放互为补给型和内向封闭型三个类型。

1. 开放渗透类型

开放渗透型边界，即村落与村落以外的空间完全开放无分隔，二者可以充分地进行物质交换和信息交流。其与村落相连接的空间为完全无人为要素干扰的自然元素，通常接壤的空间为自然的山体、水体、丘陵等地貌，或者自然的林木等。由于黑龙江地区地广人稀，村落之间很少紧密相连，往往具有较大的空间来进行分隔（图3-2-17）。同时黑龙江省平原地形较为辽阔，对于聚落间的阻碍相对较小，因此开放渗透型边界也较为普遍。这种类型边界的村落由于距离城镇较远，且受到自然条件的影响和干扰，受到城镇化的冲击也较小，村落往往能较好地保存其原始的人文风貌和传统形态（图3-2-18）。

2. 半开放互为补给型

半开放互为补给型村落边界是与外界可以进行一定程度的双向信息和物质交流的边界类型，是村落与外界进行沟通的中间媒介和过渡空间，即村落与半自然环境空间相连接。半自然环境空间相较于自然环境，增加了人工要素和人为痕迹，是经过人工改造的自然环境。例如灌溉用的水渠，人工挖掘的水塘，耕种用地或者种植区（图3-2-19）等。这种类型的边界承担着一定的生产生活、交通运输、农业种植、防灾防火等功能。边界不十分明确，但可以进行村落内外的区分。黑龙江省地域辽阔，耕地面积广，随着汉族人口的不断迁入，农耕文化逐渐盛行，以农耕为主要生产方式的村落众多，因此以耕地作为边界的传统村落不胜枚举。

3. 内向封闭型

内向封闭型的村落边界由于其封闭性高，几乎不具备渗透功能，很难与周边环境进行信息与物质交

图3-2-17　黑龙江省村落分布（来源：Google地图）

图3-2-18 开放渗透性边界（来源：周立军 摄）

图3-2-19 半开放互补型边界（来源：程龙飞 提供）

换。该种边界其构成元素通常为全人工构筑物,为人工界面,具备该种边界类型的传统村落界面清晰,内外分隔明确,村落入口空间明显。边界元素通常为城墙、碉堡等防御性构筑物。黑龙江省此种类型的传统村落数量较少,形成的主要原因是由于黑龙江省地处中国边界地区,边界的纠纷使得其周围的聚落多数呈现封闭防御的状态。特别是在清末,随着沙俄势力的不断入侵,清朝政府不断遣兵驻守,因此形成了相应的封闭的聚落形态。但随着在战乱中损坏以及时间的发展,多数防御性的城墙等构筑物也逐渐销毁。例如瑷珲村在清朝作为一个军事管辖的重镇,由筑起的城墙将聚落围合起来,但随着时间的流逝,如今城墙已不复存在(图3-2-20)。

除以上按照村落与周围环境的渗透性进行分类以外,村落的边界也可分为实体边界和非实体边界,实体边界包括自然边界和人为边界。自然边界即前文提到以自然的山水等环境作为边界空间,人为边界包括前文提到的耕地、水渠等。而非实体边界,是社会文化边界,也是人心理上的村落界限。如相邻的两个村落某些约定俗成的空间作为边界,甚至可以是房屋之间的空隙等。或是不同姓氏的村落,由社会结构影响下人们产生的某种心理行为,默认某处就是两村的界限等。

对于村落与村落相对比而言,开放渗透型的边界可识别性最差,但相对于村落自身来讲,开放渗透的边界可以明显区分村内村外空间。半开放互为补给型边界识别度略高于前者,内向封闭型边界最易于识别。这是由于黑龙江地区幅员辽阔,耕地众多,开放渗透型边界是最为常见的边界类型,村落边缘多被耕地包围。而耕地以外,靠山或邻水的村落识别性要高于临耕种区的村落。内向封闭型边界数量最少,较为罕见,其形式比较特别,则更可读。

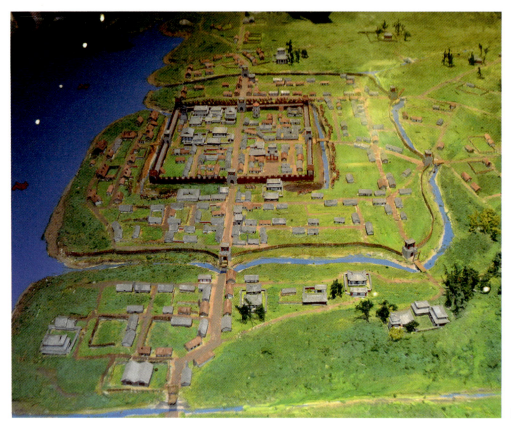

图3-2-20 瑷珲村村落边界原型
(来源:程龙飞 提供)

（二）院落与道路的边界

在黑龙江地区，院落是构成村落的最基本单位，是房屋前后用墙、栅栏或其他物体围起来的空地，院落是每一户独立的用地单元，也是其私人空间。黑龙江地区传统村落的道路串联起各户的院落，从而构成整个村落的基本肌理和布局。而传统村落的边界除了村落最外围的整体边界，各个院落与道路之间的边界也是边界要素的重要组成部分之一。该边界的构成内容与元素主要包括院门和院落围合物。

1. 院门

黑龙江省为多民族混居地区，不同的文化形态以及地域环境下，院门也呈现出不同的形态，既有满族合院特征的屋宇式大门、杆式大门，也有汉族简易的雨棚式大门等，品类丰富，村落的民族特征与历史文化的不同，所产生的院门也各具特色。民众在搭建院落大门时从众效应下的互相模仿，几乎相邻的院落大门的外观都会有所雷同。

1）屋宇式大门

屋宇式大门在汉族与满族中存在较多，在两者的文化中认为院门是其身份地位的一种象征，户主颇有身份地位时，其院落就常采用屋宇式大门（图3-2-21）。这种类型的院门形式与房屋相似，上面设有梁架和屋顶，建造年代较久远的屋宇式大门梁枋上常有精美的雕饰。下面形成空间，是一座独立的单体建筑。通常面阔三间，大门设在中间的灰空间处，灰空间也可以用于存储或者作为下棋打牌的娱乐空间。两侧房屋可用于居住仓储或者商店等商业功能。屋顶形式可以为坡屋顶或者平顶。其院门朝向不定，通常为坐北朝南，形成院落的第一道空间，或者坐西朝东，毗邻道路。

2）小门楼式大门

小门楼式大门是一种独立的大门，部分黑龙江地区传统村落的院门形似于我国古代合院式建筑的小门楼式大门，该种类型的院门是墙垣门的一种，不同于屋宇式大门借助建筑所形成的空间，而是直接开在墙上。在两面短墙上架设梁枋屋架，或者在墙上架一根尺度较大的横梁，然后再在其上搭设纵横相交的两层横梁后施以屋顶瓦片，与院墙相垂直的墙上可以绘制图案，装饰以石雕砖雕，屋顶的瓦当滴水形式精巧，院门整体颇具美感（图3-2-22）。

3）雨棚式大门

雨棚式大门其形式可以看作小门楼式院门的一种简化，将与院墙相垂直的墙体简化为门垛或者是木柱等构件，将双坡屋顶形式的雨棚利用木斜撑形成三角形固定在墙垛或者木柱之上。雨棚的材质可以为稻草或者瓦片等（图3-2-23），营造简单且具有一定的功能性，所以在黑龙江省分布较为广泛。随着人们生活水平的提高，

图3-2-21 屋宇式大门（来源：周立军 摄）

图3-2-22 小门楼式大门（来源：王蕾 摄）

图3-2-23 雨棚式大门（来源：周立军 摄）

图3-2-24 杆式大门（来源：周立军 摄）

图3-2-25 简易式大门（来源：汤璐 摄）

这种雨棚式大门也有部分演化成水泥制的平屋顶。

4）杆式大门

杆式大门实际上是满族民居所常用的院门形式，屋宇式大门广泛用于富贵之家，杆式大门则在普通百姓的院落中十分常见。主要由于其形式简单、材料便宜、制作方便。杆式大门仅由两根竖向的木柱和一根横向的木杆构成，在木杆上插孔，将木柱固定，或者用钉子或者铁丝将其绑钉在一起，简洁质朴，也能一定程度地突出大门所在的位置（图3-2-24）。由于其做法简单，所以在后期文化融合的过程中，其形式也在不同的地域被广泛应用。

5）简易式大门

除以上几种典型的院门形式以外，黑龙江地区传统村落还存在形式和构造更为简易的大门，直接将院门安装在栅栏或者墙上，几乎不增加任何辅助构件和装饰构件（图3-2-25）。大门的材质有多种，传统最常见的是木材所制作的院门，也有木材条和柳条等本土材质编制组合而成的院门，随着材料的不断发展，后期也出现了铁质的大门。大门的使用者往往经济条件较差，同时也反映了东北人民质朴直接、不拘小节的性格特点。

2. 围合结构

围合结构作为院落边界的主要组成部分，起到了风格、防御及装饰等作用。黑龙江地区传统村落中院落有几种围合方式，包括栅栏围合、墙体围合以及植被围合和其他农村辅助建筑、构筑物围合。

1）栅栏

栅栏围合的院落由于不完全封闭，可以透过空隙看到院落空间，因此其作为院落与道路的边界视野较好，不受阻挡不闭塞，道路景观和院落景观相互渗透，景观层次更加丰富。黑龙江地区的传统村落其栅栏形式丰富多样，材料种类繁多，有木质、竹质、柳条等乡土材料，编制固定后扦插在土中，具有一定的韵律感，同时契合村落的历史感和乡土风貌（图3-2-26）。

图3-2-26 漠河市北红村院落栅栏（来源：汤璐 摄）

2）墙体

墙体也是院落的围合方式之一。围合度和分割性较高的墙体作为院落和道路之间的边界时，根据其高度的不同，能形成不同的视觉空间。在黑龙江地区居住的少数民族中，朝鲜族院落的墙体通常较矮，约1～1.3米之间，行人在行走过程中视觉上不受遮挡，视野宽广，院落空间一览无余，围墙仅起到分隔空间的作用。而满族、汉族等民族的围墙通常较高，会对视线造成阻碍，不能完全看到院落空间，私密度较高，围墙除了分隔空间之外还具有一定的防御功能。

图3-2-27 土坯墙（来源：汤璐 摄）

构成单一材料墙体的材料种类较多，有石块墙体、青砖墙体、土坯墙、红瓦墙以及秸秆、稻草等植物材料墙体（图3-2-27、图3-2-28）。这些围墙往往就地取材，采用本土的工艺方法建造，具有一定的历史感和文化感，石块墙和青砖墙堆砌得体，肌理丰富自然，韵律感十足。除此之外，随着建造材料的逐渐丰富，部分传统聚落也将院落的围合结构换成了比较现代的红砖墙，砖体可花样砌筑排放，构成一定的图案，具有一定的美感。部分红砖墙表面抹砂浆找平，再粉刷以面层材料，在表面绘制图画，内容或景观或故事，辨识度很强，这

图3-2-28 石砌墙（来源：汤璐 摄）

种做法常见于朝鲜族村落。

除单一材料构成的墙体之外，黑龙江地区传统村落院落和道路之间边界的墙体，常采用两种以上的混合材料构成。如砖和瓦、砖与石、砖和土、土坯和石头、土坯和瓦、土坯和稻草秸秆等植物材料、石材和木材等（图3-2-29）。这种混合材料的墙体肌理丰富，层次分明，墙体的顶端用瓦片木材等进行收口，墙身运用和收口不同的砖土石等材料，使得围墙纵向上看构图合理，横向上不单调且具有延绵感。同时墙身也可运用两种以上的材料组合，不同的材料排列起来产生不同的纹理质感，不同材质的墙体往往给观察者带来不一样的心理感受。

3）植物

黑龙江地区传统村落院落和道路之间的边界除了以上两种最普遍的形式以外，还有直接运用植物来进行空间分隔的。这一现象和边界形式在朝鲜族传统村落中可以看见，他们通常将女贞黄杨等植物修剪为1米左右高

图3-2-29　砖石混砌墙（来源：王蕾　摄）

的整齐的矮篱，将院落空间围合起来，在院落入口处断开，自然形成开口空间。除此之外，也有用植物扦插在土中密植成"院墙"的，或是用种植的农作物作为分隔的界限（图3-2-30）。植物构成的边界与村落的自然环境更加协调，视野效果好，视线不遮挡，道路景观与院落景观可以有机结合、相融渗透，有效美化环境。

图3-2-30　宾州镇大同村（来源：程龙飞　摄）

4）辅助空间边界

除了以上几种院落和道路边界之外，部分住户还运用居住空间以外的辅助空间来围合院落，如猪舍牛舍等养殖空间，储藏玉米的"玉米楼"、干草垛等。玉米楼是东北地区的一种粮仓，主要用来储存玉米。以木头或者钢材为主要骨架，藤条或者铁丝网作为围合，不设顶或者用石棉瓦做顶，通风效果较好。仓底一般用木头等与地面隔开一定距离，避免粮食受潮和防止老鼠啃啮。装满玉米的玉米楼颜色鲜明，一片五谷丰登的景象，别具一番农家风貌（图3-2-31）。玉米作为黑龙江地区的主要的粮食作物之一，这样的边界东北风情十足，具有一定的辨识度。

总体而言，院落与道路边界根据墙体材料样式和院门形式而确定。通常来讲，材料种类越多，院墙和院门形式越复杂别致，其可意向性越强。植物和辅助空间作为分隔院落和道路的要素，由于存在的数量要少于墙体和栅栏，故更容易让人印象深刻，而植物作为自然要素，对于外来观察者而言，其相对于辅助空间更易于识别。具体情况要根据村落中院墙院门等情况分析。

（三）院落与院落的边界

黑龙江地区传统村落院落与院落的边界与道路和院落之间的边界相类似，也由栅栏围墙和绿植等组成。

（1）栅栏：栅栏用来做户与户之间的分隔和边界，由于其存在缝隙，作为分隔物不完全封闭，在视线上比较开阔，庭院与庭院之间可以进行景观渗透。栅栏的形式前文已经提及，不再赘述。

（2）围墙：围墙作为边界其视线的阻挡作用根据其高度的不同而产生变化，景观渗透性较差，但是分割感良好，户与户之间完全分隔开来，私密性较好。其材料和形式与分隔院落和道路的围墙形式相似，或者单一材料或者混合材料。

（3）绿植与农作物：不同于院落与道路的边界，院落和院落之间的边界除了矮篱之外，还可以用农作物进行分割。豆角黄瓜等爬蔓植物通常要架设在架子上，由于辅助植物生长的架子尺度较高，种植在院落和院落之间，可以作为其边界用来分隔两户庭院。而玉米等植物长成后可达到2米高，也可以作为院落之间的边界存在。这种植物和农作物的分隔使得空间灵活，似分未分，视线不完全阻挡，两户人家之间还可以在劳作时进行交流，是一种灵活且季节性变化的边界形式。

（4）无分隔：也有部分邻里关系和谐或者有血缘关系的相邻住户，由于关系较为亲密，院落和院落之间不加以分隔，没有形式上的边界存在，但可以通过其住宅的位置大致判断户与户的用地空间的边界。

对于院落之间的边界来说，院落之间的分界越明显，围合性越强，体量越突出，边界越清晰，则识别性越高。通常墙体的清晰度高于栅栏，而栅栏又高于植物作为分隔的边界。

四、节点

《城市意象》中凯文·林奇指出节点就是标识点，是城市中观察者所能进入的重要战略点，是他旅途中抵达与出发的聚焦点。它们主要是一些联结枢纽、运输线

图3-2-31　院落外部的玉米楼子（来源：张明 摄）

上的停靠点、道路岔口或会合点，以及从一种结构向另一种结构转换的关键环节。将节点的概念引入传统聚落中，聚落的节点空间可以看作由开放性较好的村落公共空间所构成。公共的空间节点可包括亭台楼阁等公共设施和场地，也可以是道路交汇形成的空余空间等。传统村落的节点形成一般无意识，因地制宜地将剩余空间进行利用，来组织集贸、宗教等活动。村落节点容纳了村民的基本生产生活，也为其提供了娱乐、休憩、聚会等功能，可以说是村民社会生活的承载者。

黑龙江省地域辽阔，人口数量相对较少，在这种背景下，聚落的布局形态一般较为松散，聚落内部空间范围较大，人们的生产生活空间就会相对充裕，从私密的院落空间到开放的公共空间，都给人们提供了充足的活动空间和场所，而这些场所空间在一定程度上形成了聚落的节点，也成为聚落中不可或缺的组成部分。

黑龙江省传统聚落内部的节点主要可以分为生产类节点、生活类节点和礼俗精神类节点三种。这三种节点类型的形成主要与聚落中人们的生产生活方式息息相关，同时也受其不同文化的影响，例如不同民族所信仰的宗教不同，因而其节点类型也会有很大差异。

（一）生产类节点

中国作为传统的农业大国，使得多数聚落形成了以农业耕种为主要生产方式的生活形态。在生产劳作中，根据不同的生产内容，形成了或大或小，或集中或分散的生产节点，来为生产活动服务。此外，区别于农耕的其他类型的生产方式，依据其自身的特点，其生产节点的类型和形态也会有所不同。

由于黑龙江地区的传统聚落中，同样是以农耕为主要生产方式的聚落类型居多，因此农业生产的节点就成了聚落空间的重要组成部分。这种生产节点在黑龙江省内主要分布于三处场所空间：农田、打谷场及院落内外空间。

黑龙江省农田范围分布广，往往会在大范围的农田之中形成一定的空间节点，来为农业耕作等提供缓冲的空间。打谷场作为近代出现的劳作场所，逐渐成了聚落内生产节点的代表。打谷场是村民将水稻等农作物去掉谷皮的场所，由于黑龙江地区种植用地面积较大，农作物产量较高，由于庭院位置有限，因此农作物收割后一般放在打谷场上进行堆放和处理，村民们一般会互相帮助集体收割和处理。打谷场一般位于村落通风良好和运输方便的地方，或者利用村中闲置空地，除了生产功能以外，打谷场也承担着一定的居民交往作用。虽然院落空间相对有限，但对于多数传统的黑龙江民居而言，由于受土地面积约束较少，所以其院落内外一般会留有一定的空间进行农作物的储藏等（图3-2-32），这种生产节点空间相对较小、分布较散，但却是聚落中人们生活生产必不可少的一部分。

（二）生活类节点

聚落作为人们聚居生活的场所空间，容纳着人们日常生活的点点滴滴。聚落中除了以院落为单位的生活区块以外，聚落中一般都有公共的生活休息场所，这些场所在长期的发展中就形成了聚落中的生活节点。这种公共的生活节点主要是人们谈话、休息、娱乐及一些琐碎活动的场所空间，这种节点一般不是有意而为之，而是人们在长期生活中默认形成的公共活动空间。

黑龙江省的聚落空间布局较为松散，给聚落中的人们提供了充足的活动空间。聚落中生活类节点的形成主要有三种方式。

第一种是围绕着村民的院落空间展开，在院落附近或者院门与道路之间。生活节点使得村民既能照看自己的院落和屋内状况，也可以与道路上的邻居和行人进行交流，这样的节点一般包括院门附近的休息空间，院门附近磨盘存放空间和牛马等牲畜的拴养空间。例如牡丹江七里屯生态村某户院门口布置的长椅（图3-2-33），形成一个小型生活节点。

图3-2-32 农作物仓储（来源：张明 摄）

图3-2-33 牡丹江七里地生态村生活节点（来源：王蕾 摄）

第二种是在聚落中自然形成或简单经过人工修饰的较为开阔的空间区域，在较大的城镇中一般呈现的是经过人工修饰的广场，而在村落中则一般是自然空闲的开敞的空地，一般是人们休闲及举办一些娱乐活动的场所，例如搭戏台唱戏、扭秧歌等。在讷河市兴旺鄂温克族乡百路村每年的瑟宾节上，索伦部落的鄂温克人身着艳丽的民族服装，欢聚在嫩江边的嘎布喀草原上。尽情地歌舞游乐，畅饮豪谈，高潮迭起。夜幕降临，篝火燃起，人们围着篝火激情起舞，狂欢达旦（图3-2-34）。

第三种则是围绕聚落中的每个标志物在其周围形成的节点空间，例如牌坊、水井、古树等，这种空间具有一定的向心性，往往也是聚落中的焦点所在，也是人们日常聚集的主要场所。讷河市兴旺鄂温克族乡百路村中的古井（图3-2-35），修建于清代，具体年份不详。鄂温克人刚到此地时，夏季去江里用牛驮水，冬季取江中冰块，化冰饮水，后来才和满汉民族学习挖井吃水，但鄂温克古井又与汉族水井不同，汉族水井多用木制井壁，而鄂温克族则选用河岸滩柳，充分展现自己心灵手巧的民族特征——编井。编井就是立好木桩，在地面上编成圆状半成型井壁，然后在选好的井址处挖井，挖至一人多深的时候把编好的部分井壁竖下，接着往下挖，井壁随之下潜，直至水质清澈。这样挖井既深，又能保证挖井人的安全。井上辘轳多与汉族相同，只不过鄂温

图3-2-34 达斡尔族瑟宾节欢聚（来源：黑龙江省住房和城乡建设厅 提供）

图3-2-35 百路村古井及其周围环境（来源：黑龙江省住房和城乡建设厅 提供）

克族多取自然之材，因弯就形，不像汉族造得那么精致。在聚落的发展过程中，古井也成了聚落中一个生活的节点，为人们的生活需求所服务。

（三）礼俗精神类节点

不同礼俗精神作为人们生活中的一种信仰，往往就要一定的神圣性和庄严性。无论是以什么形式进行，其主体都是一种思想的寄托，受不同民族的文化信仰影响程度很大。黑龙江省作为一个多民族聚居的省份，其文化也呈现出多元化的特点，进而形成了不同形式特点的礼俗活动，例如黑龙江省最传统的满族及三小民族信奉的萨满教，汉族多见的佛教，都存在其独特的活动节点。加之清末是在沙俄入侵所带来的西方外来文化的影响之下，其礼俗活动的形式更加丰富多彩。

礼俗精神节点是指聚落中人们用于祭祀、祈福等礼仪习俗行为和宗教活动的空间节点，在部分聚落中也以小型的广场类型存在。礼俗活动包括家祭村祭等祭祀活动以及庆祝春节、元宵节等节庆活动，祭祀对象除了祖先外还有土地公、灶王爷、龙王爷等。节庆活动通常是指秧歌和地方戏等歌舞表演。宗教活动包括前往道教、佛教的庙宇进行祈福，以及天主教徒、新教徒进行祷告等。礼俗精神类节点主要就是围绕庙宇空间，祠堂空间以及教堂而形成的空间场所。这种礼俗精神类的空间节点在聚落中的分布存在两种方式：一是位于聚落中内部的中心焦点处，是整个聚落的标志和代表；二是偏离聚

图3-2-36 讷河市兴旺鄂温克族乡百路村的敖包祭祀（来源：黑龙江省住房和城乡建设厅 提供）

落的一侧，较为独立，形成一种较为神圣的空间氛围。无论是何种形式，也无论是位于何处，礼俗精神类节点往往都是人们所敬畏、崇尚的场所空间。例如黑龙江省讷河市兴旺鄂温克族乡百路村的敖包祭祀和横道河子镇约金斯克教堂等（图3-2-36、图3-2-37）。

五、标志物

《城市意象》中指出，标志物是从很多元素中挑选出来的具有单一性的物体，或者形式清晰，或者与周围环境和背景对比明显，空间位置突出，总之极易被识别。其一般具有以下几个特点：功能特殊，形体突出易被看到，变化明显能形成对比。具有一定的指引性或者与文化历史紧密相连，具有某种容易记住的意蕴。在传统聚落中标志物也一样，需要具备以上某种特征才能被

图3-2-37 横道河子镇约金斯克教堂（来源：黑龙江省住房和城乡建设厅 提供）

识别为标志物。标志物一旦形成，就将成为一个聚落或聚落内部局部空间的形象代表。

黑龙江地区在多元文化的影响之下，根据不同聚落生活生产习俗的不同，传统聚落中的标志物类型较为丰

富，如塔楼、牌坊、古树、戏台等，根据标志物性质的不同，基本上可以将其分为生活类、生产类、文化类和景观类标志物四类。

（一）生活类标志物

生活类标志物是可供人们日常生活和使用的建筑或构筑物，往往具有一定的功能性，在村民的日常生活中起着不可忽视的作用。生活类标志物与使用者的关联性强，使用频率高，或能解决村民的某种生活需求，或能丰富村民的日常生活。生活类标志物一般在聚落中分布较广，没有固定的位置，而是根据人们的生活需求，赋予了某些建筑或构筑物生活的使用功能，从而成为一定区域范围内的标志物。一方面使其成为生活中的一部分，另一方面人们在聚落生活中也存在一定的标示性。

黑龙江地区传统聚落文化多样，生活习俗丰富多彩，特别是在不同民族的文化形态的影响下，极大地增加了聚落的可识别性。而在这其中生活类标志物起到了重要的作用。在黑龙江中常见的生活性标志物有塔楼、城楼、戏台、形式别致美观的桥梁、输水的风车、拴马桩等。例如柯尔克孜民俗村中的蒙古包（图3-2-38），其建筑形式明显区别于村落中的其他民居，与所处环境背景对比明显，也成为村落中的标志物；宁安镇望江楼（始建于清光绪年间）作为当时聚落生活的一部分，也是聚落的主要标志物（图3-2-39）。

（二）生产类标志物

生产劳动作为人们生存发展的主要方式，也是聚落得以持续发展的主要动力。在其生产背景之下，聚落中也形成了很多与生产相关的标志物，一方面为形成一定的标示性，另一方面也为聚落中的生产劳动所服务。

同样，黑龙江地区传统村落内的建筑物和构筑物除了满足村民的日常的居住和生活以外，还要满足其农业生产即其他类型生产活动的要求，特别是在农耕文化逐渐普遍的背景之下，生产环境逐渐丰富，因此村落中除了日常的居住和公用的民用建筑以外，还有生产性建筑和构筑物存在，如粮食囤、磨盘、作坊等（图3-2-40）。这种类型的建筑和构筑物由生产的形式和生产的环境所决定，不同类型的生产方式所形成的生产型标识也会有所不同。例如，对于多数的以农耕生产

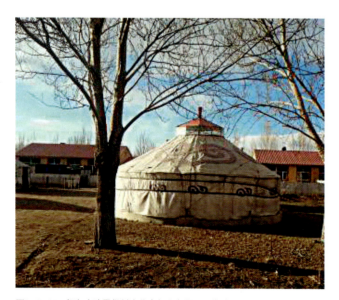

图3-2-38 柯尔克孜民俗村中蒙古包（来源：王蕾 摄）

图3-2-39 宁安镇望江楼（来源：周立军 摄）

图3-2-40 七里地生态村石磨（来源：王蕾 摄）

为主的聚落，其标志物则大多围绕粮食的生产处理展开，从而形成粮食囤、磨盘等标志物。对于以渔猎为主要生产方式的聚落，码头以及船舶在一定意义上都是其具有标示性的生产标志物。

对于生产型标志物而言，其在聚落中的分布往往是根据生产的性质和范围来决定的，生产方式的不同也带来了不同的生产标志。例如黑龙江省同江县街津口渔村，聚落濒临黑龙江下游，由于聚落渔猎的生产性质，在进行捕鱼作业或是在河流沿岸形成船舶的停聚点，就使得这些船舶成了一种生产的标志物（图3-2-41）。

（三）文化类标志物

在悠久的历史文化的熏陶下，很多传统聚落也都蕴含了丰富的文化底蕴。特别是对于历史悠久的聚落而言，其保存传承下来的物质文化是其宝贵的财富。同时在不同朝代、不同民族的影响下，聚落的文化特性也变得丰富多彩。通过文化的输入和沉淀，使得在传统聚落中形成了很多文化性标志物。

文化类标志物是指没有具体的使用功能，但往往蕴含着一定的历史文化要素和情感要素，是人们一种寄托和传递情感的建筑物或构筑物，也是聚落中文化传承的一种表现方式。文化性标志物在色彩上和性质上具有明显的可识别性，与周围环境对比明显，艺术性较高。基

图3-2-41 同江县街津口渔村船舶标志物（来源：黑龙江省住房和城乡建设厅 提供）

于黑龙江地区多元的民族文化形式以及生活风俗的不同，文化性质的标志物的形式也多种多样，一般可以为历史遗存的建筑物和具有文化精神属性的构筑物。例如村落中的庙宇建筑、少数民族的图腾柱、村落入口空间的牌坊，古建筑和文化遗址等。

对于文化类标志物，根据其自身的性质，虽然分布位置有所不同，但往往都分布于村落中位于其布局的重要位置。对于历史遗存的建筑物一般都是保留在其原始位置，聚落则会选择性的避让来保存其形态。而具有文化精神类的构筑物则一般会根据其文化属性分布于聚落的中心焦点。例如黑龙江省肇源县民意乡大庙村白塔和照壁，现位于村落西侧居中的位置，濒临湖泊，是整个聚落的主要标志和文化精神象征（图3-2-42、图3-2-43）。

（四）景观类标志物

除了以上三种常见的标志物外，景观类标志物也是其标志物的一个类别。这类标志物既没有使用功能也没有文化内涵，多是作为景观出现，起到丰富环境要素和村落景观空间的作用，如聚落中径流而过的溪流、历史遗存的城墙、雕塑等。部分景观类标志物也是承载聚落居民记忆的载体之一，如村中的古树等。景观类标志物对聚落中人们的生活以及聚落的空间布局的影响相对较小，其主要作用则是其自身的标示性，其次在一定程度上也丰富了聚落的空间层次，使得聚落的可读性更强。

黑龙江地区自然环境良好，同时具有一定的历史文化积淀，所以在聚落中大多存在一定量的景观类标志物。这类标志物由于其不具有一定的使用功能，所以其分布较无规律可言。例如在讷河市兴旺鄂温克族乡百路村的古榆树以及渤海国遗址等（图3-2-44、图3-2-45）。

黑龙江地区传统村落的标志物在一定程度上丰富了村落的天际线，是村民生活中外来人员观察时重要的参照物，具有易于识别、对比突出等特点。其传统村落的标志物基本具备以下特征：

图3-2-42 肇源县民意乡大庙村祈福寺影壁（来源：刘洋 提供）

图3-2-43 肇源县民意乡大庙村白塔（来源：刘洋 提供）

图3-2-44 百路村的古榆树（来源：王蕾 摄）

图3-2-45 渤海国城墙遗址（来源：周立军 摄）

（1）类型多样。既有生产生活型标志物，又有文化和景观型标志物，古树、雕塑、牌坊、戏台、牌坊、照壁、城楼等，类型丰富多样。可见黑龙江地区的传统村落居住建筑并不是唯一的建筑类型，村落具有一定的文化底蕴。

（2）体量突出。塔楼、古树、牌坊等标志物所占据的比例最高，数量最多。换言之传统村落中的标志物大多体量突出，尺度较大，从高度上更易于识别。

（3）形制特殊。城市中由于建筑密度大，在区域中易于识别的标志物多是电视塔、超高层建筑等，形制和使用性质上和城市中的大多数建筑并没有分别。和城市空间的标志物有所不同，作为村落中具有参照性和良好识别性的标志物，往往形制特殊，为非居住类建筑，如眺望的塔楼、生产的烟囱等。

（4）色彩鲜明。黑龙江地区传统村落的居住建筑的颜色往往明度较低，建筑表面的材料多为土坯、青砖，或墙体表面进行抹灰粉刷，涂料多为白色。村落的整体色调偏灰，不太显眼。而村落中的标志物往往装饰精美，色彩鲜明，如庙宇、牌坊等，在颜色上辨识度较高。

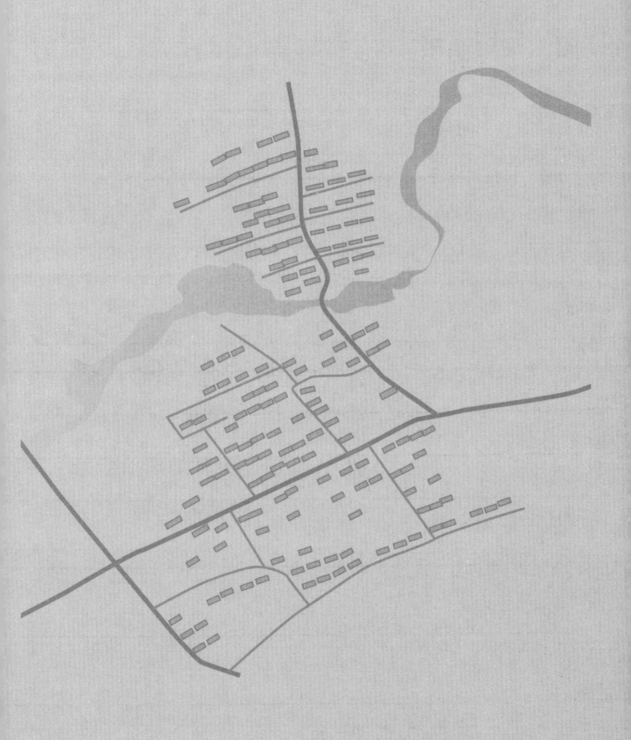

第一节　生产型聚落

生产，是指人类从事创造社会财富的活动和过程，包括物质财富、精神财富的创造和人自身的生育，亦称社会生产。狭义生产仅指创造物质财富的活动和过程，也指动物的繁衍。对于一个聚落而言，其生产则主要是指利用土地和自然的资源和生产力，展开的相关活动，从而获得其生活所需要的产品。生产活动与人类的关系密切，它不仅为人们提供了衣食住行所需要的物质基础，同时对于一个村落的形成与发展，其内在的生产形式是其发展的主要动力。

一、概述

生产型聚落主要是指以劳动生产为主导的聚落，通过对自然环境的利用和开发，来满足村落的发展需要。在人类的发展过程中，随着农业生产的不断发展和进步，人类社会出现第一次大分工，农业和畜牧业等相继分离，由于生产形式的转变，不同的聚居形式也随之产生。在迁移农业向定居农业转变的过程中，聚居的形式由最初的临时的、移动的、可以随时变更的，逐步形成了固定的、集团式的聚居形式，由此也形成了现在所展现出来的聚落形态。

生产作为人们的生存方式，自然与所置身的自然环境息息相关。中国作为农业的生产大国，国土辽阔，自然地理环境丰富多样，与之相适应的生产形式也趋于多样化与差异化。在逐渐分化的生产方式的引导下，形成了以农耕为主导的，畜牧、渔猎等多种生产方式相结合的功能形态。在不同的生产形态下，一方面展示了不同聚落的功能形态及人们的生活状态，另一方面不同的生产因素还在一定程度上影响了村落的空间布局形态、建筑的形态特征等，促进了聚落的特异性发展。由于生产活动是物质来源的基础，以及受我国的生产性质的影响，所以以农业生产为主导的聚落在我国分布较为普遍且多样，其他不同形态的聚落也多以农业生产为基础，从而形成不同功能形态的聚落形式。

黑龙江省幅员辽阔，地理环境多样，自然资源丰富，滔滔的河流孕育了肥沃的黑土地，茂密的森林造就了丰富的物产，其中土地资源、森林资源、水资源、湿地资源、动植物资源等都储备丰富，以此为不同聚落的生产形态提供了充足的物质基础。同时黑龙江地区地处祖国最东北，作为一个多民族聚居、多元文化相融合的地区，在北方地域特色的影响下形成的少数民族文化与国内其他地域的民族文化有着极大差异，在生产习俗、生活习俗、节庆习俗、礼仪和祭祀习俗上都与其他民族形成了鲜明的对比。造成这种现象的原因有两种：一是黑龙江省地理环境相对封闭，少数民族文化的原生性保持较好；二是在历史上，黑龙江地区曾在清代初年作为满族的龙兴之地而遭到200多年的封禁，也客观地保存了当地民族文化的原始风貌，使黑龙江少数民族文化更具独特的历史价值和文化内涵，从而也使得其传统的生产生活方式得到了更好的延续。例如，鄂伦春和鄂温克两个民族都是狩猎民族，他们的传统文化保持良好，山林特色明显；赫哲族作为北方唯一的渔猎民族，并且是黑龙江省的独有民族，其生产文化特色鲜明、独特；黑龙江的蒙古族虽然在数量上不及内蒙古地区，但是由于他们将农业文化和牧业文化相融合而显得更为与众不同；黑龙江省更是满族的发祥地，满族文化保存完好，具有较高的历史价值。总之，黑龙江省少数民族文化资源虽没有汉文化历史悠久，但是独具特色，地域特点鲜明，具有极强的不可代替性。总之，在自然与文化的双重影响之下，聚落的生产形式也变得多种多样，例如农耕、渔猎、游牧、林业、手工业等。不同的生产形式塑造了不同功能形态的聚落类型，在黑龙江省所分布的聚落主要可以分为农耕聚落、渔猎聚落、畜牧聚落、林业聚落等。

二、农耕聚落

农耕，即农业耕作，耕种土地。中国自古以来就是一个农业大国，在《管子·乘马》中曾记载："正月，令农始作，服於公田农耕，及雪释，耕始焉。"晋陶潜在《桃花源诗》中也曾写道："相命肆农耕，日入从所憩。"明朝徐光启则在《农政全书》中对农本、田制、农事、水利、农器、树艺、蚕桑、蚕桑广类、种植、牧养、制造、荒政等内容进行了详细的描述。在其悠久的历史进程中，农业生产始终是其发展的物质基础。而伴随其几千年的发展，也逐渐形成了具有中国特色的农耕文化，即由农民在长期农业生产中形成的一种风俗文化，以为农业服务和农民自身娱乐为中心。在农耕文化的影响之下，农耕型村落成了传统村落中主要的村落类型。传统农耕型村庄是指以种植业，也可以说是农耕作业为主的村落，是农民生活生产、生活繁衍的场所，比邻而居，鸡犬相闻，构成了传统乡土中国的基石，属于最常见的传统农业型村落。

在黑龙江省发展历程中，虽然农业不是其最原始的生产方式，但随着生产力和生活方式的转变，农业种植也逐渐成为生产劳作的主要形式，所以农耕型村落也是其传统村落中的基础类型。黑龙江省地域辽阔，有着优质的土地资源，同时水资源丰富。在松花江、黑龙江、乌苏里江、绥芬河等河流的滋润下，形成了土壤肥沃的平原地区。其中三江平原、西部的松嫩平原，是中国最大的东北平原的一部分。黑龙江省的土地条件优异，居全国之首，总耕地面积和可开发的土地后备资源均占全国1/10以上。土壤有机质含量高于全国其他地区，黑土、黑钙土和草甸土等占耕地的60%以上，是世界著名的三大黑土带之一。优质的黑土地资源、丰富的水资源以及良好的自然环境为农耕生产创造了充足的条件。

根据农耕场所环境的不同，可以将其分为平原农耕型村落和山地农耕型村落。其中平原农耕型村落分布较为广泛，山地农耕型村落则相对较少。

（1）平原农耕型村落。平原地区由于其耕地充足、交通便利、环境优越，同时多数平原有河流经过，提供了充足的生活和农业灌溉用水，所以平原地形成了村落选址的首要之选。黑龙江省的平原农耕型村落主要分布于西南侧的松嫩平原和东侧的三江平原，其中松花江、嫩江等多条河流径流而过，有着良好的地理条件。村落选址往往临近河流湖泊等水源，农田则围绕村庄布局向外围扩散。村落布局较为规整，内部多呈现网状或条状肌理，建筑形态也较为统一。由于地域相对较大，人员较少，所以村落一般散点式分布于平原之中，且不同村落之间距离相对较远（图4-1-1、图4-1-2）。

（2）山地农耕型村落。在黑龙江地区，山地型农耕村落多分布于平原与山地的过渡区的丘陵地带。根据特殊的地理环境，选择不同类型的耕作方式。村落则多选择在地势较为平坦的区域聚居分布，或是根据其地形特点进行较为自由的散点式分布。由于地理环境的影响，

图4-1-1 哈尔滨市阿城区料甸镇建华村马回屯（来源：吴冰 摄）

图4-1-2 哈尔滨市平房镇工农村聚落（来源：朱逊 提供）

图4-1-2 哈尔滨市平房镇工农村聚落（续）（来源：朱逊 提供）

图4-1-2 哈尔滨市平房镇工农村聚落（续）（来源：朱逊 提供）

山地农耕型村落规模一般相对较小，同时其分布数量也相对较少。（图4-1-3）

此外，黑龙江省耕地面积充裕，耕种的农作物种类也比较丰富，例如玉米、大豆、水稻、小麦、高粱等，所以针对不同种类的农作物产区也可以进行不同的分类。

（一）拉林镇

拉林镇隶属于黑龙江省五常市，包含了4个满族乡和部分乡（镇）的满族村屯，分布在24个旗屯和41个八旗窝棚（屯）中，满族人口有12万之多。拉林镇位于五常市北约50公里处，距哈尔滨市约60公里。拉林镇处于黑龙江省南部松嫩平原之上，广袤的平原为其农耕生产提供了充足的物质条件，也是村落形成和发展的基础（图4-1-4）。

拉林镇至今有900多年的历史，在漫长的历史进程中，积淀了深厚的历史文化。尤其是京旗文化，与其他地区的满族相比有其迥异性，和北京的满族同源同根。清乾隆时期的京都移民，不仅促进了民族团结，更促进了京旗文化的融洽与发展。至今，该地区仍保留着大量的京旗文化遗存和京旗遗风习俗及较特殊的宗教信仰。镇中有满汉功德牌2件，满汉两种文字的皇帝诏书2件，还有大量的生产生活用具及石雕碣、木雕、砖雕、兵器等文物。

自清乾隆九年（1744年）始实施的"移民屯垦"政策的第一批移民来到此地，开始了对此地的开发建设，清乾隆九年农历八月二十八日，一千户闲散旗人离开自己居住的北京老宅，穿燕山、过山海关、沿松辽平原北上，经过两个多月的跋涉，来到了冰天雪地的五常拉林，建屯立旗，开始了自食其力，形成了"出则为兵，入则为民，有事征调，无事耕猎"的屯垦戍边生活。此后，从清乾隆二十一年（1756年）至二十四年（1759年）又有2000户北京闲散旗人移居到拉林阿城地

图4-1-3 牡丹江市宁安市马河乡斗沟子村（来源：王蕾 摄）

图4-1-4 拉林镇地理环境（来源：Google地图）

图4-1-5 拉林镇孤家子村田野冬景（来源：张明 摄）

区，建立了32个京旗满族屯落。于是，异于当时东北地区并带有浓郁京都色彩的特殊的文化区域出现在白山黑水之间。

拉林镇位于松嫩平原南侧，借助平原地形的优势，整个聚落沿镇中心呈放射状向外延伸，散布不同形态的村落。由于地势较为平坦，以及汉族迁移所带来的中原建筑文化，所以不同村落的整体布局都较为规整，以行列式的布局为主。农业耕地则沿着每个村落向外扩展形成了大面积的片状区域。拉林镇作为以农耕生产发展形成的聚落的代表，聚落中的人们经历了数代的开发建设，借助良好的地理环境，现已成为一个以耕种为主的农业大镇（图4-1-5）。

（二）三家子

三家子村，位于黑龙江省西部，现隶属于齐齐哈尔市富裕县塔哈满族达斡尔族乡管辖，距富裕县城约20公里，距齐齐哈尔市约40公里。村落位于松嫩平原之上，靠近嫩江东河岸，其周边地势平坦（图4-1-6）。

三家子村的建村历史已有300多年，村落起源于满族人的迁徙驻扎。三家子屯的满族先人原住吉林长白山一带，清朝初期随萨布素将军抗击沙俄迁来黑龙江。雅克萨（今俄罗斯阿尔巴津）之战后，中俄签订《中俄尼布楚条约》，八旗战士及其亲人从宁古塔迁至黑龙江，其中驻防卜奎（今齐齐哈尔）的水师兵士计（计布出哈喇）、陶、（托胡鲁哈喇）、孟（摩勒吉勒哈喇）三家于清康熙二十八年（1689年）在萨布素的允许下，带领家人选择了这块水草丰美的地方定居。满语称此地为"伊兰孛"，译成汉语即"三家子"。以后，陆续又有关、吴、赵等姓的满族人迁到这里。后因积水向东迁到了现在的位置。老村位于现在村落的西侧，更加靠近嫩江，在其村落发展之初，可以利用嫩江进行交通运输、狩猎捕鱼等活动，以满足村落的生活和发展。在后期则主要以农耕为主要的生产方式以维持聚落的发展。

三家子村村内还保存着多处清代建造的满族老屋，其中有为加强北京与黑龙江和边境联系而设立的驿站住所（图4-1-7）。这些传统民居多采用坐北朝南的合院式布局，院落外围有低矮的围墙环绕。处于主体地位的正房一般为三开间，明间为厨房，两个暗间作为卧室，保留着满族老屋典型的万字炕格局。院落中的厢房一般用来储物，很少再有人居住。烟囱为土坯或砖砌成上小

图4-1-6 三家子村地理环境（来源：Google地图）

下大的跨海烟囱。

　　三家子村利用平原的优势，进行农田的开垦，其村落则坐落于农田之间。优越的自然环境为三家子村提供了赖以生存的物质基础。在农耕文化与民族文化的共同影响下，聚落间由不规则路网进行分割，形成不同的村落区块，建筑呈组团式分布，但其组团内部的布局相对规整，聚落周围则是大片被划分的农田，便于村民进行耕作生产活动。由于耕地资源充足，所以村落中每家每户都基本以农耕为生，通过耕作生产来实现自给自足，同时利于多余出来的农作物进行交易，以此来获得最基本的收入。

图4-1-7 三家子村村落景观（来源：王蕾 摄）

三、渔猎聚落

渔猎，即以捕鱼打猎作为一种生活方式，出自《管子·轻重丁》中的："渔猎取薪，蒸而为食。"同样作为一种传统的生产方式，通过对自然资源的摄取，来满足自身的生存和发展。伴随着渔猎文化的成熟和发展，以捕鱼打猎为生的传统村落应运而生，从而形成了渔猎村落这种功能形态的传统村落。由于其生产方式的特点，其村落一般都沿河流或山林进行排布。由于渔猎生产的活动性较大，所以其村落的分布较为稀疏，一般呈散点状分布。但随着历史的发展，很多村落以渔猎为主要生产方式的需求下降，逐渐转向相对集中的聚居生活。

黑龙江省水资源丰富，地处黑龙江、松花江、乌苏里江和绥芬河四大水系组成的黑龙江流域，主要河流有松花江、嫩江、乌苏里江、牡丹江、呼兰河、蚂蚁河、海浪河、呼玛河、额木尔河、讷谟尔河、汤旺河、拉林河、乌斯浑河、乌裕尔河等；主要湖泊有兴凯湖、镜泊湖、连环湖和五大连池4处较大湖泊及星罗棋布的泡沼。足量的水域和丰富的鱼类资源，促使了沿河流域村落的形成与发展。同时，大、小兴安岭以及完达山等山林同样提供了丰富的自然资源，这些共同影响形成了黑龙江省传统的渔猎文化区，同时以渔猎为主要的生产方式也成为黑龙江省最原始的生产方式。在悠久的渔猎文化的影响之下，多样的渔猎型村落也随之形成。

在黑龙江省形成的渔猎文化区中，以少数民族聚居为主，例如赫哲族、鄂伦春族、鄂温克族等。而赫哲族作为黑龙江省独有的民族，更是渔猎文化的代表，同时也形成了丰富多彩的村落形式。赫哲族主要分布于中国东北的黑龙江、松花江和乌苏里江冲积形成的三江平原，在这片肥沃的黑土地上，是一个具有悠久历史和独特渔猎文化的少数民族。赫哲族是世界上人数最少的民族之一，中国境内目前大约有4000人，在中国少数民族中人数仅多于珞巴族。一直以来，捕鱼和狩猎是赫哲人衣食的主要来源。赫哲族人喜爱吃鱼，尤其喜爱吃生鱼。他们不仅以鱼肉、兽肉为食，穿的衣服多半用鱼皮、狍皮和鹿皮制成。这种几千年延续下来的独特的生活习惯形成了赫哲族独特的渔猎文化。在这种文化的熏陶下，形成的村落风貌也独具一格，特色鲜明。根据其生产方式的特点及其所在的生存环境，传统的聚落形式可以分为三种形式，分别是屯落式聚落、网滩式聚落和坎地势聚落。

（1）屯落式聚落。屯落式聚落即固定地点的聚落，在劳动力外出进行打鱼捕猎的活动时，老人和孩子一般不会跟随外出，而是留在固定的家中等待，这一特点促成了这一村落形态的产生。屯落式聚落一般选在靠近渔场的河流两岸且地势较高的位置，聚落由院落式的单体建筑组成，院落的排列一般是由南向北成"一"字形排列，村落一般呈现出条纹式的空间形态，同时空间布局较为统一规整。

（2）网滩式聚落。网滩式聚落是一种随着季节变化而改变的聚落形式。到了春夏的鱼汛时期，赫哲族就会选择迁移到鱼类聚集的场所，进行捕鱼活动，而在这段时间内人们所聚居生活的场所就形成了网滩式这一形态的村落形式。这种聚落是由被称作"安口"的单体建筑沿河岸呈"一"字形排列构成。

（3）坎地式聚落。坎地式聚落是一种临时性居住建筑所组成的聚落形态。在冬季，部分赫哲族人依然会选择进行捕鱼的活动，这时他们会选择河水较为稳定且有鱼类聚集的河边，以简单的建筑单体进行散布式排列，从而形成了这种临时性的聚落形式。

（一）街津口渔村

街津口渔村，隶属于佳木斯市的县级市——同江市管辖（图4-1-8），处于市境内西北部，西侧濒临黑龙江，北侧与俄罗斯隔江相望。距离同江市区东北约45公里处，是我国民族大家庭中"六小"民族之一的赫哲族聚居地，被誉为黑龙江的"边陲名胜"，具有悠久的历史和渔猎文化，在《赫哲简史》中曾记载街津口村附近有一小吃名盖金朝，它在金朝前称"赫赫"，后改"赫金"。金朝曾向此地求援兵，得到相助。考古工作者也曾经在这里发现了石斧、骨箭头等原始渔猎之物。

关于"街津口"这个名称的来历，当地流传着一个传说。在很早以前，江边住着一个叫街津口的老人。一年夏天，黑龙将所有的鱼关押起来，不让渔民捕捞。老人手持鱼叉和黑龙撂斗，将黑龙制服，并放回了鱼群。从此，老人总是守在江边，天长日久，变成了石头。后人将江边老人站过的山叫街津口山，又叫老头山。老人住过的地方，起名叫街津口。这不仅体现了这里传统的渔猎为主的生产方式，也寄托了赫哲族人对幸福生活的向往和憧憬。

街津口渔村三面环山，一面临水，山清水秀，自然资源丰富。区域环境主要由三部分组成：街津山、平原草甸和江河水面。街津山总面积约95平方公里，属小兴安岭及完达山脉的零星余脉。这里三面群峰环绕，中

图4-1-8　街津口渔村地理环境（来源：Google地图）

为盆地，峰环三面水一湾。莲花河水自西南缓缓流来，在山脚注入黑龙江（图4-1-9）。

街津口渔村作为一个以渔猎为主要生产方式的传统村落，渔业是其鲜明的特点。在村落中每家每户的住房东侧，都有一个鱼楼子，赫哲人称为"塌古通"。里面

图4-1-9　街津口渔村地形环境（来源：赵哲　提供）

放的是鱼坯子，腌的是鱼子、鱼块。还有一缸缸的鱼毛（用锅炒干的鱼制食品）。屋前房后的木板围墙上，挂满了一块块闪光的绞丝网。赫哲族人过去穿的是鱼皮，吃的是鱼肉，住的是鱼皮围的撮罗（窝棚），直到现在仍旧爱吃"生鱼"，并用它来招待客人。根据其主要的生产文化特色，近几年也对街津口村乌日贡主街两侧的房屋外墙体进行木贴片装饰，在此基础上从赫哲族独具特色的渔猎文化、神话传说、图腾崇拜中提炼文化符号和代表元素，进行赫哲族民俗特色壁画、浮雕的立面创作，使其融入赫哲族文化底蕴，再现赫哲先民遗风。这种丰富多彩的渔猎文化，不仅给人们提供了赖以生存的生产方式，也创造了独特的村落形态和生活形式（图4-1-10、图4-1-11）。

（二）百路村

百路村，位于讷河市兴旺鄂温克族乡西南美丽的嫩江畔，南与富裕接壤，西与甘南隔江相望。村落距讷河市约76公里，距乡政府约25公里，是黑龙江省仅有的

图4-1-10　街津口渔村全貌（来源：庄艳平 摄）

图4-1-11 街津口渔村捕鱼文化（来源：黑龙江省住房和城乡建设厅 提供）

图4-1-12 百路村地理区位图（来源：Google地图）

两个鄂温克族人聚居村之一（图4-1-12）。

百路村始建于清朝，由鄂温克人和达斡尔人外迁而居，逐步形成了现在的聚落形态。清朝顺治年间，由于沙俄殖民者不断入侵黑龙江流域，烧杀抢掠，无恶不作。为了保护鄂温克人和达斡尔人免遭沙俄殖民者侵扰和断绝侵略者粮源，迫使沙俄撤军，于是清政府决定内迁。大约在清顺治六年（1647年），一部分鄂温克人和达斡尔人跨过黑龙江，越过大兴安岭并顺嫩江而下，长途跋涉来到讷河境内（史称噶布喀地区），以氏族为主，以莫昆为单位，共建了八个村屯。百路村就是其中之一，鄂温克语称作"白罗日爱勒"意为：路多，交通要道。清末是重要驿道，当年有渡口一处，摆渡嫩江两岸行人车马，是水路交汇之地。清末、民国时期汉译名称为"摆渡"。中华人民共和国成立后，县志编撰者根据音译命名为"百路村"。

百路村地貌属嫩江河谷一级阶地，地势较为平坦，以湿地和草原面积较大。土壤类型多样，有机质含量较高，宜农宜牧，宽阔的草甸子适宜牧业生产，沿江低洼地带适合水稻生产，另有部分林地资源，农牧业生产条件较好。富饶的自然环境为鄂温克人民的物资生活提供了极为优厚的条件，也是早期渔猎生产的物质基础。百路村占地面积760亩，现在聚落布局受汉文化影响，呈方形布局，道路为横纵。但每个鄂温克民居院落都有自己的特点：土墙、柳条编织墙、高架的木制仓房，或聚或散的鱼叉鱼罩等。

百路村的村落风貌随其生产方式的变化而逐步发展。早年间初到此地的鄂温克族人主要以打猎的形式进行生产生存，嫩江左岸的百路广大地域成了郭尔佳氏鄂温克人的猎场，并在百路选址定居了下来，并以氏族为单位分散建立村屯。但当时由于郭尔佳氏等5个氏族人口较少，不能单独组织狩猎，还要以人数较多的涂格敦氏族酋长为狩猎总指挥，所获猎物由总指挥按氏族人口多少统一分配。随着后期的逐渐发展，猎场范围逐渐减少，人们的生产方式也在逐步向捕鱼、农牧的方向发展，同时受汉族文化的影响，逐渐开始就地取材，聚居而生，依托江水，布局规整，与自然环境融为一体，构成了独特的群体村落格局（图4-1-13、图4-1-14）。

（三）坤河村

坤河村，黑龙江省黑河市爱辉区坤河乡，坐落于中俄边境黑龙江畔，位于黑河市爱辉区南部，距市区约45公里，村东紧临中俄界江黑龙江，村北为公别拉河与黑龙江交汇处，坤河村北连黄旗营子满族村，南邻富拉尔基达斡尔族村，西连大红旗营子达斡尔族村（图4-1-15）。

图4-1-13 百路村村落格局（来源：讷河市兴旺鄂温克族乡百路村委会 提供）

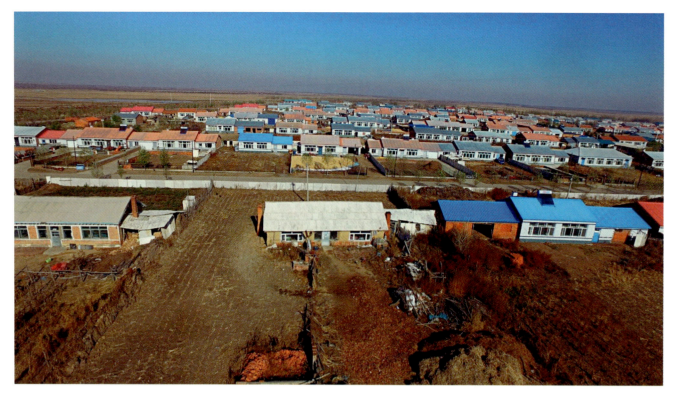

图4-1-14 百路村鸟瞰（来源：汤璐 摄）

图4-1-15 坤河村地理区位图（来源：Google地图）

坤河流域是室韦人的发祥地，《魏书》记载，在1500多年前的北魏时期，古室韦人就与中原地区建立了联系，开启了最早的冰雪丝绸之路。到明代坤河村被称为称"窝集昆河所"，"昆"为蒙古语"人"之意。明末清初，达斡尔人以渔猎和农耕的生产方式生活在黑龙江中游两岸，随后从1643年开始逐渐受到了沙俄入侵势力的影响，经过数十年的抗争，终因实力悬殊，被迫从黑龙江北岸由现在坤河乡富拉尔基附近迁徙到黑龙江南岸，后又南迁到嫩江流域，因此坤河乡富拉尔基又被达斡尔人称为"过江地"和"老家"。清朝之后正式演变为"坤河"，为清初八旗官兵屯田戍边建立的旗屯和官庄，属黑龙江副都统管辖。清末，属瑷珲直隶厅管辖。中华民国成立后，改隶瑷珲县管辖。

坤河村地理环境优越，村落位于公别拉河与黑龙江交汇处，村北可俯瞰公别拉河谷草原，村南为具有大小兴安岭过渡风格的寒带森林，蛤蟆沟从村南流过。坤河

图4-1-16 坤河村布局形态（来源：赵哲 提供）

村属于两河交汇冲积平原，地势平坦，村域内耕地肥沃。不同的地理环境提供了不同的物质资源，也使得坤河村的达斡尔族人逐渐从狩猎发展为渔猎与农牧并举的生产形态，也极大影响了其聚落的形成与发展。达斡尔族人充分利用自然地理资源，聚落的选址一般为依山傍水之地，与同族人相邻，以便形成屯落。屯落一般大者有上百户，小者若干户。屯子坐落于山的阳坡或岗地，并邻近河谷。这样聚落可以实现多种经营的经济生活，依山能采伐木材和狩猎，靠水可捕鱼和进行农业灌溉，开阔的草甸子有利于从事牧业生产。

现坤河村村域总面积约13.8平方公里，村落占地面积约1500亩。村落主要包含街道7条，分别是两条主路：吉雅缇路，河丝坤路；五条辅路：白银街、格根街、阿乐博街、莫日根街、呼勒齐街。村庄布局较为方正，顺应地势，向北俯瞰坤河湿地草原、公别拉河谷地带（图4-1-16）。村北堤坝外坤河草原建有艾浑斡包，

此处斡包建于2014年，为纪念达斡尔族南迁360周年所建，周长约36米，有"北疆第一包"美誉（图4-1-17）。

四、游牧聚落

游牧，即骑马移动的牧业，是在干旱草原地区通过骑马移动放牧的方式利用水草资源，以获取生活资料，并保持草场可持续利用的最佳方式。游牧的最大特点就是其流动性，即根据自然环境和条件来选择放牧的区域范围及定居点。流动性不仅体现在游牧族群能够在多变的生态条件下灵活应对的这样一种能力，而且也体现了他们自身的社会组织在不确定的条件下保持秩序和整合的一种能力。放牧是以游牧为主要生产力的人们所从事的主要活动，同时还包括挤奶、制酪、剪毛、鞣皮、制毡子、照顾初生幼畜、治疗病畜、阉畜、收集畜粪作为燃料等。同时一部分人还从事农作、狩猎、采集、贸易

图4-1-17 "北疆第一包"（来源：黑龙江省住房和城乡建设厅 提供）

等活动。这种独特的生产生活方式，也决定了以游牧作为主要生产方式的村落的独特性。

牧业村主要分布在山区和有天然草原的地方，居民的职业主要是从事畜牧业劳动，主要收入来源于畜牧业。因为地理及气候条件不适合种植业，所以半干旱、干旱地区较适合形成牧业村，这类村庄广泛分布于我国的内蒙古、新疆、青海、西藏及西北其他省区。由于草原载畜量有一定限制，牲畜的放牧半径远大于农耕区的耕作半径，牧村一般小而分散。以游牧为主的聚落由于其生产方式的独特性，同样具有流动性强的特点。由于要跟随季节及区域的自然条件进行不断的迁移，所以往往都是居无定所，所呈现的聚落形态也较为分散。这种游牧型聚落主要由少数民族的人员构成，根据其不同民族的文化特点以及游牧生产的特点，游牧型村落一般有定居聚落和季节移动聚落，其游牧帐篷有固定、半固定和流动三种形式。

黑龙江省由于自然条件与文化特点的不同，所以游牧文化在省内的发展相对薄弱。游牧文化区主要处于黑龙江西部与内蒙古交界的区域内，在大的文化地理格局中，属于北方游牧文化区与东北本土农业区的交汇地带。在黑龙江省内部，主要分布于大兴安岭南北部地区。虽然游牧文化所影响的范围相对较小，但作为一种传统的文化形式及生产方式，依然是黑龙江省地域文化的重要组成部分，由此所形成的聚落也独具特色，同时也反映出了多彩的民族特色，丰富了传统聚落的类型。

（一）东吐莫村

东吐莫村，位于黑龙江省大庆市杜尔伯特蒙古族自治县胡吉吐莫镇，由胡吉吐莫镇进行管辖。东吐莫村位于胡吉吐莫镇北部约13.5公里，距离县城泰康镇约73公里（图4-1-18）。村落内多为蒙古人居住，与周边与泊泊里村、赛汗塔拉村、胡吉吐莫村相邻。杜尔伯特蒙古族自治县，又叫泰康。"杜尔伯特"，在蒙古语中是"四"的意思，来自于蒙古高原的一个古代蒙古氏

图4-1-18 东吐莫村地理区位图（来源：Google地图）

图4-1-19 东吐莫村民居景观（来源：www.sohu.com）

族的称呼。黑龙江省的杜尔伯特部是成吉思汗之弟哈布图哈萨尔的第十四世孙奎蒙克塔斯哈喇的后裔。明嘉靖二十六年（1547年），为了辅佐北元蒙古大汗达赉孙，从属于科尔沁的杜尔伯特部从呼伦贝尔草原迁徙到嫩江流域，即今天的杜尔伯特县境内。2018年12月，住房和城乡建设部拟将东吐莫村列入第五批中国传统村落名录。2019年6月6日，东吐莫村被正式列入第五批中国传统村落名录。

东吐莫村地处杜尔伯特地区，坐落于松嫩平原的中部，地势辽阔，由于嫩江、乌裕尔河的径流，这里有着一望无际的大草原，星罗棋布的天然湖泊，为其传统的游牧活动创造了良好的自然条件。在此基础之上，东吐莫村所在地域形成了以游牧为主的生产方式。但到了清末，随着原著居民逐渐开始了定居的生活，并且汉族人口逐渐涌入该地区，在文化及生活方式的影响之下，人们开始开垦土地，进行农耕作业，使得放牧的方位逐渐缩小。加之民国时期匪患较多，当地牧民为防止牲畜的损失，开始开挖沟堑，形成畜圈，也使得传统的游牧方式开始向畜牧转变。这种生产方式的转变，伴随着的是聚落形式的转变，由流动型逐步转化为定居型的过程之中，游牧向农牧的转变也在悄然发生。近些年来，在东吐莫村的人们逐渐定居之后，为推动民族特色聚落的发展，东吐莫村也进行了大量的更新改造，逐步改善聚落的道路交通，将蒙古族特有的民族文化符号赋予新的民居建设之中，在带动民族文化传承的过程中，也极大地改善了聚落的形态发展（图4-1-19）。

第二节　交通商贸型聚落

交通商贸，包含了交通运输和商业贸易。在中国悠久的历史进程中，交通的发展在商品贸易中始终扮演着重要的角色，是商品交换的先决条件，从而不断地推动着社会的发展。在《易·系辞下》中曾记载道："日中为市，致天下之民，聚天下之货，交易而退，各得其所。"在《史记·平准书》中写道："农工商交易之路通，而龟贝金钱刀布之币兴焉。"从最早的物品交换逐渐发展到后来的以货币流通为主的商品贸易，其贸易活动的形式和规模都代表了该区域的兴盛程度。同时，商业贸易往往也是带动一个地区发展的主要动力，通过贸易活动所带来的人口往来，在一定程度上促进了聚居形式的产生和发展，进而影响到聚落的形态及民居形式。

一、概述

交通商贸型聚落，即因特殊地理位置及生产交易需求，由交通运输或商业贸易来带动形成的聚落形式。交通运输往往与商业贸易紧密相关，交通的延伸带动经济贸易的发展，但同时其各自也都存在独立的形态，根据其性质的不同可以分为商贸型聚落和交通型聚落。

黑龙江省地处东北边疆，其交通运输和经济贸易的发展相对于中原地带较为落后。但随着各朝各代在东北地区的军事、经济等不同方面的需求，逐步开辟了驿道、商道等不同的往来线路，在这种线性文化的影响下，极大地推动了黑龙江省的贸易发展。首先是东北丝绸之路的建设开辟，这条道路横贯东北大地，遥遥数千里的漫长交通线，沿东流松花江，连接黑龙江中、下游，直抵黑龙江入海口的鄂霍次克海和库页岛。东北丝绸之路的日渐完善，使得黑龙江地区与中原地区的商品交流逐渐频繁，与此同时，在其沿线伴随其贸易活动的增加，也带动了很多聚落的形成与发展。其次，由于政治军事的需求，在戍边及流人文化所形成的驿道及清末所修建的中东铁路，伴随其交通线路的发展，在文化的不断融合中逐渐影响了周边聚落的形态发展。

二、商贸型聚落

商贸型聚落主要是以商贸交易的主体，随着贸易的发展和扩大，其所形成的聚集性也就带动了周围的聚居形态。这种传统聚落的类型在古代往往与商道、官道等交通运输联系密切，其聚落的形成、发展、繁荣以及衰落都与其商道、官道上的商业贸易有着直接的联系。对于商贸型聚落的形成与发展，主要存在两种形式，一种是先村后市，另一种是先市后村。

先村后市的形式，即内需型商贸聚落，即先形成聚落形式，后因人们生活生产需求，或是商道的经过等原因，人们的生活方式发生一定的改变，为满足人们的交易及经商的需求而发展起来的聚落，其特点是聚落形态多为聚集发散性发展，贸易集市为其内部的一个向心点，以此带动周围聚落的生活发展。但由于聚落的先天性发展，所以商贸功能的影响会相对较小。黑龙江省河流众多，在其冲积下也形成了众多的平原，为交通运输提供了充足的自然环境条件，所以通过水运、陆运所产生的贸易活动也极大地带动了陆路、水路沿线原有的聚落发展。

先市后村的形式，即衍生型商贸聚落，先有的市场贸易的地点，例如码头、集市、驿站等，后随着人口的逐渐聚集增加而形成的聚落，这种类型的商贸村落多位于古代商道、官道的沿途，聚落的主要道路亦是商道或官道，由此所带动发展起来的聚落多呈带状分布，即在主要线路两侧衍生出新的聚落形式。这种先市后村的发展形式，使得聚落在一定程度上十分依赖商品的贸易往来，所以聚落的兴盛衰落也往往伴随着贸易的发展态势。黑龙江省在古代丝绸之路的建设以及同中原往来日益频繁的背景之下，商贸活动逐渐增多，从大唐鼎盛时期的渤海国，到明清时期在黑龙江省设立将军府，无论是朝贡还是商品的交易，经官道与商道的联络从未停止过，由此而衍生的商贸型聚落也逐渐发展壮大。

（一）依兰镇

依兰镇，隶属于黑龙江省哈尔滨市依兰县，位于县境内西部，濒临松花江南岸的牡丹江口与倭肯河口，城区北、西、东三面环水，东、西两面的倭肯哈达山（俗称"东山"）和拉哈福山（俗称"西山"）形成自然屏障，素有"东北重镇，遐迩通衢"之称（图4-2-1）。

依兰镇，原名"三姓城"。三姓城是一座依山傍水、风光秀丽的历史古城。辽为女真五国部之越里吉国故城，设于今依兰镇城区北门外，史称"五国头城"（亦称"五国城"）。元代于胡里改路旧址设置胡里改万户府，并于今依兰镇西郊马大屯设置斡朵怜万户府。明代为忽儿海卫治所。清康熙五十三年（1714年），始派协领驻守三姓。清雍正九年（1731年），添设三姓副都统驻守后，清雍正十一年（1733年）于旧城南侧，修筑三姓城。城呈方形，每边长约1.5里，东、西、南、北分设四门。到清代中叶，三姓城成为三江中下游流域的政治、经济、军事中心，被称为"边外七大重镇"之一。清光绪三十二年（1906年）正月，添设民官，三姓城遂为依兰府城（图4-2-2）。

在清朝所开辟的东北丝绸之路上，位于沙兰镇的沙兰站是其道路上的重要节点，主要承担着贸易中转的功能，包括北方各民族对清政府的上供，以及清政府对边疆地区的封赏（赏"乌绫"），即清代黑龙江下游的赫哲、费雅喀、奇勒尔、鄂伦春等土著边陲部落到宁古塔（今黑龙江宁安市）、三姓（今黑龙江依兰县）等地进贡貂皮，由副都统代表清皇朝给其颁赏"乌绫"（衣服、布帛、针线等）。此外，这些少数民族会将他们运来的毛皮和其他商品换取粮食和消费品，他们先沿阿穆尔河（黑龙江），然后沿松花江溯江而上，在依兰镇将他们运来的毛皮和其他商品来换取其生活的粮食等必需品。同时，在近现代，依兰县公署于1915年在县城北门外开辟商埠地，1921年再兴商埠，扩充用地。三姓城是哈尔滨以下最大贸易口岸，是粮食、木材、毛皮、山产品的集散地。这种以贸易形态为其主要功能特征，在很大程度上带动了该区域的快速发展，使其聚落规模逐渐发展壮大。

图4-2-1 依兰镇地理环境（来源：Google地图）

图4-2-2 依兰镇城楼（来源：https://image.baidu.com）

三、交通型聚落

交通型聚落即主要依靠交通运输而发展起来的聚落类型，主要是通过为官道、商道、驿道等不同类型的交通干道上的官兵、商人、路人等提供休憩活动而逐渐演变而来的聚落。交通型聚落不同于贸易型聚落，其主要是依托交通运输带来的人流而兴起，往往聚落还进行农业生产、少量贸易等活动来维持平时的生活。黑龙江省虽地偏一隅，但随着"移民实边""闯关东"及防卫戍

图4-2-3 镇北村地理区位图（来源：Google地图）

边带来的人流，在其主要的驿道等交通干道周遭形成了聚居的形态。此外，由于中东铁路的修建，为其沿线地域的聚落的发展注入了不同的文化形态，进而渐变成了独具特色的规划风格。

（一）镇北村

镇北村，隶属于哈尔滨尚志市一面坡镇，地处尚志城区东南20公里处。镇北村所处地区四周环山，丘陵起伏，河网密布，主要包含了错草顶子山、大青顶子山和蚂蜒河沿岸的冲积平原等，整体呈现一个山地、丘陵、河谷相间的"八山半水分半田"的形式（图4-2-3~图4-2-9）。

镇北村的兴起主要伴随着中东铁路的发展。1896年俄国工程师到一面坡镇进行地形的绘制以及东铁路线的划勘，1897年开始了黑龙江地域的中东铁路的修建，途径一面坡镇镇北村，于1903年修成现今一面坡站，距哈尔滨约162公里，距牡丹江约192公里，是滨绥中间加木柈（当时火车头所需燃料）、上下旅客、装卸货物的一个大站。随着车站的建成，大量的俄国人随军队等搬迁至此，也将沙俄本身的西方建筑文化输入进来，并快速地带动了该区域的聚落发展。

镇北村全村依托于中东铁路的一面坡站，该站为中东铁路东线的折返站，设立了机务段、水电段、车辆段等机构，兴盛时期有四五百名俄国铁路员工在一面坡工作、生活，由此衍生了百余座员工住宅，以及公寓、俱乐部等欧式建筑，进而形成了镇北村由西向东散布了数百座俄式建筑及民居的聚落形态。伴随中东铁路修建而兴起的镇北村就是典型的交通型聚落，通过中东铁路修建时工人的进入以及建成后货物、旅客的中转，特别是俄国人的涌入，为镇北村所在的地域注入了大量的人流和独特的沙俄文化，造就了其风格特异的聚落形态（图4-2-10、图4-2-11）。

图4-2-4 镇北村民居景观远景图1（来源：崔家萌 提供）

图4-2-5 镇北村民居景观远景图2（来源：何欣然 提供）

图4-2-6 镇北村民居景观远景图3（来源：何欣然 提供）

图4-2-7 镇北村民居景观远景图4（来源：何欣然 提供）

图4-2-8 镇北村民居景观中景图1（来源：崔家萌 提供）

图4-2-9　镇北村民居景观中景图2（来源：崔家萌 提供）

图4-2-10　镇北村民居景观1（来源：周立军 摄）

图4-2-11　镇北村民居景观2（来源：周立军 摄）

第三节　行政管理型聚落

"行政"，指的是一定的社会组织，在其活动过程中所进行的各种组织、控制、协调、监督等活动的总称。在中国古代的发展历程中，行政则一般是指执掌国家政权，管理国家事务。例如，在《史记·殷本纪》曾记载："帝太甲既立三年，不明，暴虐，不遵汤法，乱德，於是伊尹放之於桐宫。三年，伊尹摄行政当国，以朝诸侯。"在《史记·周本纪》记载道："召公、周公二相行政，号曰'共和'。"这种行政的形式一般表现为中央的集权统治和地方的分权管理。而在这种行政制度之下，所形成的聚落形态也有所差别。

一、概述

行政管理型聚落，即由政治、军事、经济等活动所主导的，且具有一定管理权的聚居形态，由此而形成的聚落一般都成了一定区域范围内的政治、经济、文化中心，其规模也相对较大。在中国漫长的封建统治的过程中，随着中央集权的日益集中，从先秦的郡县制到明清时期的省制，等级的划分与管理也逐渐明晰与严格，从而对聚落的发展也形成了重要的影响。中国作为一个千年的农业大国，巩固王权的根基在于维持乡村农业生产的财富来源，所以，在对乡村聚落的不同行政管理下，也形成了不同的聚落形态。

黑龙江省虽地处边疆地区，但其同样有着悠久的历史，从先秦时代肃慎、东胡、秽貊三大族系的部分先民定居，到唐圣历元年（公元698年），粟末靺鞨首领大祚荣建立渤海国，再到清政府划出宁古塔将军（吉林将军）所辖之西北地区，增设镇守黑龙江等处地方将军，简称黑龙江将军，管辖黑龙江将军辖区，在更迭的政权和管理之下，形成了很多以政治管理为中心的聚落形式，并且根据政治形态的变化，其聚落的形态也会有相应的改变。另外，黑龙江省作为一个多民族聚居的省份，在不同的民族生活区域之内，也都存在其行政管理的中心聚落，以统筹民族内部自身的发展，例如满族、朝鲜族、三小民族（鄂伦春族、鄂温克族、赫哲族）、蒙古族等，亦会以族系的关系形成不同的管理形态。

此外，在近代黑龙江省的发展过程中，由于沙俄入侵势力的影响，进行了中东铁路的修建。在其修建过程中，形成了很多以铁路修建管理为中心的，集政治、经济等管理的聚落形式。由于其文化形态的差异，其聚落呈现的外在形态也与传统的聚落形成了很大的差异。

二、内政型聚落

内政型聚落，即以传统的政治为中心，统一集权管理的聚落形态。中国在漫长的中央集权管理过程之中，从中央到地方，为确保其权势的稳固以及管辖地域的安全，由其所延伸的聚落形态往往较为严密与庄重。黑龙江省在文明发展的过程中，历经了不同的政权的统治，形成了大大小小不同的政治形态，而在此形态之下的聚落所呈现的功能较为复杂，基本涵盖了政治、军事、经济等不同的内容，所以其所呈现的聚落形态也更为复杂多样。

（一）宁安镇

宁安镇，隶属于黑龙江省牡丹江市，位于黑龙江省南部，其东、南、北三面被牡丹江（松花江支流）环绕，东南方向与江南乡隔江相望，西侧与海浪镇接壤，北侧与市西安区温春镇接壤，距牡丹江市约30公里（图4-3-1）。

宁安镇，古称"宁古塔城"（满语），清初流人方拱乾曾在《绝域纪略》记载道："相传当年曾有六人坐于阜，满呼六为宁公，坐为特，故曰宁公特，一讹为宁公台，再讹为宁古塔矣。"宁古塔故此得名。宁古塔为满族先祖肃慎人故地、清皇族先祖所居之地（图4-3-2）。

据成书于清康熙初年的《宁古塔山水记》记载，宁古塔新城（今宁安镇）始建于清初康熙五年（1666年）夏四月，由将军和副都统率兵督修。"城方八九里，辟四门，东西南北通衢道。自圣帅、副统而下，八旗佐领，以至军伍、工匠，各分地有差。汉人则区划东郊，自为一城。"在新城完成之后，将军巴海率将军衙门全体官兵及全城百姓，从旧城（今海林市古城村）迁至新城。又据新编《宁安县志》记载，"后因吴三桂造逆，调兵一空，令汉人俱徙入城中……开店贸易。从此，人

图4-3-1 宁安镇地理区位图（来源：Google地图）

烟稠密，货物客商络绎不绝"，遂成为东北七大重镇之一。清康熙十五年（1676年），宁古塔将军衙门移驻吉林乌拉（今吉林市），留协领萨布素镇守宁古塔城。清康熙十七年（1678年），宁古塔协领衙门升格为副都统衙门。清宣统元年（1909年），撤销宁古塔副都统，同时升绥芬厅为绥芬府（翌年4月改称宁安府），移驻宁古塔城，遂为府城。

宁安镇作为历史上东北地区的重镇，在很长时间内都是政治、军事、经济的中心，不但承担着对黑龙江区域内的管辖与统治，同时还担负着抵抗沙俄侵略的职责。同时宁

图4-3-2 宁安镇旧貌（来源：张缙彦《宁古塔山水记》）

图4-3-3 横道河子镇地理区位（来源：Google地图）

古塔也是人们俗称的"流放之地"。在清入关之后，对它的"龙兴"之地进行了封锁，而以流人为主体所形成的流人文化，正好为本地的发展带来了不同文化形式的冲撞，使得其聚落的形式更加丰富多样。

三、外涉型聚落

外涉型聚落，即受外部政治、军事、文化等势力影响，逐步形成的非传统形态的聚落形式。黑龙江省近代逐渐受到沙俄势力入侵的影响，在其文化的输出之下，形成了风格特异的俄式建筑风格及聚落形态。特别是中东铁路的修建，使得沙俄的政治势力进入铁路的沿线地域，进行了相应的管理建设。在这种外来的政治势力的引导下，也带动了其沿线的相应聚落的发展开发，其具体的功能则为铁路的修建以及其军事、贸易势力进行管理。同时在其特殊文化的影响下，其聚落的风格样式也极具特色。

（一）横道河子镇

横道河子镇，隶属于黑龙江省海林市管辖，处于海林市境内西部。东与海林镇、柴河镇为邻，南与山市镇接壤，北靠二道河子镇，西连尚志市。横道河子镇地处完达山脉张广才岭腹地，周围群山环抱，水资源丰富，平均海拔约900米，属于湿冷的高山气候，景色优美，自然资源丰富（图4-3-3、图4-3-4）。

"横道"，是满语中"横甸"的音译，和"红甸""甸

（a）正射影像图

（b）实景图

图4-3-4 横道河子整体风貌（来源：哈尔滨工业大学城市规划设计研究院 提供）

子"一样,都指的山间平地。300多年前,在此地生活的满族先祖将这里称为"横甸窝集""玛展窝集",曾在《宁安县志》中记载道:"玛展窝集,宁古塔西北一百二十里,密占河发源于此。"由于地理位置相对偏僻,所以聚居人口相对较少。

由于此地处于哈尔滨与牡丹江之间的咽喉要道之上,在军事、交通等方面具有举足轻重的地位。1896年3月,清政府与沙俄政府签订了《中俄御敌相互援助条约》(简称《中俄密约》),沙俄假借合作之名,开始了在中国东北地区的强行的筑路工程,也就是中东铁路的建设。由于横道河子镇处于交通要道之上,同时周围自然资源充沛,所以沙俄在此地设置了铁路交涉分局等军事交通机构,使得此地成了沙俄重要的军政机关所在地,以此来管理中东铁路以及对区域的统辖。

在中东铁路修筑之前,由于地理位置偏僻,人烟稀少。伴随着沙俄修筑铁路的介入,一些沙俄人开始在此地修筑别墅和公寓,并开设工厂和商行。在沙俄的开发之下,城镇聚落逐渐发展起来,高楼林立,有"花园城镇"之称,现仍留有许多历史古迹。据统计镇内至今仍有256栋1901～1905年建成的俄式风格建筑,其中国家级保护建筑5处,市级保护建筑104栋。我国现存的唯一一处木制东正教堂原址、中东铁路机车库等建筑,都完整的保留至今。在沙俄文化的影响之下,使得整个聚落的风貌和布局及建筑的风格都和中国传统类型的聚落相差较大。这种外来势力的入侵统辖及其所带来的特殊的外来文化造就了具有独特风格特色的横道河子镇(图4-3-5、图4-3-6)。

村落整体处于"两山夹一沟"的特殊地形之中,地势高峻,山峦重叠,林木茂盛,水系发达。村南侧有横道河水自西北向东南在镇中部穿过。村落基本可分为两部分:居住组团和历史居住组团。村内有九条主次干道,31条巷道,被穿镇而过的铁路、河流分为三部

图4-3-5 中东铁路机车库及其周边环境(来源:哈尔滨工业大学城市规划设计研究院 提供)

图4-3-5 中东铁路机车库及其周边环境（来源：哈尔滨工业大学城市规划设计研究院 提供）（续）

图4-3-6 横道河子民居（来源：周立军 摄）

分，铁路西侧为历史文化街区、铁路与河流之间为商业街区、河流东侧为居民生活区。村落东南侧的历史居住组团中俄式建筑及建筑群较多，基本保留着早期以行列式为主的居住形态，铁路空间狭长，零星分布着一些早期俄式住宅，居住形态呈现带状。村落西北一侧以中华人民共和国成立后的建筑为主，居住形态以自下而上的自然形态为主。村落北面靠山、南侧傍水，地势北高南低，依托铁路及河流生长发展，建筑形态符合俄罗斯乡间别墅式错落有致的建筑布局。

第四节 防御型聚落

防御，即应对外界变化对自身影响所做出的一系列的反应及措施。防御作为人最基本的反应属性，往往也付诸于所处的周边环境。中华民族作为一个内倾向性的民族，自我的防御意识也相对明显，大到城池，小到村寨，都包含了应对军事战火、自然灾害、盗匪劫掠等的防御智慧，反映到所展开的聚落内部，其形态样式也独具变化。

一、概述

防御型聚落，就是以自然环境为依托的，或人为设防的，具有鲜明防御特征的聚落。防御作为聚落的基本属性，对于不同的聚落而言，其所针对的内容也有所不同，例如防战火、防水、防盗等，从而设置以防御功能为主的设施或构建，如围筑堡墙、垒建望楼、挖掘河沟等。由于其防御的特性，所以此类型的聚落形态相比较为封闭，其不同类型的防御设置也成了聚落的标志所在，给人以威慑的同时达到守卫的效果。

黑龙江省虽地处边疆，开发相对较晚，但随着文明的发展，在地域政权的交替中，不同地域、聚落等也在不断地发生着纷争，自然而然地形成了许多以防御为主导的聚落形态。同时也正是黑龙江省所处的漫长边境线，使得与外界的纷争和冲突不断地增加，特别是近代以来沙俄势力的不断入侵，对主权和领土造成了一定的打击，所以在此背景之下，清政府通过调兵设府等措施，形成了诸多驿站，以抵抗还击外来的侵略势力。所以在驿站的带动下，形成了许多以军事防御为主的驿站型聚落，这种类型的聚落在信息传递、抵抗外敌、物资储备等方面都发挥着重要的作用。此外，在古代被贬、被俘之人部分都发配至黑龙江境内，一方面进行军事防御，另一方面进行农业开垦，促进了黑龙江地域的开发。

二、戍边型聚落

戍边型聚落，即戍守边疆的聚落形式。黑龙江省处于中国东北部，直接与外国相接壤，拥有较长的边境线。从古至今，对于境外的防御都是统治者及政府所关注的重点。特别是在清政府的管辖之下，面对沙俄势力的不断侵扰，在清康熙二十二年（1683年），正式设黑龙江将军衙门，以此来统领反击抵御沙俄的入侵势力。特别是在清朝光绪年间，为抗击沙俄等外来的侵略势力，在黑龙江的边境线上主要设置了32处驿站，由墨尔根（今嫩江）修至漠河金矿驿站，形成串联的形式，来共同抵御外敌，主要分布在现嫩江县、呼玛县、塔河县及漠河县境内。以驿站作为支点，进行军事信息的传递、军队的调动、物资的储备等，从而形成了功能较为完备的戍边型聚落形态。

（一）瑷珲村

瑷珲村，隶属于黑龙江省黑河市爱辉区瑷珲镇，位于黑河市东南部。属于沿江村，距城区约32公里，南邻城关村，北邻头道沟村，西邻西三家子村，东邻黑龙江畔。地理位置在东经127°48′，北纬49°98′。地势平坦，黑土肥沃。气候湿润，雨量充沛，春季高温多风，夏季雨热同现，秋季降温急骤，冬季寒冷干燥，冬长夏短、四季分明（图4-4-1～图4-4-8）。

瑷珲村所处区域具有悠久的历史背景。对于"瑷珲"一词的含义，一种说法是因旧瑷珲城附近有瑷珲河，故而得名，达斡尔语意为"可畏"；另一种说法是，在满语中"瑷珲"为"母貂"之意，因明末清初这一带以产貂闻名。瑷珲建城，始于清初。为了抗击沙俄武装入侵黑龙江流域，清康熙二十二年（1683年），清政府决定，设置黑龙江将军，屯垦戍边，建城永戍。翌年春夏之交，在被沙俄武装入侵而变成废墟的古瑷珲旧址上重新筑城（今俄罗斯境内维谢雪村），历时两个半月告成。因其右濒黑龙江，又是黑龙江将军驻地。清康熙二十四年（1685年），鉴于瑷珲旧城僻处江东，与内

图4-4-1 瑷珲村地理区位图
（来源：Google地图）

图4-4-2 瑷珲远景1（来源：张少丹 提供）

图4-4-3 瑷珲远景2（来源：张少丹 提供）

图4-4-4 瑷珲远景3（来源：张少丹 提供）

图4-4-5 瑷珲远景5（来源：何欣然 提供）

图4-4-6 瑷珲中景1（来源：张少丹 提供）

图4-4-7 瑷珲中景2（来源：张少丹 提供）

图4-4-8 瑷珲近景（来源：张少丹 提供）

地交通和公文往来诸多不便，清政府决定，将黑龙江将军衙门迁至下游12里的江西，在被沙俄焚毁的我国达斡尔族屯寨托尔加城的废墟上，重新修筑城寨，仍为"瑷珲城"，即新瑷珲城，亦称"黑龙江城"。对于新瑷珲城，曾在《盛京通志》中记载道："内城植松木为墙，中实以土，高一丈八尺，周围一千三十步，门四。西南北三面植木为廊，南一门，西北各二门，东面临江，周围十里"。黑龙江将军和黑龙江副都统同驻一城。直到清康熙二十九年（1690年），黑龙江将军衙门移驻墨尔根城，留设副都统驻守。后在"庚子俄乱"中被沙俄烧毁，于1907年被重新修筑，被后人称为"戍边龙兴地"。

在这种军事防御的背景之下，聚落的主要功能和形式主要是为驻守军队服务。从而在村落中设置了许多以防御功能为主的设施或构建，如围筑堡墙、垒建望楼等（图4-4-9）。虽然经历了战火的洗礼以及后期的重新开放，但也留下了部分防御性的构建，如现在的瑷珲记忆馆、瑷珲海关等，虽然已经不能承担它原始的职能，但作为村落形成和发展过程中的重要组成部分，对传统村落的布局和空间形态都有着直接的影响（图4-4-10）。

三、驿站型聚落

驿站，是古代供传递军事情报的官员途中食宿、换马的场所。主要为边疆防卫军传递信息，由古老海关、水师、海军所管。我国是世界上最早建立组织传递信息的国家之一，邮驿历史长达3000多年。驿站在我国古代运输中有着重要的地位和作用，在通信手段十分原始的情况下，驿站担负着各种政治、经济、文化、军事等方面的信息传递任务，在一定程度上是物流信息的一部分，也是一种特定的网络传递与网络运输。我国古代驿站各朝代虽形式有别，名称有异，但是组织严密，等级分明，手续完备是相近的。封建君主是依靠这些驿站维持着信息采集、指令发布与反馈，以达到封建统治控制目标的实现。在这种驿站文化的影响下，部分驿站周围以此为基础逐步由聚落发展起来。

驿站型聚落，即围绕驿站所形成的具有信息传递、物资储存、军事防御等功能的聚落形式。驿站作为中国古代交通运输的重要组成部分，往往成为一定区域的节点，以此为依托所衍生的聚居地，通过农业开垦、商品交易等逐渐形成一定规模的聚落，或是在驿站的带动下，原有的聚落形态进行相应的改变。由于驿站多具备

图4-4-9 瑷珲村原形态
（来源：程龙飞 提供）

军事及战事信息传递的作用,所以很多驿站聚落一般都具有军事防御的性质,特别对于边防的区域而言,这种驿站型的聚落就显得尤为重要,其形态也与其他类型的聚落存在一定的差异性。相对于戍边型聚落而言,其部分的聚落形式防御特性有所降低,并且多由流人所构成。

黑龙江省地处偏远地区,在古代作为流放之地,形成了独具特色的"站丁文化"。站人,是对古代驿站站人及家属的统称。黑龙江的站人族群主要来源于清代吴三桂旧部后代。平定吴三桂叛乱后,随同的降部被发配到盛京、吉林等地充当驿站站丁。雅克萨之战后,又被派往黑龙江充当站丁,负责递送公文、押送罪犯、迎送官员、运送弹药、军粮等。在"站丁文化"的影响下,自然形成了许多以驿站为依托的聚落形式,来为军队提供驻扎的场地或是开垦荒地。例如头站,又名摩尔根站(现为嫩江县城);十八站,又名谭宝山站(现为鄂伦春族民族乡);三十站(现为漠河乡)等。在此影响下,使得中原文化与黑龙江省传统的地域文化相融合,以此所形成的聚落形式也独具特色。

(一)富宁村

富宁村,隶属于黑龙江省齐齐哈尔市富裕县,位于黑龙江省西部,嫩江中游东岸,处于由平缓起伏的漫岗向平原的过渡地段;属中温带大陆性季风气候,冬寒夏暖,四季变化明显;距齐齐哈尔市约65公里,距哈尔滨市约350公里。富宁村作为一个传统村落,拥有百年的历史,同时有着特殊的边疆"驿站文化"(图4-4-11)。

图4-4-11 富宁村地理区位图
(来源:Google地图)

图4-4-10 瑷珲村现状（来源：周立军 摄）

清朝康熙时期，在清政府平定了三藩之乱后，将部分降服的官兵发配边疆戍边。在《龙城旧闻》中曾写到，三藩之乱中降服的吴三桂官兵，大多已被编入清军，余下的则被"发遣极边，由山海关内外各站匀拨来江，充邮卒，当苦差，世为站丁"，这些人就被俗称为站人。宁年驿站就是清康熙二十五年（1686年）设立的从吉林乌拉到瑷珲的20个驿站中的一个，而宁年驿站也就是现在的富裕县友谊乡富宁村。"宁年"是满语，全称为"宁年鄂漠""宁年"是大雁的意思，"鄂漠"是泡子（在山坳处或低洼地带长时间集聚而成的小型湖泊）的意思，"宁年鄂漠"也就是大雁所栖息的泡子。这些站人除了戍守边疆，抵御外来沙俄的入侵，同时利用官府所赐的耕牛屯田戍边，又向当地少数民族学习狩猎、捕鱼，过着"棒打狍子瓢舀鱼"的富裕生活。古驿站的富庶，大多应归功于其辽阔的土地和勤劳的"站人"以及当地淳朴的少数民族在其发展过程中所做出的贡献。由于大部分站人都为关内人，所以他们也将中原先进的农业生产技术带到了这里，促进了这里聚落的发展。

第五章

聚落的环境与景观

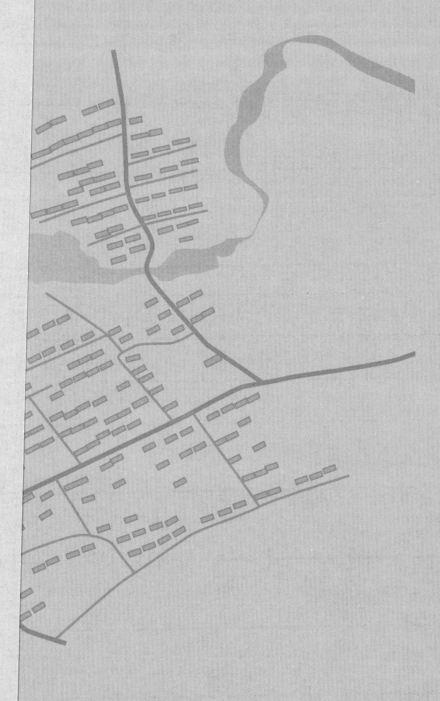

第一节 聚落景观要素构成

本章对聚落的景观环境按照自然景观与人文景观进行分类阐述，并阐述聚落的景观要素构成。各个聚落环境要素之间可以相互利用，并因此而发生演变，其动力源由主要是自然环境现状与人类社会活动的相互作用。丰富的自然资源、因地制宜的生活生产、多元的风俗文化等久之产生了独特的聚落景观。

一、自然景观要素

乡村聚落自然景观是指自然要素彼此影响而形成的自然综合体，自然环境是乡村聚落景观设计的基础，优美秀丽的乡村聚落景观一般都是以自然景观为基础，乡村聚落景观的发展受自然景观的特征和形态所影响。黑龙江省土地肥沃，矿产丰富，自然风光优美。绵延的山脉、绚丽的气象、丰富的林地、河流、动植物等构成了黑龙江乡村聚落的自然景观空间。

（一）山地山脉

黑龙江传统聚落由于地理位置与外界接壤较多，形成了多民族共存的一种生活状态。在外观上，聚落的肌理形态是多样的；在内涵上，聚落的文化是多元的。多民族聚落文化的形成与黑龙江的地理位置、自然地貌密不可分。黑龙江地区有着丰富的山地山脉自然景观。其山脉西北方向接伊勒呼里山，东南到松花江畔，总长约500公里。山势低缓，海拔600～1000米。分水岭西南坡缓而长、东北坡陡而短。东南段主要露花岗岩和变质岩，为长期隆起剥蚀区。小兴安岭西与大兴安岭对峙，又称"东兴安岭"，亦名"布伦山"，纵贯黑龙江省中北部。小兴安岭东北部是低山丘陵，是松花江以北的山地总称。西北部以黑河至孙吴再至德都一线与大兴安岭为界，南部以德都至铁力再至巴彦一线与松辽平原分界。总面积约13万平方公里，其中丘陵约占53%、浅丘台地约占10%、低山约占37%。岩石构成以铁力至嘉荫一线为界，以南主要是花岗岩和片岩；以北主要是玄武岩、页岩和砂砾岩。山势和缓，北低南高，伊春附近的大箐山海拔约1203米。地貌相比差异显著，南坡山势浑圆平缓，水系绵长；北坡陡峭，成阶梯状，水系短促。北部多丘陵台地，地表以砂砾岩、玄武岩为主，河谷多宽谷；南部低山丘陵区，多露出海西期花岗岩，河谷多形成"V"形谷。在西部有几个火山群：德都五大连池火山群，有14个火山丘；科洛火山群，有5个火山丘；二克火山群，有3个火山丘；尖山火山群等。其中五大连池火山群最年轻，素有"火山博物馆"之称，1720年其中的老黑山、火烧山火山喷发，熔岩流堵塞了讷莫尔河支流，形成五个串珠状堰塞湖，称为"五大连池"。它是我国第二大火山堰塞湖和著名的游览胜地。

山地山脉的变化构成了黑龙江地区丰富的自然景观资源，并且对乡村聚落空间形态的影响十分明显。黑龙江省乡村聚落整体布局多为带状、集团式以及卫星式三种形式。特别是在黑龙江省大小兴安岭及完达山山脉地区，这种影响尤为突出。在中国的传统文化中，一直崇尚农耕生产，平坦的土地是最优良的耕作场地，同时也基于对自然尊重的态度，在聚落建立择地时候，建筑多择基建造，并依托山地地貌特征而建造房屋，将平坦的土地留作耕种。从整个聚落景观来讲，地形的高差可以为人们提供俯视或者仰视的视觉效果，错落高低不同的房屋，威严盘曲的步道显得错落有致，层次分明。

（二）冰雪极光

气象景观是一种自然现象，同时可以看作一种自然资源，即气象景观资源。气象景观资源作为自然景观的一部分，具有独特的观赏性，并可利用气象资源发展旅游产业。气象是指大气层中发生的各种物理现象与物理过程。其中包括云雾雨雪、风光雷电等。不同的气象景观与其他景观叠加在一起时，就会形成独具特色的美感。而黑龙江最有代表性的气象景观便是厚实的冰雪与梦幻的极光。"北国风光，千里冰封，万里雪飘。"在黑龙江省，拥有漫长的雪季，拥有极致的冰雪美景，宛若奇幻的纯真世界，素有"冰雪之冠"的美誉，是冬季观赏冰雪景观的最佳去处。冰雪覆盖下的聚落也更为壮丽奇特。

例如雪乡聚落，开车在苍莽延绵的林海雪原中穿行，路旁笔直挺拔的白桦树不断地在眼前掠过，仿佛在欢迎这些远道而来游玩雪乡聚落的人们。山上、树上、房顶上白雪皑皑，仿佛涂了一层厚厚的"奶油"。街道两旁家家户户挂起了红灯笼，房檐下挂着一根根晶莹的冰凌，低矮的树桩也变成了一颗颗"雪蘑菇"。洁白的雪花在空中飞舞，整个雪乡宛如一个粉妆玉砌的世界。还有黑龙江北部的大兴安岭地区的边陲小镇，漠河镇北极村。在这里可以观赏到北极光横空出世，光彩超然的风采。这是我国唯一能欣赏那光耀天地、奇异瑰丽的"北极光"的地方。

如今，黑龙江的冰雪极光附带着显著的文化内涵，这些气象自然景观资源有着造型美、色彩美、动态美等魅力，从视觉上给予人们震撼。一个独特而鲜明的气候气象环境往往承载着一定的历史文化，也寄托着人文情感。

（三）水体

水环境是指自然界中水的形成、分布和转化所处空间的环境，可围绕人群空间直接或间接影响人类生活和发展的水体，也有的指相对稳定的、以陆地为边界的天然水域所处空间的环境。水环境主要由地表水环境和地下水环境两部分组成。地表水环境包括河流湖泊、沼泽池塘等。地下水环境有泉水、浅层地下水、深层地下水等。水系是聚落环境构成的一项重要因素，是聚落社会生产生活赖以生存和发展的重要场所。

传统聚落的选址，多选择在背山面水的地方，即依山傍水。水源是人类赖以生存的生命线，没有水源的人类聚落难以发展。良好适应并改造水系有利于聚落的兴起，取水饮水，浇灌农田，水上交通，抓捕鱼类等离不开水环境，并且水系还具有景观效益。古代文人骚客便寄情于山水之间，而人类活动与对水环境设计、改造行为也反映出人类文明进步的足迹，体现出人类的创造力和改造自然并与之和谐相处的能力。良好的水系环境能够营造出高品质的人居物质和精神生活。

黑龙江乡村聚落的水系形态可抽象归纳为点、线、面三种形式。点状形态可以是自然环境中泉眼或是人工构筑的池、井等。在一些建筑组群的中心区域也会有一些小型水面景观作为人们休憩观赏的地方。线状水系例如溪流、小河等河道以线形形态在聚落边缘或其中穿越，或稀或密，似带似网。建筑多沿河流一侧或两侧布置，随着水流的引导使建筑群组成有序空间。面状形态例如池塘、湖、海等宽泛的江河水面都可认为是面的形式，宽阔、平整是其特点（图5-1-1）。总之，水环境在聚落环境要素中是一项重要的因子。因为黑龙江乡村聚落多以农业耕作为主要的劳动形式。农业生产离不开水的灌溉，这也形成特色的水系景观。而且乡村聚落经过多年建设，建设取土都会有面积大小不一的土坑，经过多年的沉积，土坑逐步变成池塘，池塘冬季多成为儿童玩耍的滑冰场，夏季可以喂养鸭、鹅之类的水禽，池塘一般距离院落有一定的距离。池塘区域是构成聚落意向的重要组成，局部的景观特色丰富了乡村聚落的整体空间节奏布局。

图5-1-1 牡丹江镜泊湖自然风光（来源：周立军 摄）

（四）植物及动物

　　黑龙江省连绵起伏的大兴安岭、小兴安岭、张广才岭、老爷岭构成了全省以山林为主的自然景观，并有着丰富的动植物资源。其中森林树种达100余种，利用价值较高的有30余种。例如小兴安岭林区西北部以兴安落叶松、白桦为主，东南部以红松、鱼鳞松、臭松、水曲柳、椴树等为主，得天独厚的自然生态条件，繁衍生长着红松等许多珍贵树种。丰富的植物树种不仅是重要的景观资源，还能促进聚落的长久发展。全省林地面积占整个土地面积的近一半（图5-1-2、图5-1-3）。此外，还有松嫩平原和三江平原，在这些复杂的地域中分布着2100余种的植物，其中具有经济价值的有1000

图5-1-2 小兴安岭树木（来源：周亭余 提供）

图5-1-3 伊春原始森林（来源：周亭余 提供）

余种。这些植物资源按用途可分为药用植物、食用植物、野果植物、淀粉植物、油料植物、色素植物、芳香植物、蜜源植物、饲料植物、木材植物、树胶植物、树脂植物、纤维植物、环保植物、观赏植物、农药植物、蹂料植物等17大类。在木材植物中有全国十分珍贵的红松、黄菠萝、核桃楸、水曲柳、东北红豆杉等，食用植物是黑龙江省野生经济植物中分布较多、储量较大的一类，其中以蕨菜、薇菜、老山芹等产量为最大。

在丛山密林中，栖息着许多珍禽异兽。黑龙江省野生动物共476种，其中兽类88种、鸟类361种、爬行类16种、两栖类11种。属国家一级保护的兽类有东北虎、豹、紫貂、貂熊、梅花鹿5种，鸟类有丹顶鹤、大鸨、白鹳、中华秋沙鸭等12种；属国家二级保护的兽类有马鹿、黑熊、棕熊、雪兔等11种，鸟类有大天鹅、花尾榛鸡、鸳鸯等56种。其中有许多是黑龙江省乃至全国十分珍贵的野生动物，如东北虎、紫貂、梅花鹿、马鹿等。鸟类中久负盛名的"飞龙"即为分布在全省的花尾榛鸡。在聚落长久发展组织下，它们与当地居民共同和谐地生活在这片富饶的土地上。

二、人文景观要素

历史人文环境也是影响村落风貌特色的重要因素之一，它包括聚落人民的态度、观念、信仰系统、认知环境等。它是社会本体中隐藏的无形环境，是一种潜移默化的民族灵魂，并且在此基础上又可以形成人文景观。它是人们在日常生活中，为了满足一些物质和精神等方面的需要，在自然景观的基础上，叠加了文化特质而构成的景观。它包括具有标志性的建筑物、构筑物，聚落生产生活节点等。

（一）建筑物

传统建筑是构成黑龙江传统聚落的重要组成部分，也是体现黑龙江传统建筑地域性的一部分。建筑物有广义和狭义两种含义。广义的建筑物是指人工建筑而成的所有东西，既包括房屋，又包括构筑物。狭义的建筑物是指房屋，不包括构筑物。房屋是指有基础、墙、顶、门、窗，能够遮风避雨，供人在内居住、工作、学习、娱乐、储藏物品或进行其他活动的空间场所。有别于建筑物，构筑物是没有可供人们使用的内部空间的，人们一般不直接在内进行生产和生活活动，如烟囱、水塔、桥梁、水坝、雕塑等。

黑龙江传统建筑中的建筑物按照人类生活活动性质及具有可供人们使用的内部空间来分，一般包括庙宇祠堂、古楼、四合院等。例如，在村落中有一些村民用于祭祀、祈福等礼仪习俗行为和宗教活动的建筑。礼俗活动包括家祭、村祭等祭祀活动以及庆祝春节、元宵节等节庆活动，祭祀对象除了祖先外还有土地公、灶王爷、龙王爷等。节庆活动通常是指秧歌和地方戏等歌舞表演。宗教活动包括前往道教、佛教的庙宇进行祈福以及天主教徒、新教徒等进行祷告。这些建筑物主要是指庙宇空间、祠堂空间以及教堂等。

（二）构筑物

构筑物一般指人们不直接在内进行生产和生活活动的场所。通常情况下，所谓构筑物就是不具备、不包含或不提供人类居住功能的人工建筑物，如水塔、烟囱、栈桥、堤坝、蓄水池等。村落的构筑物是构成聚落景观的重要因素之一。例如，村落的牌坊、亭子、塔、甚至碑林等各种公共活动设施和标志，它们容纳了村民的日常生活，是村落社会生活的承载者，具有一定的历史人文价值。传统村落中存在着一些构筑物，如亭台等人工景观构筑物、牌坊、石桥等。由于其特征明显，所以在村落中具有一定的标志性。村落中的古桥、亭台、古井均是人文环境下的构筑物。

以齐齐哈尔市鄂温克乡索伦村为例，索伦村近来被评选为中国传统村落，其村落的布局肌理具有一定的传统性和传承性，村落风貌具有一定的鄂温克族民族特色。在索伦村布局中以鄂温克文化广场形成了一定的空间节点。该广场为村中的开阔地带，邻近一条村中要道以及自然区和耕种地带，广场设置有雕塑、凉亭、图腾柱等，具有一定人文景观价值，并且可以提供运动健身、聚会活动等功能。该广场的存在为居民提供了休闲活动的空间，同时使得村落肌理更加丰富（图5-1-4~图5-1-13）。还有一些图腾柱、雕塑、景观石等构筑物均为村落中人文景观，具有丰富的人文内涵与历史价值。

（三）园林绿化

绿化是指栽种植物以改善环境的活动。而聚落的绿化具体行为可包括栽植防护林、道路旁树木、果园、农作物以及院落内栽植树木、种植小菜园等。绿化可改变环境卫生，改善局部区域小气候并能增添良好的景观视觉效果。长期生活在黑龙江村落的民众通过绿化手段来调节居住环境质量的问题，例如在院落北面种植高大的乔木，能够有效地抵抗冬季盛行的寒风，为院落空间创造一个相对稳定的气候环境，减弱外界气候波动给建筑带来的不利影响。并且在夏季有利于消暑乘凉，使庭院与室内环境凉爽宜人。

聚落内的树种是经过长期自然选择的产物，能够很好地适应当地的极端气候条件和土壤条件。如蒙古栎、

图5-1-4　索伦地形图

图5-1-5　索伦远景图1

图5-1-6 索伦远景图2

图5-1-7　索伦远景图3

图5-1-8 索伦中景图1

图5-1-9 索伦中景图2

图5-1-10　索伦中景图3

图5-1-11　索伦近景图

图5-1-12 鄂温克文化广场鸟瞰图（来源：程龙飞 提供）

图5-1-13 鄂温克文化广场文化石（来源：程龙飞 提供）

白桦、旱柳、家榆、丁香、锦鸡儿、山杏、樟子松、云杉等，作为黑龙江省一些地区主要乡土树种，经过长期的栽植驯化及自然选择，能很好地适应当地的气候、土壤条件，抵御极端气候，与当地的生态环境系统融合性极好，可作为当地绿化的主栽树种。另外，村落中分布的多处名木古树也具有一定的景观观赏价值，应予以标注保护，避免损失。但有的人认为有些乡土树种太普通、太常见，作为观赏保护树种没档次、不稀奇，因而盲目引进外来树种，无视地区差异，北方栽植江南树。大力采用外来树种以达到观赏效果，摒弃乡土树种，导致绿化树种生长不良、成活率不高，不仅劳民伤财，造成严重浪费，而且绿化效果不佳。

因此，应加大应用乡土树种的宣传，乡土树种的生长优势和生态适应性是外来树种无法比拟的，加大宣传力度，把握舆论导向，大力宣传乡土树种的优势。相关研究部门要挖掘、介绍各地具有地方特色的乡土树种的生物性及生态学特性，以及培育、栽培等有关技术，便于人们对乡土树种有更多的了解，增加人们对乡土树种的认可和好感，为其广泛应用打好基础，使黑龙江省的传统乡村聚落都具有以当地乡土树种为主体的地方特色。如地处西部半干旱风沙区的大庆、齐齐哈尔地区以抗旱抗寒的灌木乡土树种为主体，建成具有风沙草原特色的西部都市，牡丹江、伊春则以红松、白桦等针阔混交的乡土树种为主体，建成具有代表黑龙江省典型林区特色的森林氧吧。

绿化不仅起到美化环境的作用，还具有一定的经济效益。例如，栽植果树在不同季节硕果累累的丰收景象，漫山遍野、宅前屋后随处可见。在黑龙江一些以果树栽培为主要产业的村落，多分布在山区与半山区，居民的主要劳动和收入来源以林业生产为主。这些村庄一般山林分布广，耕地较少，这种聚落人口稠密，林村一般规模小，且分布零散，聚落间距也较小。如黑龙江省大庆地区杜尔伯特蒙古族自治县在政府的大力支持下积极开辟林业增收新途径。引进了红松嫁接穗，计划在江湾乡、腰新乡、新店林场等地进行嫁接，面积达2000亩，并且修建滨江公园，种植地区树种营造人工景观。不仅美化聚落的环境，并且提高了当地经济水平。再有近年来，黑龙江省呼玛县当地一些村庄结合林业及林地情况，因地制宜，为了更有效发挥林业资源优势，开拓林业发展思路，挖掘林业发展潜力，积极探索林业经济发展模式，有效推动了生态环境、经济效益的协调发展（图5-1-14、图5-1-15）。

（四）农田鱼塘牧场

稻田，其本意为生长水稻的水田或者种稻的田地。聚落环境稻田占有很大比重。黑龙江省主栽粮食作物为

图5-1-14 大庆滨江公园小岛景观风光（来源：周亭余 提供）

图5-1-15 呼玛县人工防护林（来源：周亭余 提供）

玉米、水稻和大豆，黑龙江省的耕地面积是东三省最大的，其中三江平原、松嫩平原更是中国的大粮仓。目前种植面积比较大的作物是水稻和玉米，而且黑龙江还是世界三大黄金玉米带之一。仅在黑龙江农垦建三江管理局，水稻的种植面积就接近900万亩。而其中的几个大型的国有农场每年生产水稻十几亿斤。稻田这一聚落环境要素广泛存在于乡村之中，其面积是非常大的，占据了乡村景观的绝大部分。它是一种生存的艺术，是真善美的和谐统一，是千百年来人类对土地及自然过程和格局适应的智慧结晶，作为聚落的景观，稻田承载了特定地域人们的生存与生活的历史。它是最朴素、最自然的环境，是和谐的人地关系的突出表现。稻田不仅有生产功能，还具有艺术性和审美性，不同地域的稻田呈现不同的尺度、形状、色彩。不管是一望无垠的平原还是层层叠叠的梯田，不论其形状是方方正正的排列还是不规则的地块分割，无不展示着稻田自身的优美，无不体现着人与自然之间的和谐关系。稻田景观主要由农作物、防护林、水渠、田埂、耕作的人、场景等构成，能形成一幅和谐、优美的田园画卷（图5-1-16、图5-1-17）。

稻田是农业景观物质要素中最重要的一部分。稻田的色彩伴随季节生成不同的季相，带来不同的景观体验。同时，色彩会直接影响一个空间的气氛，使人产生不同的情感，是聚落景观中无法忽略的环境要素。另外，不同季节不同作物使稻田的肌理形态也会有所不同。春季播种，插秧前的稻田中，稻茬的排列形成的肌理清晰明确，富有秩序感；夏季成长，单一农作物有秩序的重复会带来视觉的震撼，形成的肌理富有极简景观的韵味；秋季丰收，农作物收获之后，金色的麦田象征着收获与喜悦，给人带来极大的满足感；冬季雪飘，大雪后的稻田里，白雪覆盖在剩余的稻茬土上，茫茫一片，一尘不染的视觉享受。

池塘（鱼塘）是农村最普遍的养鱼方式，尤其是山区、丘陵地区。一般在山脚下低洼处或者半山腰的山腰处修个堤坝，一个小池塘就建好了，这样既可以养鱼，也可以用于旱季时给下游农田灌溉。池塘里面各种鱼类都能混养，草鱼吃草，鲢鱼、鳙鱼等则以草鱼的粪便和其他浮游生物为食，这样有利于水质的净化，所以鱼塘也是社会生产景观的一种。而稻田养鱼在黑龙江省的山区较多，一般养的是一种叫稻花鱼的种类。稻田养鱼管理起来稍显麻烦，但可以形成独特的复合性农业生产景观。

另外，牧场也是聚落人文景观的一部分。例如黑龙江垦区富裕牧场柯尔克孜民族村由柯尔克孜、蒙古族、达斡尔族等六个民族构成。这个具有百年历史的老村是黑龙江省柯尔克孜族两个主要聚居村之一。民族村的畜牧养殖区具有独特的景观风光。现阶段，富裕牧场垦区已是黑龙江省西部民族文化底蕴深厚、景色优美的旅游胜地。

图5-1-16　秋季稻田景观（来源：周亭余 提供）

图5-1-17　田园木栈道游览（来源：周亭余 提供）

第二节　聚落自然景观

自然环境是人类社会赖以生存和发展的物质条件，是人们活动的场所，它为社会物质生活提供必要的物质和能量资源，其条件的优劣能够加速或延缓社会的发展。虽然自然环境不能对社会性质和社会发展方向起决定作用，但却是村落自然景观发展的根本和特色所在。聚落环境的现状与居民的活动有着不可分割的关系。农业、林业的生产是居民赖以生存的生活保障与经济来源，同时又构成了聚落的景观环境。并且根据不同的自然环境，又将聚落景观分为滨水村落景观、山林村落景观、特殊气候村落景观。滨水村落景观有着丰富的水资源，渔业发达，从而形成独特的水系景观。特殊气候村落如雪乡、北极村等，有着独一无二的自然气象景观。

一、滨水村落

黑龙江省水资源丰富，有黑龙江、松花江、乌苏里江、绥芬河等多条河流径流而过，同时有兴凯湖、镜泊湖、五大连池、莲花湖、连环湖、桃山湖等众多湖泊，因而产生了众多的滨水村落，在此基础上受各地资源限制又形成了各具特色的滨水村落形式。河流流域的村落整体沿着水系呈带状分布，也有少部分的滨水系村落街巷空间呈现出规整的方格网状或是树枝状。滨水系村落沿河道、水系的走势进行整体布局，这样既顺应了地形、地势，又创造了良好的村落空间肌理，形成各具特色的滨水村落景观。村落在水体、水旁植物的映衬下，所形成的色彩、倒影有着浓厚的诗情画意。水体丰富的变化形式，植物的自然性与可塑性使得滨水聚落具有山水田园的意向，并且以水环绕的建筑组群可以产生"流水周于舍下"的水乡情趣。水在流动中与河岸、山石、植被等发出摩擦还会产生"山石有清音"的悦耳美感。

水是重要的环境要素，传统村落的产生和发展始终离不开水的滋养。即便是较为干旱的村落，水依然对村落选址、村落结构、景观和乡土文化等各方面有着重大的影响。传统村落依赖水、利用水、改造水，形成了内涵多元、价值珍贵、特征明显的村落水环境空间。临水村落以水为依托，进行适水性营建，对水环境设计、改造，将人类活动与自然环境相结合。其目的是保护、利用、引导和控制水这种资源，协调人与水的和谐关系，引导人的视觉感受和文化取向，创造高品质的人居物质和精神环境。对于滨水村落，其空间要素具有多样性：水口、水街、水圳、桥、池塘、溪流，乃至村落的整体景观，都是村落水环境空间的要素，这些是人的视觉能直接感触到的。

村落水环境空间的层次由宏观到微观，可分为整体环境空间层次——村落选址与整体形态；村落空间结构骨架层次——村落街巷空间；村落院落层次——村落建筑与构筑物。这是地域文化的结晶，传统村落营造的积淀，是人与自然和谐共生、交融发展的结果，因此也是传统村落山水田园景观环境的重要组成部分。近些年，这些"片段"以惊人的速度被破坏，故继承传统村落水环境空间的营造手法是建设有特色的村落临水景观的关键。传统村落对水这种环境要素的尊重体现了传统村落尊重环境、师法自然、天人合一的村落营造思想，其对自然环境的积极反馈中体现出的朴实的建造手法，非常值得学习和借鉴。

形态多样的水环境还滋养着丰富的鱼类资源，一些以捕鱼为生的民族逐渐形成了黑龙江的"渔"文化。例如鄂伦春族、赫哲族等，他们主要以捕鱼为生，兼有狩猎和采集等生产劳动，为了适应鱼类的汛期和洄游路线及逐野兽而迁徙，他们形成了一种独特的游动式聚落形态（图5-2-1）。虽然随着社会的发展，这类滨水村落并没有很好地发挥出自然优势，也没有得到妥善的保护，以至于不能满足逐步扩大的生产生活的需要，但滨水村落丰富的景观模式仍是黑龙江省传统聚落环境与景观的重要组成部分。

二、山林村落

黑龙江省森林总面积达1009.8万公顷，占全省面积的22%；有林地面积846万公顷，占全国国有林面积的11.7%；活立木总蓄积7.7亿立方米，占全国国有林区的31%；森林覆盖率83.9%。分布在小兴安岭、张广才岭、老爷岭、完达山等山系的广袤森林，是东北亚陆地自然生态系统的主体之一，是东北大粮仓的天然生态屏障，是六大水系（黑龙江、乌苏里江、松花江、嫩江、牡丹江、绥芬河）主要发源地和涵养地，生态地位十分重要。人们靠山吃山因此自然而然地发展出山林村落。这类村落多分布在山区与半山区，山林分布广，耕地较

图5-2-1 渔村景观远观（来源：同江市八岔村委会 提供）

少，因而一般规模小，且分布零散，多呈自由形态进行布局，借助山体地形与森林植被进行村落建筑的建设。村落之间相对分散，但其间距也较小。村落的建设往往依山就势，形成顺应山形地势、层层跌落、形成错落有致的村落景观形态。高低错落的村落布置，充分利用建筑间前后的高差使每一个宅院都能获得良好自然通风和充足日照，及良好的视线与景观；同时也形成了富有特色的山地民居景观形式。

黑龙江省山地村庄主要是存在于大小兴安岭地区的山地（图5-2-2）。村落选址和民居建筑都与自然的地形地貌有机地融合在一起，互相因借、互相衬托，从而创造出地理特征突出、景观风貌多样的自然聚落景观。黑龙江地区为长白山和小兴安岭红松阔叶林混交地带，森林对人类生产生活的直接影响是提供给人可用营建房屋、制作器具的木质材料，也为民居建筑的建造提供了天然材料。村落建筑以木结构为主，加上木桩篱笆墙、柴垛，形成淳朴村落，与周边自然山林景观相得益彰。并且中华人民共和国成立后，众多林区成为其开发建设

(a)山林村落风貌(来源:周亭余 提供)

(b)牡丹江市海林市横道河镇七里地村(来源:程龙飞 摄)

图5-2-2 山林村落

者的定居地，到目前仍然保留有20世纪50、60年代林业工人的住房。正因为黑龙江省林业资源丰厚，众多村落围绕林区排布，并依据山林特点产生了独具村落特色的生产生活方式，对于这类具有特定历史价值的特色村落的发展与保护也是不容忽视的。

三、特殊气候村落

黑龙江省是我国最冷的省份，也是我国最东的省份，基于它特殊的地理位置，其气候条件也具有相对的特殊性。在气温方面，黑龙江省是全国气温最低的省份；降水方面，黑龙江省的降水表现出明显的季风性特征。夏季受东南季风的影响，降水充沛，占全年降水量的65%左右；冬季在干冷西北风控制下，干燥少雨，仅占全年降水量的5%；湿度方面，黑龙江省年平均水汽压为6~8百帕。松花江流域和东南大部分地区在8百帕左右，向西北逐渐减小；气压和风方面，黑龙江省年平均气压为970~1000百帕。受地形影响，山区气压较低，平原、河流沿岸气压较高，黑龙江省内全年盛行偏西风。黑龙江省比南方各省区云量少，日照时数多，而且辐射强度大，植物在生长季节可得到充分的光照。

气候因素是黑龙江省内特色村落研究的重要问题。气候是大气物理特征的长期平均状态，以冷、暖、干、湿这些特征来衡量，通常由某一时期的平均值和离差值表征。气候的变化对人类与自然系统有重要并深远的影响。在生态系统和人类社会已经适应的今天，如果这些变化太快使得生态系统和人类社会不能适应的话，人们将很难应付这些变化尤其是较城市相对落后的村落而言。但另一方面，特殊的气候条件对于村落的形成也具有积极影响，它造就了一些具有奇特景观的特色村落。

（一）雪景村落

雪景村落最具有代表性的是黑龙江省牡丹江市辖下海林县长汀镇双峰林场，这里雪期长、降雪频繁，有"天无三日晴之说"，雪乡夏季多雨冬季多雪，积雪期长达7个月，从每年的10月至次年的5月积雪连绵，年平均积雪厚度达2米，雪量堪称中国之最，且雪质好，黏度高，素有"中国雪乡"的美誉。每年从10月开始下雪，11月雪就能停住了，从这个时间开始也就拉开了雪乡冰雪梦幻世界的帷幕。具体的时间要看每年的下雪时间而定，但一般是从11月中旬开始，一直到翌年的3月末是最好的时间，观赏雪景最好的时间是1月至2月份（图5-2-3）。

（二）极光村落

全国最北方的村落是黑龙江省漠河乡政府所在地，为漠河村或北极村。村落里有很多原始的木刻楞房子。所谓木刻楞房子，就是周围的墙体全是用圆圆的松木垒起来的，里外再抹上泥巴就成了墙，是边陲特有的典型民居。正因为漠河村特殊的地理位置，造就了该村的极光奇特景观，每年都会吸引众多游客到此参观（图5-2-4）。

图5-2-3 雪乡（来源：周立军 提供）

图5-2-4 漠河北极村（来源：周亭余 提供）

第三节 聚落人文景观

聚落的人文景观是历史文化的载体，也具有一定的表现功能。其表现形式可以是实物的或精神的，例如文物古迹、神话传说、民俗节日。具体包括遗址、古建筑、纪念物、公共设施、文化艺术活动场所及地区民族风俗、文体节目、舞蹈音乐、雕塑壁画、手工艺成就。黑龙江省聚落人文景观丰富多样，它包括具有标志功能的构筑物，如牌坊、聚落重要节点；也包括建筑组群、单体建筑，如庙宇祠堂等。

一、门楼院居

门楼是指城门及楼阁。院居是指传统聚落的居院。

（一）双城承旭门

承旭门位于双城市东部（图5-3-1），始建于清同治七年（1868年），是双城堡城墙四座城门之东门。时任双城堡总管的双福监督，重修双城堡城墙，建起四座

图5-3-1 双城承旭门（来源：程龙飞 摄）

城门，东为承旭门、西为承恩门、南为永和门、北为永治门，至今仅存"东门"承旭门一座。1979年，双城县政府拨款进行修葺。

承旭门南北宽约9.54米，东西长约6.91米，高约11.4米。城门分上下两层，底层墩台用青砖砌筑，分上身和下碱两部分。中间有宽约4.86米的东西向门洞，横木密梁式。西立面门洞上方的横木过梁作彩绘。东立面门洞起三券三伏砖砌拱券，拱顶上方垛口高起处为双福总管亲笔题写、楷书阴刻的"承旭门"三个大字。门洞将基座底部分为南北两部分，两部分的外侧均辟有一券一伏的发券小门，从两小门进入分别有单跑楼梯通往基座顶部的平台。门洞前后底部嵌有四块花岗石条石护角，石上雕刻有"暗八仙"。

墩台顶部面向城内一侧改垛口为屋檐的形式，故西立面呈歇山重楼造型。下层屋檐在南北侧立面上并不完整，而是在侧面发券小门上方断开。在断开处墩台墙体向外叠涩出挑牛腿和仿木的梁头以及封护垛口作为下层檐口的结束。

墩台之上立有歇山顶的门楼建筑，门楼面阔三间，进深一间，通面阔约7.58米，通进深约4.75米。檐柱间有翅形雀替。自四角柱向内退次间的一半做外檐装修，形成小阁与周围廊。小阁的四角采用八角形柱，八角形柱与门楼角柱之间做45°斜梁，斜梁外露在角柱外部分雕成龙头状。小阁的西面明间作板壁，其余各间作隔扇，隔扇心采用一码三箭式。东西南北四个额枋上的匾额分别题有"紫气东来""护堡咸宁""叼隶仁平""惠爱无疆"。

屋顶采用绿色琉璃瓦，正脊两端有龙吻。四条垂脊上有垂兽，四条戗脊上各有五只小跑兽。基座西面顶部的檐口有围脊和两条角脊，每条角脊上有戗兽和五只小跑兽。上下层屋檐的檐椽上均出两层飞椽，故檐口出挑较深远。椽子断面均为方形，檐椽断面是等大的，两层飞椽则根部粗端部细。上层老角梁与仔角梁共挂有16只惊雀铃。

承旭门结构坚固，造型舒展大方，带有东北地方建筑景观特征，它是双城堡悠久历史的见证。

（二）宁安望江楼

望江楼位于黑龙江省宁安市宁安镇西南部，牡丹江左岸，是座精巧典雅的二层小楼，原名"褒江楼"，亦名"抱江楼"，清光绪七年（1881年）所建。

望江楼是宁古塔副都统容峻为钦差大臣吴大澂建造的住所，该楼原为一庭院式建筑的组成部分。除望江楼外，组群里还有大门、影壁、二门、角门、花墙、正房五间、东西厢房各三间，庭院北建有花园，现在只有望江楼是古迹。

望江楼为三开间卷棚硬山顶两层楼阁，高约7.54米、东西长约8米、南北宽约6.45米。背江一面上下两层的次间开门，明间与对侧次间开有圆窗4扇，在墙面外建有木制走廊和扶梯，走廊和扶梯都用寻杖栏杆，走廊上下皆做步步锦倒挂楣子及花牙子雀替。沿江一面的二层做前出廊金里装修，檐柱间设立栏和花牙子雀替，柱上有卧栏，卧栏与檐枋之间有隔架的木雕花饰，廊外侧有栏杆。主梁梁头雕成龙头状。两侧廊心墙开方窗，窗洞外圆内方，山墙上的圆窗洞上方有青瓦窗头。山墙正中有方形斜置的砖雕腰花，博风头做圆形砖雕。前檐墀头的盘头部分亦作花卉主题的砖雕。屋面布青瓦，除靠近垂脊施两垄筒瓦，其余皆用板瓦。檐部临江一侧用木檐椽和飞椽，背面的椽飞及望板为砖仿木做法（图5-3-2）。

（a）望江楼北侧

（b）望江楼檐下空间

（c）望江楼正面

图5-3-2 宁安望江楼（来源：周立军 摄）

楼体临江面首层墙上有一组精美的砖刻浮雕，全长约7.8米，四周以卷草纹长砖构成边框，中心一组七块，以三块风景砖雕为主体，两端和中间以花瓶砖雕进行装饰。砖雕所表现的内容是宁古塔新城西部的风景名胜，由东向西依次为大石桥、莲花池、观音阁和西来庵。除大石桥外，现均已不存。

望江楼建筑造型端庄优雅，雕饰精致而适度，有很高的艺术价值。

（三）宁安四合院

宁安四合院（张闻天工作室）位于黑龙江省宁安市宁安镇闻天街和新街路交接处，占地约1600平方米，是保存完整的清代民居——四合院。小院青砖瓦舍、雕梁画栋、清净幽深，具有江南地区、中原地区和宁古塔地区建筑艺术于一体的特点。小院坐落于牡丹江北岸的城南公园之中，宏伟壮观的宁古塔大桥矗立其东侧，前面是滚滚东流的牡丹江和一望无际的田野山峦。宁安市位于祖国的边陲，历史文化资源相对稀少，因此张闻天工作室在宁安市就更加引人瞩目了。凡来过张闻天工作室的人，无不对张闻天波澜壮阔的一生留下深刻的印象，对旧居的自然和人文景观也回味无穷。张闻天工作室是宁安一处很有意义的爱国主义教育基地和人文景观（图5-3-3）。

二、桥塔牌坊

本小节叙述的桥塔牌坊是指具有一定历史的石桥、渡口、塔、牌坊等。

（一）宁安大石桥

宁安大石桥位于宁安市区西鸡陵山下，横跨大沟壑上。石桥始建于后金天聪八年（1634年），位于自宁古塔通往吉林乌拉和盛京的交通要道上，也是前往松花江流域、黑龙江中下游地区与乌苏里江流域各地的必经之处。桥东有著名的泼雪泉，泉水流入沟壑，经大石桥南注入牡丹江。桥最初为木制，当地人称其为长板桥，后改石筑，是黑龙江省仅有的一座石拱桥。宁古塔将军驻地迁到宁古塔新城（即今宁安镇）后，改用青色玄武岩重建，又称青石桥，现为黑龙江省仅有的清代石拱桥。桥采用单曲拱，全长约25米、宽约4.5米、高约7.3米。桥面铺方形石块，两侧设石栏杆，56根望柱分列两侧，望柱头为石桃，栏板下部做双拱以排水。端部作抱鼓石，抱鼓刻荷花，卷云收尾（图5-3-4、图5-3-5）。桥的中部起拱，下面有4米多高的拱形桥洞。拱券两侧上端各有一个龙头石雕，雕刻粗犷，极富神态意蕴。大石桥古朴坚实，体现了清代宁古塔边民崇简洁、尚壮美的美学观念。

（二）小朱家村古渡口

以宁安市渤海镇小朱家村为例，对于小朱家村关键的交通标志是村落中的古渡口（图5-3-6、图5-3-7），小朱家村古渡口是清康熙初年明辅国将军朱议㵘族人至此地而建的渡口，该空间是整个村落空间的点睛之笔，它蕴含着小朱家村的历史文化，聚积着村民对于小朱家村的情怀，是对于村民生活有着非凡意义的文化景观。

（三）衍福寺双塔

肇源衍福寺双塔和影壁，坐落于黑龙江省肇源县民意乡大庙村西侧一处台地之上，南临嫩江，西靠新新湖。衍福寺始建于清顺治六年（1649年），清康熙二十三年（1684年）扩建时增修了双塔，完工于康熙二十六年（1687年），庙名为"都布度贵扎尔拉古鲁克奇"，汉译为"广福寺"，后改译为"衍福寺"。1948年春，当地民众捣毁佛像，将其改做粮库，后粮库管理员取暖不慎失火，烧毁了正殿，其余殿堂也相继拆掉，只有山门前的双塔和影壁均为青砖砌筑得以幸免，留存至今（图5-3-9）。

(a)宁安四合院外景

(b)宁安四合院鸟瞰

(c)宁安四合院立面

(d)宁安四合院细部1

(e)宁安四合院细部2

(f)宁安四合院细部3

图5-3-3 宁安四合院(来源:周立军 摄)

图5-3-4 宁安大石桥（来源：程龙飞 提供）

图5-3-5 宁安大石桥局部（来源：程龙飞 提供）

图5-3-6 小朱家村改造后古渡口（来源：王兆明 提供）

图5-3-7 小朱家村改造后古渡口手绘图（来源：王兆明 手绘）

图5-3-8 小朱家村古渡口（来源：王兆明 提供）

图5-3-9 衍福寺双塔（来源：刘洋 提供）

152

衍福寺双塔分列东西，面向南，两塔相距约32米，双塔均为覆钵式形制，青砖砌筑，塔高约15.05米，由塔基、塔身、塔刹三部分组成。塔基分为基台和基座两部分。底部是边长约8米、高约3.2米的白色正方形基台，用大青砖以"三虎五顺一丁法"砌成，朴素大方，厚重坚实，平滑光洁。基台上方是基座。基座分上下两部分，下部为方形须弥座，须弥座四角有方形角柱支撑，束腰较高，四面束腰都刻有"双狮护光珠"的彩色图案，上下枭雕有莲瓣，上下枋装饰其他图案。下枭、下枋尺寸明显大于上枭、上枋。基座上部是逐级向上收进的阶台，东塔的阶台有三级，圆形平面，西塔的有四级，方形平面。阶台的表面刻有梵文"唵嘛呢叭咪吽"。基座上方是覆钵形白色塔身，高约4米，上有八个独角兽，嘴里各衔彩色璎珞。双塔塔身南面都设一个佛龛，东塔龛门四周刻有双龙飞舞，西塔龛门四周为莲花蔓草。覆钵形塔身的上部为塔刹，刹干中部为圆台形十三重白色相轮，每重相轮均环布五字梵文。刹干底部与覆钵形塔身相接处变为方形。刹干东西两侧从上到下，有两条用木头透雕出蔓草纹饰图案的支柱支撑着宝盖作为刹饰。刹干顶端是由宝珠、全日、仰月和宝盖组成的金顶。

山门的影壁距双塔约27米，影壁长约16米、高约5米、宽约0.9米，全部用青砖干摆砌成。影壁底部为束腰部分较长的朴素须弥座，顶部为硬山顶，中间为墙身。屋顶上铺筒板瓦，正脊平直，两端为龙头向外的正吻，垂脊下有雕花的戗檐砖。檐口部分椽飞望板及勾头滴水一应俱全。影壁中部的方池子四岔角有砖雕彩绘的蔓草花纹，中央的圆形图案，南面是"海马朝云"，北面是"二龙戏珠"（图5-3-10）。

衍福寺双塔造型敦厚古朴，比例匀称，细节生动，方圆交接自然得体，雕饰的繁简对比张弛有度，色彩明艳而沉稳，有较高的艺术价值，影壁的造型朴素而舒展，与双塔相得益彰。双塔作为黑龙江省仅存

图5-3-10 影壁（来源：刘洋 提供）

图5-3-11 巴彦牌坊（来源：刘洋 提供）

的古代喇嘛塔，见证了黑龙江这一文化边缘区多文化的交融并存。

（四）牌坊

巴彦牌坊位于巴彦县县城人民大街东西十字街口（图5-3-11），俗称东西牌楼，两坊相对而立，相距约500米，是清光绪二十一年（1895年）巴彦乡绅为黑龙江将军依克唐阿、署将军齐齐哈尔副都统增祺所建的德政坊。

牌坊系四柱三间三楼柱不冲天式，宽约14米，高约6.4米。明间屋顶为完整的歇山顶，两次间为半歇山顶，均铺绿色琉璃瓦，各垂脊下端有垂兽，各戗脊分兽

前兽后，兽前部分有四个跑兽。翼角有很大的起翘，每个翼角下系一铁制风铃。檐下用双层檐椽、一层飞椽，使檐口有较大出挑。柱子断面为方形，柱子前后有8块夹杆石及8根戗杆。柱间有立栏，立栏下有雁翅形透雕雀替。柱上有宽且厚的卧栏，卧栏上并无斗栱，但有盖斗板型木板。两牌坊各有黑底红字正匾两块、配匾四块。东牌坊正匾书"德培中兴""德塞千古"字样，配匾有"恩周赤子""惠及苍生"等字；西牌坊正匾书"棠爱常留""樾荫永庇"等字，配匾有"泽流恩布""德洽惠周"等字。

1996年因城市改造，对牌坊采取整体移位，东牌坊向西平移7.2米，至人民大街与东直路十字交叉路口的交通环行岛内；西牌坊向东平移22.7米，至人民大街与西直路十字交叉路口的交通环行岛内，并抬高0.7米，使牌坊高度复原。

五常蓝旗石牌坊位于五常市背荫河镇蓝旗村西南200米处，建于清道光十三年（1833年），是为当地贞洁烈女乌扎拉氏和西特胡里氏所立。据史料记载，额勒德木保之女乌扎拉氏出嫁当日，战事突起，新婚丈夫还未来得及入洞房就随军出征了。经过了三年的日思夜盼，乌扎拉氏收到了一件来自军营的信函，展开发现，里面包着一根发辫。信中说，乌扎拉氏的丈夫已经战死沙场，为国捐躯，因而将他的辫子寄回，作为信物让乌扎拉氏保存。自此，年仅22岁的乌扎拉氏将辫子放入匣中，抱匣枕边，每日以泪洗面，哀叹自己凄惨的命运，终老一生未再嫁。至清道光年间，乌扎拉氏宗族显赫时，多次上书道光帝为其旗中的贞女乌扎拉氏请表。道光帝感于乌氏宗族战功卓著，于道光十三年五月谕旨为乌扎拉氏立贞节牌记，赐号"洁玉"，予以表彰（图5-3-12）。

石坊由10块花岗岩石雕刻筑成，方位为正东正西，为四柱三间三楼柱不冲天形式。四石柱均为方形断面，柱身下部左右两侧与夹杆石连做，夹杆石上部有仰俯莲雕刻。明间屋顶为完整的庑殿顶，两次间屋顶为半庑殿顶。明、次间都将额枋与雀替连做，雀替都用骑马雀替。石坊额枋前后均阳刻碑文，正面为汉文，背面刻有同义满文。明间额枋刻有"圣旨旌表贞节，大清道光十三年四月吉日立"，相传为道光皇帝御书；左间额枋横书"精金"，"正红旗已故甲兵西特胡里氏乌兰保之妻孀妇守节五十四岁以昭真义"；右间额枋横书"洁玉"，"正蓝旗已故甲兵额勒德木之女乌扎拉氏于二十二岁时持信守节"。明间额枋文字四周雕刻行龙，两次间文字四周雕有"暗八仙"。

蓝旗石牌坊造型古朴稚拙，具有满族与汉族文化融合的景观特征。

三、殿府庙寺

殿府庙寺包括宫殿、府衙、寺庙等，是人工构筑的地方性文化景观。黑龙江的寺庙建筑是现存传统建筑数量最多的文化景观类型，包括清真寺、佛寺、文庙等，其中又以清真寺数量最多，装饰也更精美。这些具有封建礼制、宗教信仰的人文建筑，是历史文化与人类活动所产生的聚落人文景观。合理保护与发展传统聚落环境与景观就是传承我们的传统文化内涵。

图5-3-12　五常蓝旗石牌坊（来源：刘洋 提供）

（一）渤海上京城龙泉府

上京龙泉府现遗址地点在黑龙江省宁安县。上京城为长方形平面，东西长约4600米、南北约3360米。宫城位于外城的中偏北，其宫城南北长约720米，东西约1060米。皇城位于宫城南部，南北长约460米。上京龙泉府除规模稍小外，城市和宫殿建筑布局都与唐长安城相似，宫殿的布局还表现了其民族特点和习惯。贯通城市南北的中心大街为朱雀大街，直通宫殿北门和皇城正门（图5-3-13）。

宫城分东西中三路，中部院宽约620米，分为五个院落，五座殿堂沿轴线布置，基本上是按照三朝五门的布局，前两进院落为外朝，宫门规模较大。从其遗址情况来看，正殿规模较大，第三、四进院的殿为寝殿，各殿都有左右配殿，并采用廊庑连接各殿，保持了汉唐建筑的风格。寝殿格局中第四殿遗址中有烟道等遗址。

（二）金上京宫殿

金上京会宁府位于阿城，由于其特殊的历史文化背景一直被学者们所关注。金朝上京宫城由彼此相连的南、北内外城组成，是当时修建的第一座都城。城外有行宫、台榭、园林、皇陵。金上京的城墙和宫殿台基保存比较完好。金上京的早期宫殿为翠微宫和乾元殿，还有一些宫殿如桃源洞、紫极洞。《鄱阳诗集》中记述了汉人彭汝励到辽朝皇帝冬季行宫，记述了辽朝行宫的布局和屋宇名称。"作山棚，以木为牌，左曰紫府洞，右曰桃源洞，总谓蓬莱宫。"可知金上京皇城内的翠微宫、桃源洞、紫极洞等建筑，有受辽代影响之嫌。

金太宗时期，皇城再次完善规模，加建了庆元宫、听政楼等建筑。金熙宗时期扩建了皇城和金上京城附近的皇陵区与行宫。皇城内主要完成了朝殿（敷德殿）、寝殿（宵衣殿）、书殿（稽古殿）等宫殿建筑（图5-3-14），分别用于皇帝的朝政、居所和收藏图书典籍。

（三）滨江道台府

"滨江道台衙署"位于黑龙江省哈尔滨市道外区，北起春和巷，南至北环路，西至十八道街，东至十九道街，用地面积大约24000平方米。它是哈尔滨作为一级

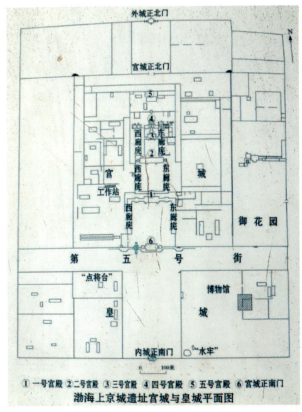

图5-3-13　上京城平面图（来源：董健菲　提供）

图5-3-14　金上京宫城复原（来源：董健菲　提供）

政府行政管理机构最早的官署,由第一任道台杜学瀛于1907年修建,道台府占地面积约28000余平方米,呈对称布局。其南北轴线长七十丈,东西宽四十五丈。布局遵循封建礼仪,左文右武,前衙后寝。中轴线上由外至内依次为照壁、大门、仪门、大堂、二堂、宅门、三堂;东侧线上有衙神庙、书房、厨房、戈什房、杂项人房。西侧线上有冰窖、督捕厅、洪善驿、会华官厅、会洋官厅。院墙内有车棚、马厩、茶房、粮仓等。

关道的大门是立于两层三级台阶之上,清墙灰瓦,乌梁朱门,门两侧各设石狮一尊,大门两侧有东西两个角门。东西侧设有仪门,仪门通常是关闭不开的,只有在道台上任、恭迎上宾,或有重大庆典活动时才可以打开。而且每任道台上任第一天都有拜仪门的仪式(图5-3-15、图5-3-16)。

图5-3-15　滨江道台府入口(来源:程龙飞 摄)

图5-3-16　滨江道台府大堂(来源:程龙飞 摄)

（四）齐齐哈尔将军府

黑龙江将军府是清代黑龙江第一官邸，始建于清康熙二十二年（1683年），距今已有300多年的历史，这期间规模不断扩大，逐渐形成了结构完整、气势恢宏的清代古建筑。将军府始驻瑷珲，后来迁至墨尔根（今嫩江县），清康熙三十八年（1699年）移住齐齐哈尔城。将军府设置期间，清政府共任命了76位将军，先后有71位将军在府里居住过，清光绪二十六年（1900年）齐齐哈尔城失陷，沙俄曾经占据将军府7年之久。

黑龙江将军府空间布局为三进式四合院，整体形象青砖瓦房，周围是3米多高的青砖围墙，是一组结构完整、设计精美、气势恢宏的古建筑群。将军府内多重院落的组合让其在封闭的大空间内也能实现庭园深深的效果，既保留了私密性又增加了公共的活动空间，在将军府中行走，前院和后院有着不同的心理感受。前院简单严肃，后院则轻松谐趣，由假山、花坛和水池组合成了视觉中心点，建筑四周用绿地来进行围合，建筑与建筑之间搭配小型灌木，绿意盎然，生机勃勃。后院的布局在使用功能上划分明确，体现了森严的法制制度，最显赫的位置供主人居住。首先由门厅进入院落，院落左方的建筑是黑龙江将军府历史陈列馆，正前方是寿山将军生平陈列馆。继续向前进入第二个院子是将军府的起居室、家属的起居室、侍卫的起居室和东西厢房（图5-3-17、图5-3-18）。

将军府的屋顶形式为悬山顶。悬山有一条正脊，四条垂脊。其特征为各条桁或檩不像硬山那样封在两端的山墙面中，而是直接伸到山墙以外，以支托悬挑于外的屋面部分（图5-3-19）。也就是说悬山建筑不仅有前后檐，而且两端还有与前后檐尺寸相同的檐。于是其两山部分便处于悬空状态，因此得名。悬山顶是两面坡屋顶的早期样式，但在唐朝以前并未用于重要建筑，和硬山顶相比，悬山顶有利于防雨，而硬山顶有利于防风火，因此南方民居多用悬山，北方多为硬山。

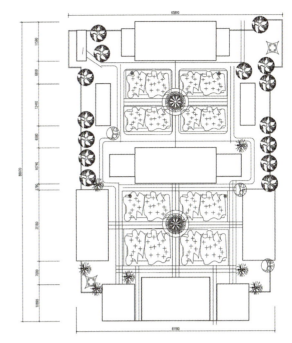

图5-3-17 将军府平面图（来源：董健菲 提供）

图5-3-18 将军府鸟瞰图（来源：董健菲 提供）

图5-3-19 悬山式屋顶（来源：董健菲 提供）

（五）阿城文庙

阿城文庙位于哈尔滨市阿城区金都街道办事处文庙胡同。据史料记载，阿城文庙始建于清道光七年（1827年），于清咸丰年间扩建，清同治元年（1862年）落成。清光绪二十二年（1892）重修，成为一处完整的建筑群。

大成殿为文庙建筑群中的主体建筑。大殿殿身面阔五间，进深两间，带周围廊。通面阔约17.81米，通进深约9.7米。单檐歇山顶，砖砌台明，前出月台，凸显出大殿在建筑群中的显要地位。大成殿两侧及后檐包砌砖墙；殿内为砌上明造，七檩前后廊式梁架，七架梁架立在前后金柱及前檐柱柱头科斗栱上。明间及次间四缝梁架，金檩与七架梁之间设金瓜柱，上金檩与七架梁之间设上金瓜柱，前后金步采用单步梁；山墙内的山金缝梁架保留了五架梁。前后脊步架为三架梁，脊瓜柱立于三架梁上（图5-3-20）。

图5-3-20 大成殿（来源：刘洋 提供）

构架中的檩部采用"檩枕"组合取代正统官式做法的"檩垫枋"组合，即在檩子下部采用尺寸略小的圆形断面的"枕"来顶替"垫板"和"枋"，这是东北地区的通行做法。

大成殿的檐部采用卧栏立栏的做法，前檐柱与山金柱之间采用单立栏，自山金柱向后均改用上大下小双立栏的做法，大小立栏之间用木雕垫板于两头及中部（图5-3-21）。

前檐明、次、梢间均施平身科斗栱两攒。斗栱形制特殊，正心位上的横栱采用三重栱做法，即在正心万栱之上施一加长的栱。斗栱为五踩，里拽用重翘，外拽用重昂。

大成殿的歇山构架做法简单利落，山面檐椽后尾插入山金缝梁架中的五架梁，省却了踩步金梁，形成"周围廊歇山"的构架。两侧山尖做排山勾滴。山坠砖雕的主题为一正两厢式合院建筑的屋顶。

殿内青砖墁地，人字缝直铺。在前檐金柱之间用条

图5-3-21 大成殿（来源：刘洋 提供）

158

石铺砌。周围廊下的两山墙及后墙有青砖制仿木的椽飞望板及其上的勾头滴水，在檐下则有精美的砖雕，砖雕的主题多为祈福和教化。墙身下碱部位有腰线石和带植物花纹的角柱石。

（六）呼兰文庙

呼兰文庙位于黑龙江省哈尔滨市呼兰区，建于民国16年（1927年），1937年全部完工，有青砖围墙，南北长约160米，东西宽约80米。呼兰文庙亦称孔子庙，属典型清晚期古典式民族建筑风格，典型的三进式古建筑群，是东北地区保存最完整、规制最全、规模宏大的古建筑群，是省内仅存的三个文庙之一，其规模仅次于哈尔滨南岗文庙，是展示呼兰深厚文化底蕴的窗口。

建筑群由崇圣祠、大成殿、东庑、西庑、大成门、棂星门、东华门、西华门、状元桥、月牙河组成。牌楼前的状元桥宽5米，桥下有半圆形的泮池。牌楼主体结构为两排明柱，侧配斜脚，顶架横梁。中间大门宽5米，上悬"棂星门"三字，东西配门为"道冠古今"和"德配天地"两座牌楼。

棂星门，也称"先师门"，是文庙的第一道大门。棂星门为呼兰文庙中轴线上的牌楼式建筑。

大成殿面积约300平方米，面阔五间，进深三间，高约7米。正面8根红柱映衬木雕画门，端庄大方。全庙没有塑像，各立木牌。呼兰文庙东庑和西庑建筑都是顶覆灰瓦苏式彩画，面阔五间，面积各约140平方米，对列于大成殿两侧，门前6根通天柱间排满彩门，与大成殿一体天成，井然不俗。东庑和西庑是大成殿东西两面的配房。庑内供奉的先贤是文庙中从祀的第三个等级，大多数为孔子的弟子。其位次和等级是清朝颁定，成为文庙礼制，为后世继承。

大成殿后另建一崇圣祠，面阔五间，进深两间，建筑面积约159平方米，为祭祀孔子前五代父祖之殿。崇圣祠的建筑顶覆灰瓦，苏式彩画，面阔三间，进深一间。这座曾经颇具规模的古建筑群，如今因年久失修日渐破败，早已没有了当年的风采，现呼兰文庙遗址存于呼兰县黑龙江省结核病医院内（图5-3-22）。

（七）卜奎清真寺

卜奎清真寺分为东西两寺（图5-3-23、图5-3-24）。东西两寺建筑格局相似，主要建筑都是由拜殿及与之相连的窑殿、对厅、讲经堂、浴室等组成。两寺之间仅一墙之隔，且有门廊相通，共同组成了具有地方文化特色的伊斯兰教建筑群。

清真寺东寺主入口设在东南方向，主入口正中是个三开间的门楼，在其两边设置了两个带左右影壁的小门楼。东寺门楼为墊门型大门，明间为门道，两次间设房间，前后出廊。墙体用青砖丝缝砌筑，山墙前后出墀头，盘头部分有砖雕，下碱部分用花岗石做墀头角柱，山墙两山面有砖雕的悬鱼和腰花。明间板门外有两个门鼓石。两次间的房间向外面开矩形窗，向内开六角形窗。平板枋宽且厚，额枋则窄而略高，额枋下均有翅形雀替，为木透雕，穿木端头有收分。屋顶为硬山，黑色筒板瓦。正脊两端有鸱尾，垂脊中部有垂兽，兽后高于兽前。

两边带左右影壁的小门楼中间的门洞上方起一券一伏的拱券，门楼的屋顶是硬山顶，檐下有砖仿木的椽飞及望板，山墙前后有盘头，无上身和下碱。左右影壁墙上有屋顶，屋顶中部起脊。院内与左右门洞正对有独立的影壁。

东寺的拜殿和窑殿是整个建筑群中的主体建筑。拜殿坐西朝东，由前厦、中殿和后殿组成，屋顶采用勾连搭式组合，可容纳500人诵经。

前厦面阔五开间，进深一间，卷棚歇山式屋顶。屋顶翼角起翘很高（图5-3-25），出翘也非常深远。卷棚部分的山面辟有圆形小窗。

中殿和后殿的形式大体雷同，室内空间连通为一体。

(a)呼兰文庙正面

(b)呼兰文庙檐下空间

(c)呼兰文庙北侧

图5-3-22 呼兰文庙(来源:周亭余 提供)

图5-3-23 西寺拜殿（来源：马本和 摄）

图5-3-24 东寺入口门楼（来源：马本和 摄）

图5-3-25 出翘（来源：马本和 摄）

屋顶采用硬山顶。山墙前后出墀头，下碱部分均为花岗石墀头角柱，前墀头上身部分满布砖雕，后墀头上身上部与盘头部分做砖雕。山墙"人"字形博风板正中有砖雕的山坠和腰花，腰花两边有圆形通气孔。腰花之下是圆形窗的窗头，窗头是从墙上向外伸出的半个硬山屋顶，顶部是清水脊，脊端有砖花饰。窗头屋面采用灰瓦的筒板瓦，端部有瓦当滴水。山面的博风头做圆形的砖雕装饰。

后殿（窑殿）为方形塔式建筑（图5-3-26），三层三重檐，各层自下而上依次内收。底层为米哈拉卜，

图5-3-26 窑殿（来源：马本和 摄）

在南北两面开圆窗，檐下有仰俯莲、垂莲柱、雀替等砖雕。中间一层通体砖雕，雕有鲤鱼卧莲图案，图案呈水平分布，基本元素有柱形、菱形、回纹形，每面还有九个圆形砖雕，上刻阿拉伯文的圣主名字和圣形。顶层正面、东面刻有"天房捷镜"四个金字，四面都开六边形窗，屋顶为四角攒尖，攒顶用"风剥铜"材料建成，莲花座上镶有高1.9米、直径0.9米的镀金莲座葫芦，葫芦尖上嵌有0.4米长的金色新月朝向麦加圣地，是伊斯兰教"弯月涵星"的象征，金光闪耀。

清真寺西寺的大门是一个悬山顶的大门带两个硬山式的小门楼，小门楼外侧有八字影壁。西寺的主体建筑由前厦、中殿（拜殿）和后殿（窑殿）组成。前厦三开间，卷棚歇山顶。檐下每开间施一攒平身科斗栱，角科与柱头科斗栱为斜栱。雀替做镂空木雕，倒梯形。山墙内廊心墙的四个岔角雕有"暗八仙"。前厦与中殿做勾连搭，其水平天沟下方亦开敞作为前厦的一部分。中殿部分面阔比前厦稍大，硬山顶。正脊较高，采用银锭玲珑脊，山墙中部开圆窗，冰裂纹式窗棂。后窑殿（图5-3-27）平面为矩形，二层楼阁式建筑，面阔小于中殿部分。底层外墙体为砖砌，二层平面向内收进，外露木构架，庑殿顶。底层檐下是砖砌仿木的椽飞望板、檩垫枋、雀替和垂莲柱，南北外墙上开八角形窗，东侧正中凸出一间小龛，上做单坡硬山顶。后殿与中殿相接部分南北两侧山墙开拱形门。

（八）阿城清真寺

阿城清真寺旧称阿城礼拜寺，始建于清乾隆四十二年（1777年）。清嘉庆七年（1802年），由管寺乡老杨华先出面以满人名义购置了地产用于建寺，再经清道光、咸丰年间不断扩建，已具相当规模，惜于清同治十二年（1873年）毁于战火。清光绪十六年（1890年）于旧址重建清真寺，至光绪二十六年（1900年）竣工。

清真寺的主体建筑礼拜殿坐西朝东，由前厦、中殿和后窑殿组成（图5-3-28、图5-3-29），三殿用勾连搭方式连接为一体。前殿三开间，屋顶为卷棚硬山，殿前出月台。卷棚正门两侧有一揽联，右书"艺本公输，功成乐境，三载内心存圣道"；左书"名垂竹帛，意赞清真，百年后履地恩人"。礼拜殿对面为三间对厅，两侧为角门。隔扇做金里安装，形成前出廊，廊内穿插枋中段呈向上的弓形。檐柱上边有卧栏，檐柱间有上大下小两个立栏，大小立栏之间用木透雕垫板。檐柱两端为雁翅形透雕雀替。山墙前部出墀头，墀头上身的上部做玲珑剔透的砖雕。山墙前廊内侧做廊心墙，上有墙帽，池心磨砖对缝，四角和中心设砖雕。山墙中部开半圆额

图5-3-27 西寺窑殿（来源：马本和 摄）

图5-3-28 礼拜殿前厦（来源：刘洋 提供）

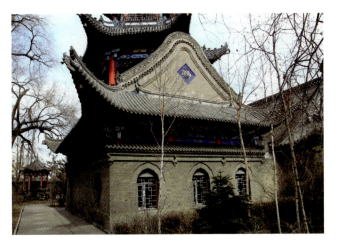

图5-3-29 后窑殿（来源：刘洋 提供）

图5-3-30 呼兰清真寺（来源：程龙飞 提供）

窗，窗上方有较小的窗头，窗头有屋脊屋面和砖砌的椽飞望板及额枋。山墙后部与中殿连接处开半圆额门洞，门洞底部有门鼓石。

中殿五开间，屋顶为尖山式歇山。两梢间前檐墙开方池子，池心用方砖磨砖对缝，中间施砖雕，两梢间后檐墙开圆窗，南北两侧山墙各开三个半圆额窗。檐墙与山墙墙顶用冰盘檐，檐下有砖构仿木的檩垫枋和垂莲柱雀替。拜殿面积约为323平方米。

后殿面阔三间、进深三间，共三层，底层做卷棚歇山式，后殿南北山墙各开三个窗，窗上部呈多边形。后殿卷棚山花部分有腰花，后檐墙次间开两个六角形窗。窑殿位于后殿正中，为六角攒尖式三层楼阁，其内金柱为四根贯通全楼的朱漆大柱，顶端有宝葫芦式锡鼎，上镶月牙。

阿城清真寺共占地面积约5800平方米，院内遍植花草树木，郁郁葱葱，幽静宜人。寺院南北各有对称的5间讲堂。该寺尚存有数块珍贵匾额：有阿勒楚喀副都统德英于清同治九间（1870年）所赐手书匾额"西域宗风"；有世袭恩骑尉哈广和于清光绪四年（1878年）所赠的"教隆宇宙"；还有清光绪年间所立"大可参悟""万古清真"等匾额。

阿城清真寺是东北地区规模较大、历史悠久的清真寺之一，造型端丽舒展，秀雅精致，是珍贵的历史文化遗产景观。

（九）呼兰清真寺

呼兰清真寺始建于清嘉庆十五年（1810年），初创时仅有三间草房（图5-3-30）。清光绪元年（1875年）当地回民集资扩建，历时3年竣工，此时寺院占地面积达5000平方米，青砖围墙，大门内外有木刻"清真古道"与"认主独一"两块匾额。由于呼兰河水逐年东侵，危及整个建筑群，1953年被迫将窑殿拆除。1955年1月10日签订协议，将迁建寺址定在和平街八间砖瓦公产房处，占地面积约3000平方米。迁建工程用上了原寺拆下的砖瓦木料，1956年礼拜殿竣工，比原大殿多了一层窑殿。"文化大革命"期间该寺曾遭到严重破坏，"文化大革命"结束后修葺了部分大殿，于1982年10月竣工。

清真寺通进深约12.8米，通面阔约11.15米，主入口朝向东。清真寺的主体建筑是连为一体的拜殿和窑殿。拜殿分为前殿和后殿，屋顶为一殿一卷式勾连搭，前殿为卷棚硬山式，后殿为尖山式硬山，木构架结构体系，外墙为青砖砌筑。窑殿为青砖砌筑的三层方形塔式建筑，四角攒尖屋顶。前殿屋顶用橙色筒板琉璃瓦，后殿屋顶正面中间用橙色琉璃筒瓦，两端及后殿屋顶背面用蓝色琉璃筒瓦。后殿正脊中间立二龙戏珠，两端的正吻为蓝色琉璃瓦材质，正吻龙嘴朝向外侧，没有做吞脊状。

前后殿均三开间。前殿隔扇门做金里安装，形成前出廊。隔扇门裙板及绦环板有华丽的雕刻。檐柱两端出翅形透雕雀替，大小额枋之间做透雕垫板。抱头梁梁头从檐柱伸出部分雕成龙头状。前后殿的山墙正中均有"山坠"和"腰花"砖雕，并施彩绘。前殿两侧山墙偏后位置开圆窗，圆窗上方有横向方池子，池子内雕刻有荷叶、莲藕与玉兰花。后殿每侧山墙开一大二小三个窗户，大窗居正中，二小窗左右对称地设置，窗户上圆下方，每个窗户上方均有精美的窗头。窗头是从墙上向外伸出的半个硬山屋顶，顶部是清水脊，两端翘起蝎子尾，其中正中的窗头屋脊中组合有阴阳瓦。屋面采用灰瓦的筒板瓦，端部有瓦当滴水。山面的博风头做圆形的砖雕装饰。檐下有椽飞望板，檐椽下面是檐檩、大额枋、垫板及小额枋，中间的窗头另有垂柱和雀替，这些木构部分采用砖构仿木的做法。窗头墀头的盘头戗檐部分，北立面左右两边的窗头分别是"明""命""顾""諟"四字，其余的做砖雕装饰。前后殿的墀头均在盘头部分做精美的砖雕，其中前檐墀头的盘头中部做束腰，其砖雕装饰从正面延伸到两侧檐柱位置。后檐墀头的盘头戗檐部分做高浮雕砖雕。前后檐墀头下碱部分用角柱石护角。

窑殿檐下的砖构件都采用仿木的做法，有砖构的椽飞望板与檩垫枋，垫板部分正中和两端有砖雕装饰。四条垂脊分兽前和兽后，兽前部分有两只小跑兽，指路仙人的位置是一只鸽子（图5-3-31）。窑殿首层在南北立面上开圆窗，二层和三层每面开上圆下方的窗。西立面三层窗上正中有"清真寺"三字，两端写有"西""域"，南立面三层顶部两端有"古""风"，东面写有"宗""风"，北面同一位置则为砖雕花饰。整幢建筑造型古朴典雅，装饰与构造结合紧密，局部与整体相呼应。

图5-3-31　窑殿（来源：刘洋 提供）

（十）渤海兴隆寺

兴隆寺俗称"南大庙"，坐落于宁安市渤海镇西南隅，唐代渤海国上京龙泉府外城内的中轴线——朱雀大街南端东侧，距外城南垣600余米。现在的兴隆寺建在渤海上京城内的寺庙旧址上，始建于清康熙五十二年（1713年），清道光二十八年（1848年），兴隆寺的部分殿宇被火焚毁，清咸丰五年（1855年）重建，咸丰十一年（1861年）竣工。

兴隆寺的院落呈矩形，南北长约142米、东西宽约63米。在南北中轴线上有五重殿宇，自南向北分别为马殿、关圣殿、天王殿、大雄宝殿、三圣殿。各殿用大

图5-3-32 三圣殿（来源：周立军 摄）

图5-3-33 大雄宝殿（来源：周立军 摄）

木构架承托屋顶，墙体均为青砖和规整的玄武岩石块砌筑，台基均为玄武岩。五座殿宇中以歇山顶的大雄宝殿最为华丽，其余四座硬山顶建筑则以三圣殿最具代表性。

三圣殿长约13米、宽约11.5米，三开间硬山前出廊（图5-3-32）。台基用月台与台明组合，月台与台明同宽，前设三步正阶踏跺。北面用檐墙封护，东西两山墙在南面出墀头，墀头的盘头部分有荷叶墩和枭混线脚，戗檐砖上雕有狮子踏绣球。大殿正脊中段前雕四龙戏珠，中段后雕四凤与芙蓉花，两端做透空花脊，花脊外有卷尾吞脊的鸱吻，鸱吻下方的山墙上有悬鱼，垂脊中段有垂兽。檐柱上做卧栏，柱间施立栏，卧栏与檐檩之间除梁头外无隔架构件。明间用较大的云龙透雕雀替，两次间用较小的卷草平板雀替。檐口有檐椽和飞椽。南面采用金里装修，各开间均做五抹隔扇四扇，一码三箭式隔心。殿内有一座3米高的大石佛居中而坐，是渤海时期遗留下来的石佛造像。

大雄宝殿长约14.5米、宽约10.8米，五开间七檩歇山周围廊（图5-3-33）。台基低矮，前后设正阶踏跺。正脊略呈下凹曲线，上有二龙戏珠浮雕。正脊两端安卷尾正吻，其背部插有剑把，尾部雕有背兽。四条垂脊的上下端部均安有垂兽，四条戗脊上端始于戗兽，下段布有五个跑兽。博脊上方的山花用勾头坐中的排山勾滴和砖博风，无悬鱼。檐柱上置卧栏，柱间施立栏，明间用较大的龙透雕翅形雀替，两次间用较小的卷草透雕雀替。卧栏上方置28攒斗栱，除廊间外每间用一攒平身科斗栱。采用里拽三翘外拽三昂七踩斗栱，全部计心造，柱头科斗栱挑尖梁头雕成龙头状，其二昂昂头雕成象鼻状，平身科和角科斗栱的二昂昂头雕成龙头状，其耍头前部则做成象鼻状。除正心檩和挑檐檩外，其余各檩采用檩枋组合。脊瓜柱前后使用了脊角背。采用金里装修，明间南北各用六抹隔扇四扇，两次间南北各用四抹槛窗四扇，下为槛墙，明次间均用一码三箭式隔心，次间山面用山墙。大殿内供奉的横三世佛同坐于佛坛之上。兴隆寺是黑龙江省的清代寺庙之一，对于研究黑龙江建筑的历史序列、建筑的营造风格及文化交融等方面有重要价值，是省内一处著名的聚落文化景观。

第六章

聚落民居建筑类型特征及营建技术

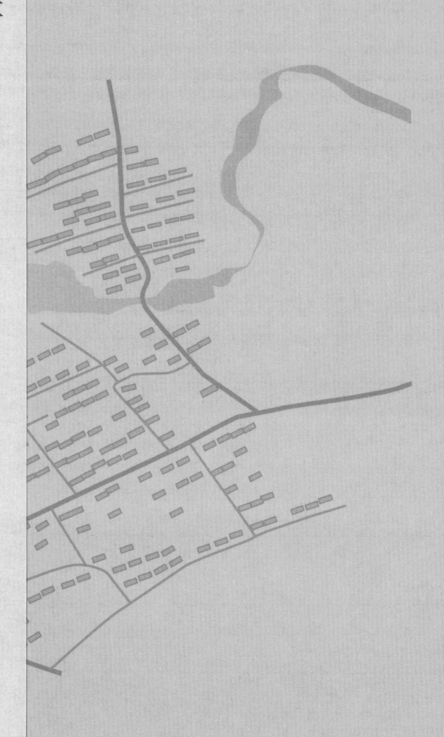

第一节　汉族聚落民居建筑类型及其建构技术

建筑是人类与大自然不断抗争的产物，其功能是在自然环境不能保证令人满意的条件下，创造一个微环境来满足居住者的安全与健康以及生产生活过程的需要，因此从建筑出现开始，"建筑"和"自然环境"两者就是不可分割的。从躲避自然环境对人身的侵袭开始，随着人类文明的进步，人们对建筑的要求以及环保意识的不断提高，至今人们仍希望建筑物特别是民居建筑应满足安全、健康、舒适、生态、便捷等需求。在黑龙江地区，特殊的自然环境决定着建筑及其周边环境的存在形式，本地居民结合各自生活区域的资源、自然地理和气候等条件，因地制宜、就地取材，积累了很多设计经验。

黑龙江省汉族居民多为历史上不同时期，由中原迁徙至东北地区的，"中原地区的汉族……在整个历史中，一直成为东北汉族的主要来源和主要流向"。因而，汉民族建筑既具有中原汉族建筑的共性特征，也具有由汉族自身民族文化和所处地域条件共同形成的地域民族特征。黑龙江省汉族传统聚落民居建筑类型按单体建筑平面类型主要包括两开间、三开间和多开间建筑。两开间建筑的代表是碱土平房与井干式民居，它们主要分布在经济条件并不是很富裕的碱土地带以及林区中林木密集的林场旁或是山沟中。

一、井干式民居

（一）概况

井干式民居是我国传统居住建筑的一种形式，名称的来源主要是从其构造性，这种由圆木彼此交叉搭接而成的房屋，从平面形式看，好似中国汉字"井"字，所以被形象地称为"井干式"。由于其建筑材料为木材，所以井干式房屋多分布在我国的西南和东北林业资源较丰富的地区。井干式房屋使用圆形或者方形木料层层堆砌而成，在重叠木料的每端各挖出一个能上托另一木料的沟槽，纵横交错堆叠成井框状的空间，故名"井干式"。以"垒木为室"构成的"井干式"民居，其相互交错叠置的圆木壁体，既是房屋的围护结构，也是房屋的保温结构。

黑龙江省传统井干式民居主要常见于居住在大、小兴安岭地区中树木茂密地带的鄂伦春族民居。井干式民居其从头至尾、从里至外几乎都是用木头做成。建筑中的柱、梁、枋、檩、椽等结构构件，门、窗等维护构件乃至围合院子用的木头幛子等，都要用到木材，比如墙体是用圆木堆叠成的，门窗洞口处是用"木蛤蟆"勒边固定的，屋顶骨架是用木制的叉手或用木立人与檩条搭建而成的，就连铺设屋面用的瓦片也是用木板或者树皮做成的，当地居民常称其为"木楞子房"，它是黑龙江传统民居类型中，因地制宜、就地取材的典例之一。

（二）传统井干式民居营建技术

黑龙江省井干式民居建筑的建造方式一般为将木屋以圆木垒垛而就，古朴天成。建造时不用石基，先沿房框四边向下挖约30厘米的土沟，将圆木横卧四周，其上用圆木层层垒加，垛成木墙。拐角处，圆木的平头伸出墙外，纵横二木相交处，稍加斧削，使其紧紧咬合在一起。横木至门窗口时，圆木与圆木之间用"木蛤蚂"连接，使其稳固。在山墙中间位置，内外各立一木柱，紧紧夹住木墙，使其牢固。木墙的内外均抹以泥，以御风寒。如果用作仓房或牲口房，则不必涂泥，加工粗放。省时省力，建屋的木头不锯不雕，以圆木垒垛，甚至连树皮也不剥掉。这样的建造过程与构造连接方式正是原木古朴特征的最好表达。浓郁的原始风情使得掩映在群山密林的民居建筑有如北方人的性格，豪迈、粗犷、奔放。

井干式民居建筑亦有其独特的构造特点，井干式民居的建筑构件不似官式建筑的构架那么复杂，它是用圆木或方木重叠成墙体，在拐角处十字交叉相互咬接，端部出头。上下层原木之间又施以暗槽，其整体性强，抗震性能良好（图6-1-1）。两坡屋顶，有的会在墙体的转角处或是墙体的中间部位立两根木柱夹紧墙壁使稳固性更好。椽子很细，选用树枝干上砍下来的小树枝排列而成，或是不用椽子，在檩条上直接铺上宽度大致相同的木板，然后再在其上铺羊草，最后再铺木板瓦、树皮瓦。井干式民居的承重骨架做好后在构架缝隙中内部抹和以羊草的黄泥，这样做法既可防风又能保暖。井干式民居的构架一般分为两种类型：有阁楼式和无阁楼式。阁楼是井干式民居上的双顶坡和室内的顶棚之间形成的三角形的储物空间。这种阁楼的构造是木墙体堆垒到一定的高度时，在山墙的位置用人字木竿交搭成大叉手，在左右山墙位置只做两个大叉手有时不够支撑上面的屋面，那么阁楼中间相当的位置再增设几个大叉手，竿头在屋尖部分一般用简单的榫卯交叉连接，现在为了施工方便也有的用大铁钉固定。阁楼的山墙位置用木板拼接成封闭的阁楼空间，在山墙的东面中间位置一般还会开一个小门，由底下架着的梯子可以爬上阁楼，阁楼里面可以储存一些杂物，也有的在山墙位置不封闭。还有一种是在山墙上立桁架的木框架支撑上面的屋面，山墙位置不封闭，透空的位置形成三角形的储物空间，里面用于储存一些物件。无阁楼的构架又有两种形式：一种是有柱无驼式，梁架的抬高是靠木柱大梁承托瓜柱，然后在瓜柱上施檩；另一种无柱无驼式，其梁架的抬高靠横向和纵向的交叉搭接圆木。开间方向的檩木直接搭在其下的梁上，不做碗口，除脊檩外，其余檩木上均承上部的梁。梁架的檩有五架、七架，松木直径较小时也有九架的，檩是用一整根的原木，如果不够长，则由两根拼接而成，中间的拼接处抹上泥，下面用隔板隔开，屋子就形成两开间的形式。

尚志市亚布力镇宝石村张宅是黑龙江省东部林区传统的井干式民居，三开间正房及其西侧仓房与外围的木幛子围合成梯形的一合院落，院门开在东南角，院内布置有木材堆、鸡舍和果园（图6-1-2）。

（a）井干木楞墙体构成示意图

（b）井干木楞墙体构成示意图

图6-1-1 井干式民居构造（来源：李蝉韵 提供）

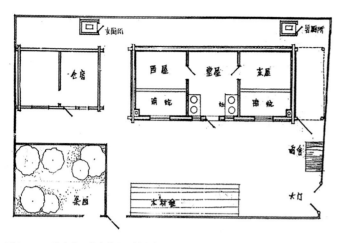
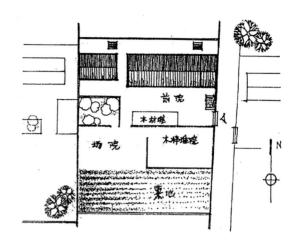

图6-1-2 尚志市亚布力镇宝石村张宅平面图（来源：周立军 绘制）

二、碱土平房

（一）碱土平房概况

我国东北地区，辽西碱地、吉林省铁西区与黑龙江西部碱地相连形成了长约千余里的碱土平原，横跨辽河平原西北部和辽河三角洲地区。这里分布着广阔的未经开发的生荒地，每年都长得厚厚的荒草，在荒草和熟地当中有片片相连的碱地，当地人把这些碱土地叫作"碱巴拉"。

黑龙江省碱土民居村落基本属于农耕型村落，因此村落周边分布着成片的耕地。耕地与住宅靠近是碱土民居村落形成的因素之一，每家所耕的面积小，所谓小农经济，所以聚在一起住，住宅和耕地不会距离得太远。碱土民居地处东北的碱土平原，气候、资源、民族特点和生活方式都与东北其他地区基本不存在差异。黑龙江省传统民居在建造上将防寒保暖视为首要解决的问题，因此在建筑造型上也会有与之相适应的做法。在东北地区有一个口诀来形容这些民居："高高的、矮矮的、宽宽的、窄窄的"，这句话可以直观地反映出东北地区碱土民居形体的特点。矮矮的，是指房屋的净高要适量低一些。由于采用的碱土材料，墙身厚重，使得碱土房在高度上要适应材料的承重能力，并且室内的净高比较低可以给使用者营造一个有亲和力的室内空间。在寒冷的冬季，虽然外墙很厚，保暖能力比较好，但房屋的屋顶的厚度比较薄，展开面积很大，这都影响了房屋的保暖性能，因此降低室内高度可以有效地减少室内采暖的空间，使室内采暖发挥最大的效力。宽宽的，指的是碱土民居南北立面宽大，南窗大。为了冬季采光的需要，宽大的南窗可以在冬季接受足够多的日照，冬季阳光最强烈的时候，整个屋内都可以接受到阳光的照射，营造了一个舒适的室内活动环境。夏季可以更好地通风，使室内凉爽。而宽大的南北墙则增大了整个房子的受光面积，碱土墙的蓄热能力要比砖墙好，在接受了一天的太阳辐射后，储存的热量越多晚上放出的热量也就越多。窄窄的，指的是房屋的进深小。采用小进深是基于防寒保暖考虑的，在南方炎热的地区，为了室内凉爽要尽量少光照，所以采用较大的进深。而在寒冷的东北，减小进深可以更好地储存热量、接受日照，使阳光可以尽量地照射到房屋的每一个角落，保持室内温暖明亮。并且对于碱土民居的结构特点，减小进深对房屋的整体稳定性有利，并且节省了材料的使用。

早期典型的碱土平房有"一明两暗"三开间，也有口袋式的碱土房，这些民居以碱土作为主要材料。随后逐渐出现砖瓦房代替了碱土房的形式。民居和院落是村落构成的基本单元，同时民居和院落的重复排列形成了村落的线性空间，这样的点、线、面的排列就构成了村落空间的主体。由于大部分的村落不是血缘同宗的村落，所有并列排布的建筑群反映了各个建筑之间所处地位相同和建成时间的关系，影响着村落建筑布局，各家的建筑空间与生活空间没有因地位的高低而做多层次的划分，体现了单一性的空间划分功能。在一个完整的碱土民居院落构成中包含了许多种元素，正房、院墙、大门是构成其必要的元素，各个元素缺一不可。此外还有一些符合当地农业生产的附属元素，如菜地、牲畜圈、杂物间、苞米楼等。

（二）碱土民居院落构成

1. 正房

正房是院落不可或缺的重要元素，一般位于院落正中央或中间偏北的位置，是院落的几何中心，院落其他构成元素都是围绕着正房而排布。功能上正房是院落中唯一的居住空间，是居民在院落中停留时间最长的一个场所。根据居住人口数量的不同，正房分为二、三、五间不等的大小，因此院落的大小也是依据正房的间数大小而决定其面积大小的。

2. 厢房

碱土民居院落中厢房不是一个居住的空间，多用作堆放工具或作为牲畜圈。分布在厢房的东西两侧或只有一侧设厢房。厢房较之正房建筑上被简化了很多，体量上比正房要小一些，只有一至二间的面宽，当中不设隔墙，高度比正房更加矮小。门、窗等元素被简化或取消，有时候厢房的窗并不是常用的窗，而是在墙上挖洞插上几根秫秸秆用于采光之用。屋架结构被简化，取消了檩、椽等构件，简单的用秫秸秆架在外墙上再抹上碱土不追求其保温能力，只要求遮风挡雨。

3. 院墙

院墙是用碱土垒成的，建造方法相比建筑外墙的建造简化了很多，在院墙的建造中不会特别加入羊草而是找一些碎的废料如纸或塑料袋替代羊草，也有许多院墙用秫秸秆扎在一起围绕一圈然后再将碱土抹在秫秸秆上。院墙轻薄矮小，高1米左右，厚10厘米左右，矮小的院墙在功能上与深宅大院的院墙功能完全不同，目的不是将院子内外的空间隔绝开，而是有意将院子内外的空间相联系，院墙只是起到了一个院内领域界定的作用。

（三）碱土民居院落布局

黑龙江省碱土民居的院落多为单座独院式布局。单座独院是一个方向为单体建筑，另三个方向由院墙围合而成。"一明两暗"单座独院是最基本的院落形式，在基本形式的基础上，碱土民居根据自身的需求产生出了许多单座独院的变化。

（1）房屋和院门位于中轴线上，甬道由院门延伸至宅门，将前院分为左右两块。如院中有三开间碱土房且带有耳房，房屋、宅门、甬道居中布置，只有一个院门，前院为菜地，后院一角设有杂物间。

（2）院门位于院子的东北角，甬道由院门延伸至宅门，院子不被甬道划分。如房屋、耳房、猪圈、厕所都靠院子西面设置，只设一个院门，房屋与院门不在一条直线上，造成院门开在北面的原因是此院子位于主要道路的北面，南面没有道路而使院门不得不开在北面。

（3）院门随意布置，没有朝向和数量的限定，没有明确的甬道，院门不与房屋在一条轴线上。如在院子西面、前院、后院均设有一个院门，院内布置简单，没有明确的甬道。这种院子出现在广阔的平原上的村落，村落没有规划道路，各户院子排布没有规则，各种院门开设都有出现。

（4）在"一明两暗"单座独院基础上还有一些二合院、三合院满足不同的居住需求。如正房与西面仓房围合成的二合院，院门设在东北角，整个院落前后均分，院内设施齐全，在碱土民居中属于规模较大的院落类型。

（四）碱土民居单体的空间形态

1. "一明两暗"式

"一明两暗"三开间式碱土民居是最常见的单体建筑平面类型。这种空间形式有其优势之处，所以普遍使用于黑龙江省碱土民居以及东北地区其他民居。《中国建筑美学》中谈到了它的几点长处：第一点，三开间的房屋面阔3~4米，进深4~7米，一个建筑单体面积在40~60平方米，三间房有一间堂屋，两间内屋，分配合理，这样的规模尺度对于一个普通的五口之家比较适宜，无论是单栋使用还是放在院落组合中大小都比较合适。第二点，"一明两暗"的三开间组合，堂屋处于正中轴线的位置，里屋分别处于堂屋的左右两侧，动静互不干扰。屋内使用功能完整，分区合理，主从关系明确。第三点，三开间的南北向房屋，堂屋和里屋都可以随意地在前后檐开窗，室内没有暗房可以获得良好的日照以及组织穿堂风。第四点，这种三开间的平面可以采用统一规格的梁架及构件，简化了施工难度，并且节省材料，梁架在进深方向可以选择不同的架数，可以更灵活地控制面积大小。第五点，有利组群的整体布局。三开间的建筑单体，平面呈矩形，立面上明显地区分出前后檐的主立面和两山的次立面。这种规整的、主次分明的体形，既适合于单栋的独立布局，也适合于庭院式的组合布局。在庭院组构中，既可以用于轴线上作为正房，也适合用于旁侧作为厢房。居中的堂屋，可以敞开或前后设门，便于前后院之间的穿行交通和室内外空间的有机组织。

2. "口袋"式

口袋房因其形如口袋而得名。门多开在东面，也有中间开门称"对面屋"，屋内炕与屋的长度相同，俗称"连二炕，连三炕"。一进屋是堂屋，由灶台加热里屋的炕，这种平面布局适合经济条件差或人口少的家庭使用。"口袋房，万字炕，烟囱出在地面上"，这句俗语形象地反映了满族民居的独特建筑风格，而在整个东北这个地域范围内，各民族的相互影响，居住模式相互融合演化，最终成了共有的传统延续下来。两开间的口袋房是在"一明两暗"的原型基础上减去了一间东屋而形成的"一明一暗"的平面，在特别贫穷的地区或经济不好的人家使用，现在基本已经被完全淘汰。这种平面格局为一间外屋，一间里屋，两者尺寸非常小，功能也不完整，刚够基本的生活要求。三开间口袋房在两开间基础上增加了一间西屋变成"一明两暗"不对称式布局，入口在东面，设有灶台，西侧两间里屋称为"腰屋"和"里屋"，两屋之间不设隔墙连成一个大屋，并且只有一个炕，在炕的位置设有隔板可以随意拆卸，屋中间加两柱支撑大柁。这种平面格局使屋内相互连同，增大了室内的使用面积。

3. 其他形式

除了上述典型的东北汉族传统平面类型，有少部分新建的碱土民居受现代生活方式改变在功能上有所更新。平面大体仍是三开间口袋式平面布局，但从一进变成了两进，第二进的进深比较小仅能容纳一张床，更好地为卧室起到了保温效果，还充当一个临时的小卧室供客人或家里的老人居住。在堂屋的另一侧加建了一间房间用作储藏间放置劳动工具和养鸡。

例如齐齐哈尔市郊的王宅，该宅为黑龙江省西北部传统的碱土平房，由两间正房、两间耳房（用作仓房）和两间西厢房（驴棚）等围合而成。其中两开间的正房进深较大，平面呈正方形，采用这种两开间式平面布局，外墙面积小，建造既经济又有防寒保温的效果。外屋以隔扇分隔成两部分，前面为厨房和过道，后部隔成小间为暖阁。屋里设有南炕，南向开大窗，北向开小窗（图6-1-3）。

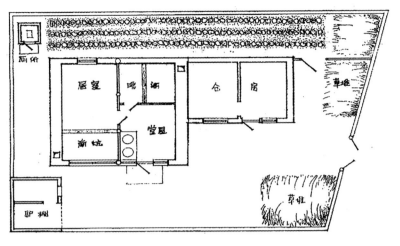
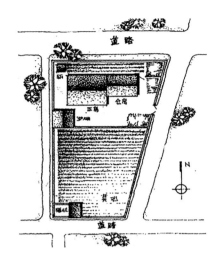

图6-1-3 齐齐哈尔市郊王宅平面图（来源：周立军 绘制）

三、瓦房合院式民居

（一）瓦房合院式民居概况

东北的汉族居民多为自明、清以来，来自华北和山东的"流官徙民"，在东北主要从事农业、商业和小手工业，与当地少数民族杂居，分散在城镇和乡村。东北汉族传统合院式民居，是过去汉族居住东北时根据生活的需要建造的，并反映汉民特色和生活特色的民居。其院落布局形式沿袭了华北地区传统民居的特色，又吸收了当地其他少数民族民居的做法，继而形成东北汉族传统民居自身的居住特色。

（二）院落布局形式

1. 外墙、炮台——防御性较强

"我们想到中国，便是横陈在永恒天空下面一种沟渠埋坝的文明，我们看见它展开在整整一片大陆的表面，宽广而凝固，四周都是城墙。"这是福柯在其著作《词与物》中所描述的中国。中国人自古利用实体边界对于内向性领域感的塑造可谓强化至极，宫殿如此，民居中庭院深深的"合院式"住宅更是充分体现了这一意向。这种突出的领域性特点，在移民地区的住居形态中表现得更为鲜明，这与中国历史进程中由于分分合合而造成的社会局面有很大的关系。黑龙江省汉族传统合院式民居形态所呈现出的较强的防御性特征是通过院落空间中外围墙、炮楼的建造及其独特性的形态特征所塑造出来的。

黑龙江省汉族传统民居中的外围墙即是俗称的"大墙"，大墙多用砖块垒砌而成，高度为4～5米，要离出于房屋檐部以上。乡村住宅外围墙的厚度较城镇住宅多有所增加，1.2～1.5米，目的是为了防御枪弹之用。从院落的平面布局上来看，出于特殊防御功能的需求等原因，黑龙江省汉族传统民居大院的外围墙都是较为独立的，其与院内的房屋建筑之间留有一定的距离。这与中原合院式民居墙屋相结合的建造形式是有较大区别的，这一形态特点也更体现出外围墙作为重要的院落构成要素所体现出的防御性特点。据《白山黑水录》所述："富豪村宅甚多，土壁离丈余囚隅筑楼，设女儿墙自卫以防马贼"，这其中"四隅"所筑的"楼"，即是旁接大墙，筑于院子四角的炮台，又叫炮楼。这种"堡垒式"的四合院主要兴起于民国年间，黑龙江省一些地处偏远村庄的富家大户为防止"胡子"（土匪）袭击，不仅设置高大的院墙，还在院墙四角修筑这种四角炮楼做"防御工

事",一些人家还养着看门护院的"炮手"。炮台多为夯土筑成或用青砖石块而砌,外形方整,坚固耐久,亦使墙体在角落处的衔接更为坚固(表6-1-1、图6-1-4)。

2. 腰墙、二门,廊,拐角墙、配门——松散的限定与包容

腰墙,顾名思义,"拦腰"而置,将院落二分为内、外院。于腰墙中间部分开设的出入口称之为二门。黑龙江省汉族传统民居大院中腰墙与二门所扮演的角色类似北京四合院的垂花门,主要起到了视线遮挡及划分功能空间的作用。我们将从如下几个方面来了解形体要素对于空间观感的塑造。

1)分隔

腰墙的修建主要是因为院子大,人居其间不甚紧密,所以增设腰墙才有二门的建造。作为内、外院的分界线,腰墙与二门相结合成为一个独立的垂直面,划分了不同的使用空间,又使得内院与外院既相分离又相互联系。

2)内向性、方向性

这两个构成元素又使得院落空间具有特定的方向性。腰墙与二门面对着两个不同的空间领域,成了二者的边缘要素。面对内院,成为封建礼制中"二门不迈"的枷锁;面对外院,则很好地实现了对空间的限定并形成了视觉屏障,进入大门后不能直接看到内院的活动,使得内院环境优雅。

空间与限定要素之间相互制约、对立统一的共生关系　　　　表6-1-1

空间要素	要素的构成方式	位置图示	空间特点的感知	切入角度
外墙、炮台	四个面围合	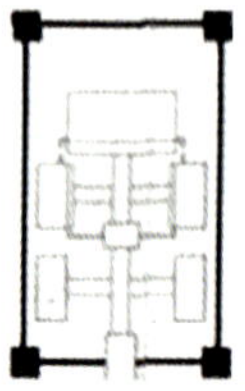	围合、内向;防御的、松散的	防御性较强
腰墙、二门;廊;拐角墙、配门(或拐角廊)	独立垂直面;线要素限定的平面;L形垂直面	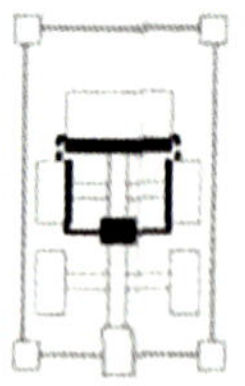	内向的、复合的、模糊的、松散的	分隔;遮挡、维护的新形式;松散的限定与包容
大门、二门;甬路	入口;垂直界面上的开洞;水平基面抬起	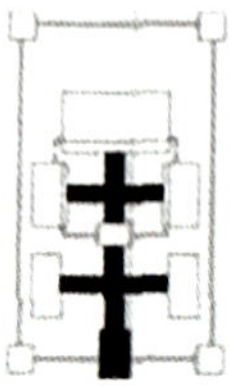	等级的;轴线意向加强,稳定的	轴线意向;与北京四合院的轴线分析比较
单体建筑	内部空间	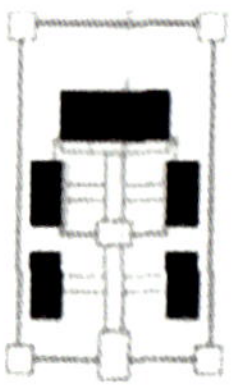	"高高的,矮矮的,宽宽的,窄窄的",内部空间分隔巧妙、灵活	平面构成要素;空间的分隔与利用

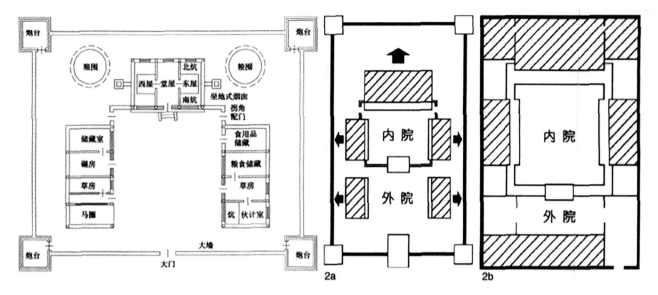

图6-1-4 黑龙江省汉族传统民居大院（来源：李同予 绘制）

3）拐角墙、配门——遮挡与围护的新形式

这种看起来更单薄的"L"形的形式俗称"凤叉"，它是正房和厢房缺口处相接的墙壁，主要起到了遮挡与围护的作用。限定了内外院及后院三个不同使用功能的空间。尤其是在黑龙江的乡村大院中，后院子主要用来囤积粮草，拐角墙的设置则遮挡了后院较为凌乱的景象，同时又可以遮挡住自后院吹来的风。

4）廊——松散的限定与包容

从建筑形态学的角度来看，"廊"常被认为是"线要素限定的平面""只剩下结构柱的垂直面"等。檐廊的两排柱子表明了建筑体量内部所限定的外部空间轮廓，同时又勾勒出空间中建筑体量的界限。既使得自身与邻近空间相结合，又增进其对于周围建筑的包容感，以上的这些特点很适合于用来描述北京四合院中廊对于其强烈的空间秩序感的塑造。然而，黑龙江民居大院的布局是松散的，廊的布局也是松散的。中原汉人的建造习俗被北迁移民带到东北后，有了较大的变化，廊的形制的改变及拐角墙的建造便是其中较为明显的。廊的围合意识不是那么浓重，正房前檐廊的建造大多被保留下来，东西两侧厢房的檐廊习惯被去掉了很多。而位于转角处的拐角廊的建造在很多人家更是被"拐角墙"这种新的围合形式所替代。廊对于院落空间的限定感被削弱了，周边建筑显示出更为明晰的建筑形态与轮廓的塑造。

3. 大门、二门、甬路——轴线对称意向的加强

对称是均衡的特殊形式，在轴线的两侧均衡地布置相同的形式与空间。沿着轴线的"路径"，引导人的行走线路。而建筑立面上的入口的位置，对于轴线意向及路径形状的塑造是有很大影响的。黑龙江民居大院中大门的位置多数位于院落南部的正中，很明确地塑造了一个轴线。院落中的南路，作为沿着中心轴线的长度而设定的边缘，则更加加强了这一反射对称的轴线意向。这种对称关系既存在于整个院落中，也存在于建筑单体乃至其中的一个开间中。由于这些不同层次的变化，就会产生整体的和局部的对称或均衡的区别。黑龙江汉族民居大院空间布局的轴线意向是非常鲜明的，我们可以将其与北京四合院做比较来说明（图6-1-5）。东北大院和北京四合院在轴线结构上最显著的区别是大门的位置，以及由此导致的轴线的延伸方向。北京四合院的院门多遵循风水理论中在"巽"位即在东南角上开设，而黑龙江

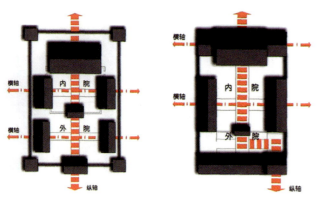

图6-1-5　东北大院和北京四合院比较（来源：李同予 绘制）

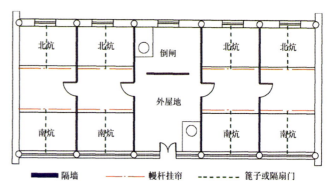

图6-1-6　黑龙江省汉族民居平面（来源：李同予 提供）

汉族民居大院的院门则设于南向正中。北京四合院一进门就是一座贴着东厢房山墙的影壁，再向西拐才能到院子的中轴线上，院子的正南向是与正房相对的倒座，整体给人以封闭压抑之感。黑龙江汉族民居大院则不然，居中的大门直来直去，有的摘下门槛就可以进出大（马）车，入门之后便正对院心，无论从里边看还是从外边看，都觉得心里"敞亮"，很符合这里朴实豪爽的民风。

（三）单体建筑——内部空间灵活的分隔与利用

院落房屋建筑的空间尺度关系、对于当地材料的利用、气候环境的适应及对简易木构架结构的利用，是反映院落空间的组成及其架构特点的几个基本环节。正如在东北流传下来的谚语所形容的"高高的，矮矮的，宽宽的，窄窄的""黄土打墙房不倒""窗户纸糊在外""养活孩子吊起来"。从下面的内容中，我们将会体会这些简单朴素的民居建筑中所反映出的建造者的智慧。

1. 平面构成要素

考察现存的黑龙江省汉族合院的实例，房屋平面布局一般是从三开间到五开间或七开间不等。"间"的尺寸大多为3.5m×（6~9）m，"一明两暗"三开间的布局模式较为常见——堂屋居中，两侧分别为东屋、西屋。而五开间或七开间的房屋在大宅中较为常见，堂屋左右两侧的次间称为腰屋，尽端的两间称为里屋。"堂屋"不仅是家族生活的起居空间，同时又是婚丧嫁娶、寿喜庆典、教化子女的重地。以堂屋为中心的中轴对称布局方式，以及通过堂屋来组织室内空间秩序，则是很好地体现了中国儒家传统文化中"居中为尊"的思想。据魏毓贤的《旧城日闻》："厅堂多设炊具，富者别以暖阁俗曰倒闸。"这其中的暖阁（满语称"倒闸"）是利用入口间的北部用隔扇门隔出的小屋，内设小火炕，为给老人暖衣暖鞋用，以避免冬天出门穿衣时感觉寒冷，也可以用于储藏等多种用途。倒闸进一步隔绝了北向檐墙的冷空气，它同灶间的暖流一起加热从正门进入的冷空气。以减少因开、关门使空气对流而散失热量。"腰屋"正如其名，"不上不下"地位于堂屋左右。由于东北汉人的院落住宅正房多为五开间，并且只在明间开门一处，腰屋也便多了一层过渡空间的作用。

2. 内部空间灵活的分隔与利用

黑龙江省汉族民居大院建筑内部空间的利用，是极为灵活多变的。单体建筑中，除了里外屋普遍采用隔墙分隔开外，对于南北炕间甚至是单个炕面上亦布置了多种较为灵活的隔断。在炕沿位置的上空，有与炕沿平行的幔杆，悬挂在梁下。幔杆是晚上睡觉时用来挂帘的。入口间和生活起居间用隔墙来分隔，南北炕的整个炕面上也需要进行分隔（图6-1-6）。

第二节　满族聚落民居建筑类型及其建构技术

黑龙江省满族居民长期生活在东北松花江和黑龙江下游广阔地域。这里的地域气候条件、生产生活方式以及社会发展水平决定了满族建筑特征，并逐渐形成了民族特点鲜明的寝居习俗。为了抵御冬季风雪和严寒，满族先世肃慎人、挹娄人和勿吉人基本为"穴居"。女真人在形成期，仍然沿袭先世的"穴居"习俗。随着女真社会生产力的不断发展以及中原建筑的影响，女真平民的住宅有了很大的进步。在广泛使用火炕取暖的同时，他们逐渐由"穴居"转向在地面建房。满族民居建筑伴随其社会的发展，逐渐形成了自己独特的格局。

一、单体建筑平面形态

黑龙江省满族聚落建筑多为矩形，建筑在面阔方向不一定要单数开间，也不强调对称。主房一般是三间到五间，坐北朝南。三间大多是在最东边一间的南侧开门或中间开门，五间在明间或东次间开门，使卧室空间占两到三个开间，均开口于一端。三间和五间若居中开门，称"对面屋"，这是受到汉族的影响。在辽金以前，满族先民崇尚的是太阳升起的东方，所以门偏东开。满族人讲究长幼尊严的等级差别，遵守着"以西为尊，以右为大"，长者居西屋，与汉族人的"以东为尊，以左为大"恰好相反。满族建筑室内的布局，最大的特点是环室三面筑火炕，南北炕通过西炕相通，平面呈"凵"字形布局，俗称"万字炕"。

二、院落组成平面形态

黑龙江省满族建筑院落为一进或二进，只有少数权贵的院落建成三进以上的套院。每组院落仅由一条纵向轴线所控制，呈现为单向纵深发展的空间序列关系而无横向跨院。相互毗邻套院的控制轴线往往呈现为一组平行线，院落之间亦无横向联系。这种院落格局的形成，来源于早期满族人"占山为王"的习惯。他们将院落建造在狭窄的山脊上面。建筑随山脊的走向，由前向后延展排列，而向两侧发展的空间受到地势条件的限制（图6-2-1）。

另外，满族在进入平原之前久居山地，定居平原后，由于心理习惯而仍以人工筑高台以登高瞭望；随着满族逐渐适应平原生活，高台的高度逐渐降低，以致最后彻底丧失其登高瞭望的功能而成为一种等级标志。

黑龙江满族民居具有代表性的宅院位于依兰县县中心巴黎广场东侧，始建于清朝中期，毁于清末沙俄入侵

图6-2-1　单向纵深发展的院落关系（来源：苏瑞琪 提供）

我国东北时期，后在1900年重建，是黑龙江省保存较为完整的满族民居。1998年被确定为县一级保护建筑。

该宅是三合院布局，包括前院、中院和后果园共三进院。果园为主人及家人的活动区域，前院用于放置柴火垛，中院正房居中，体量较大，坐北朝南，面阔五间，东、西各有烟囱一个，拔地而起。院落东、西两侧设有面阔三间的厢房。由垂花门及木质围栅隔成前、中两个院落，垂花门前有屏风影壁一座。老宅的建筑形式均采用陡板脊硬山的做法，灵动不失稳重。泥质青灰仰瓦屋面排列整齐，两侧三垄合瓦压边，以减单薄之感。

三、烟囱形制

黑龙江满族传统民居，无论青砖瓦房还是土坯草房，都有一个显著的特征，即烟囱不是建在房顶，而是安在山墙外，像一座小塔一样立在山墙一侧，民间称之为"跨海烟囱""落地烟囱"，满语谓之"呼兰"。这种样式的烟囱来源于满族先民时代在山林中的住宅，由于其房顶是用桦树皮或茅草覆盖，甚至连墙壁也多用树干加工后排列组成，如果把烟囱直接设置在墙壁或房顶上会有发生火灾的危险，所以，远离房屋设置烟囱，有利于防止火灾的发生。另外，烟囱不安在房顶，还可以减小烟囱对房顶的压力，避免在房顶上修烟囱时造成烟囱底部漏水、渗水，春天雪化的时候水就从烟囱底下流入房里，容易腐蚀房屋结构。因此烟囱安在山墙边，再通过一道矮墙围成的烟道连通室内，就可以避免上述种种麻烦。烟囱立在地面上是满族民居最显著的特征之一，形式与功能很好地结合在一起（图6-2-2）。

早期做这种烟囱的材料，既不是砖石也不是土坯，而是利用森林中被虫蛀空的树干，截成适当长度直接埋在房侧，为防止裂缝漏烟和风雨侵蚀，用藤条上下捆绑，外面再抹以泥巴，成为就地取材、废物利用的杰作。满族走出山林后，这种烟囱也被带到东北的汉族居住区。随着

图6-2-2 火炕（来源：李同予 摄）

建房材料的变化，逐渐改为用土坯和青砖砌筑，但高于房檐、下粗上细的风格依然如故。由于这种烟囱距房体有一段间隔，其间有内留烟道的短墙相连接，俗称为"烟囱脖子"或"烟囱桥子"。而且烟囱坐在地面上，不仅可以延长室内烟道的长度，提高供暖效力，还适应了满族烟囱过火量大的特点。同时满族人还巧妙设计了防止风雪从烟囱处倒灌进入灶膛的方法。火炕有三个通口，第一个通口是向灶膛中输入燃料的，第二个通口是灶膛与炕内烟道的连接口，第三个通口是火炕烟道与烟囱道的通口。灶膛中通过燃烧柴火产生的热烟就通过第二个通口排入火炕，从第三个通口中排出。在烟囱道底部挖一个深坑，作用是让冲进来的大风直接砸到深坑中，而不是直接灌入第三个通口，还要在第三个通口斜搭一块铁板，只露出洞口的大约五分之三，这样的斜台既能阻碍从灶膛中产生的烟气，又能阻挡从外面进入的风雪（图6-2-3）。

图6-2-3 土打烟囱（来源：李同予 摄）

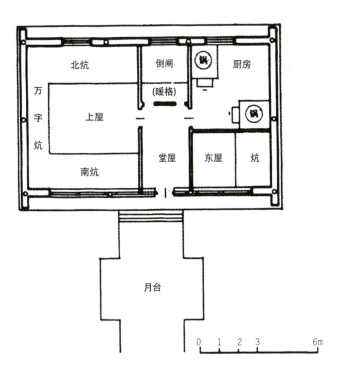

图6-2-4 满族民居平面图（来源：卢迪 提供）

四、"口袋房"

黑龙江省满族民居建筑伴随其社会的发展，逐渐形成了自己独特的格局。其中最有特色的就是"口袋房"。"口袋房"屋门开在东侧，一进门的房间是灶屋，西侧居室则是两间或三间相连。卧室分为一楹、二楹、三楹等（图6-2-4）。

满族主要生活在东北地区较寒冷区域，为适应北方地区的严寒气候，抵御冬季风雪，墙体的厚度为：北墙450～500毫米，南墙400～420毫米，山墙370～380毫米，隔墙80～200毫米，同时为了实现采光充足、便于通风，传统满族民居南北均设置窗户，南面的窗户较宽大，北面的窗户较狭窄，既通风又保暖。窗户上、下开合，上扇窗户为结实的木条制作。木条上刻有"云字文"等满族人喜爱的传统花纹。窗户纸糊在窗外，不仅可以加大窗户纸的采光面积，抵御大风雪的冲击，还可以避免因窗户纸的一冷一热造成脱落的现象。为了增强窗户纸的经久耐用性，通常将其用盐水、酥油浸泡，从而不会因风吹日晒而很快损坏。窗户在下面固定，可以向外翻转，避免大风吹坏窗户。在房门的设计上采用双层门，分内门和风门。内门在里，为木板制作的双扇门，门上有木头制作的插销，风门为单扇，门上部为雕刻成方花格子，外面糊纸，下部为木板。

五、万字炕

满族睡的炕称为"万字炕"，或称"转圈炕""拐子炕""蔓枝炕"等，满语称"土瓦"。满族的火炕有自己的特点。第一，环室为炕。卧室内南北对起通炕，西

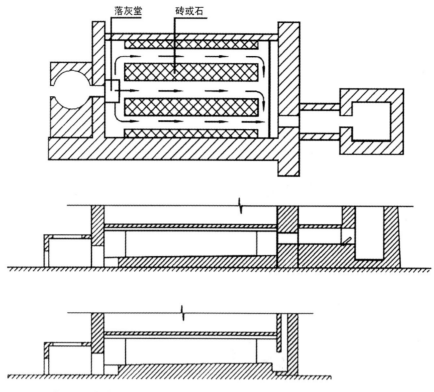

图6-2-5 满族的炕与烟囱做法（来源：李同予 绘制）

边砌一窄炕，也有的西炕与南、北炕同宽，且与南、北炕相连，构成了"Π"形。烟囱通过墙壁通到外面；第二，炕面较为宽大，有五尺多宽。炕既是起居的地方，又是坐卧的地方；第三，也是最为重要的一点——保暖。满族使用和发明的火炕是通过做饭的锅灶来供热的，做饭、烧水等锅灶所产生的热气都通过火炕，所以炕总是热的。有的人家为了更好地保暖，把室内地面以下也修成烟道，称为"火地"或者"地炕"；第四，烟囱出在地面上，也是满族传统民居的又一个特色。满族炕大，烟囱也粗，用砖和泥垒成长方形，满语称为"呼兰"。烟囱高出屋檐数尺，通过孔道与炕相连。满族人喜欢热炕，他们往往在炕沿下镶上木板，上面雕刻着卷云纹等图案，朴素而美观的装饰与铺地的大方青砖相映成趣（图6-2-5）。

六、索罗杆

索罗杆为满族祭天典仪所用之物，旧时八旗满洲人家庭多于院内立此为固定标志，也成为对满族民居院落辨识最重要的特征。如《沈故》所云："满洲旗人门内皆树神杆，长丈余，顶冠锡盘。"又《黑龙江志稿》记"院之东隅立杆一，高数丈，名曰索莫吉杆，又曰祖宗杆，上悬锡斗，贫者用木斗。祭时实家尾、家胆暨小米于斗。杆首尖锐，以家项骨横贯之"。或记满洲人祭天云："又立七尺七寸或九尺三寸高细木于院内之南隅，置斗其上，形如浅碗，名曰祭杆。祭之次日献牲于抨前，谓之祭天。以猪肠及肝、肺生置其中，用以饲鸟。又以猪之喉骨贯于杆梢，再祭时则以新易旧。"按照祭祀使用的要求，此杆均立于院内东南隅正对"口袋房"式满族传统住宅屋门之处。下为高近二尺的方形石座，满族民间俗称"杆座"，相传来源于先祖（或说努尔哈赤）在长白山打猎、采参做饭时所用的"支锅石"。石座上部平面中心凿圆洞，木杆即安插其内，旁以木柱固定。杆长逾丈，选用笔直松、杉等树干，除去枝杈，将顶端砍削成自下向上渐锐的锥形，于上部套置锡斗或木斗固定在近顶处。旧时比较传统的满族宅院中，尚于大门与正房间建"院心影壁"一座，高约2米、宽1~3米不等，或以砖砌，或以木板为之。此墙在平时为正室前之遮蔽，但也供祭天换索罗杆时应用，按照比较正统完备的民间立杆祭天仪式，在每次更换新索罗杆时，要将备换之杆倚于影壁南侧，并在更换前将杆尖蘸牲（祭祀用猪）血，并将猪喉骨套于杆尖上，然后才能将新杆竖起，祭天时的叩拜等仪式亦需在影壁东北位置举行。满族从原始时代即有的祭天习俗，在清入关后仍保留了300年有余，从清宫、王府至民间中等以上经济状况之家，都将祭天作为经常举行的信仰仪式，而索罗杆又是祭天必备的设施，所以在满族住宅中保留的索罗杆，也成为这个民族区别于其他民族的显著特色之一。

第三节　朝鲜族聚落民居建筑类型及其建构技术

朝鲜族是一个迁入民族，19世纪中叶后陆续大批迁至我国东北各地。在与汉族及其他民族的长期共同生活中，勤劳、智慧的朝鲜族人民在继承本民族优秀传统文化的同时，吸收了满、汉族及其他民族的先进文化，创造并发展了光辉灿烂的民族文化。他们的饮食、服饰、建筑、雕刻、绘画及文学作品无不带着浓厚的民族特色，无不闪烁着东方文明的光芒。黑龙江省朝鲜族民居是朝鲜族文化的重要组成部分，它集中体现了朝鲜族的民族文化、民族心理、生产方式及社会发展状况，朝鲜族人民结合本民族的生活习俗、行为模式建造出了与黑龙江地区寒冷的气候条件、地理环境相适应的民间住宅，这些至今仍散落乡间的民居在总体布局、平面与空间构成、立面造型、结构体系、构造做法及建筑材料的选用等方面具有鲜明的民族特色和地方特色。朝鲜族村落大多分布在沿山且有水源的平川地带，如河谷平原、河谷盆地及冲积平原。村庄的距离远近不等，这是根据开垦种植稻田面积的多少自然形成的。

一、单体建筑平面形态

（一）咸境道型

咸境道型朝鲜族民居建筑主要分布在我国延边地区和黑龙江地区，住宅平面多形成"田"字形的统间型平面，一般以双通间为基本类型，有六间房和八间房不等。房间通过门相连，适应冬季寒冷气候；内部空间上最大的特点是厨房和炕空间连为一体形成开放空间——"主间"，并把"主间"作为平面的中心，构成独立的最基本的空间形态。家庭生活、作业、用餐、娱乐活动都是在"主间"进行。"主间"大部分中间没有隔断。

（二）平安道型

平安道型朝鲜族建筑多数分布在黑龙江省、吉林省以及辽宁省的部分地区。建筑平面为"一"字形的分间型平面。相对于统间型平面，分间型平面的厨房和下房在功能上具有明确的分化，中间设有墙体或隔断，各自形成独立的空间（图6-3-1、图6-3-2）。

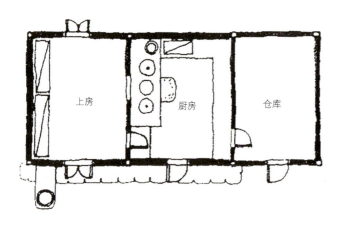

图6-3-1 分间型平面图（来源：金日学 提供）

图6-3-2 分间型内部空间（来源：金日学 提供）

（三）混合型

朝鲜族建筑形态受到汉族、满族等其他民族的较大影响，为了隔绝厨房的炊烟、气味以及提高室内的热效应，局部内部空间发生了分化。寝房采用半炕式，炕的面积较小，仅占寝房面积的三分之一，其余空间都是地面。但生活习俗依旧保留传统的朝鲜族特色，内部空间通过满炕、朝鲜族灶台、橱柜等处理手法突出民族特色（图6-3-3、图6-3-4）。

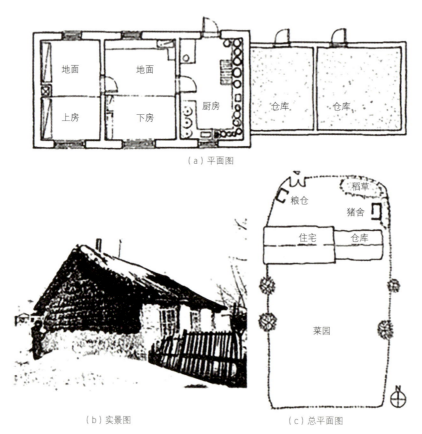

图6-3-3 哈尔滨市星光村民居（来源：金日学 提供）

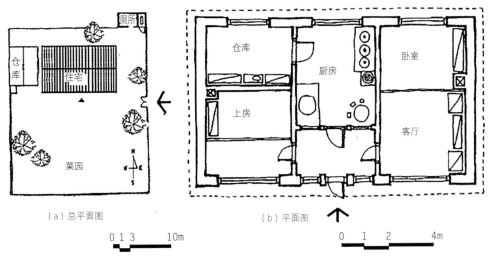

图6-3-4 尚志市河东乡南兴村（来源：金日学 提供）

二、院落组成形态

黑龙江省传统朝鲜族聚落中建筑的布局形态延续了朝鲜族从朝鲜半岛迁入时的固有形式。房屋以单体为主，成行列式顺着山坡的形势布置。因为冬天较长所以住户的开口部分主要朝南开设，卧室大部分也是朝南方向。每个院落大部分与尽端路或者一个以上的道路连接。院落大体为正方形，可分为院落入口、宅前用地、宅后用地三个部分。院落大门一般布置在南向或者东向。宅前地大部分种烟草或蔬菜等农作物，住宅后一般种有果树。院落的主出入口不设置在院子的正中央是因为要确保院内宅前地的使用。院落的围墙大部分用木桩和柳条编成围墙，其材料是木板和小树枝，高度大约为150厘米，也有的用黏土或砖砌成围墙。

三、建筑造型与细部

朝鲜族在文化历史上具有"崇尚山水"和"鹤崇拜"的民俗现象，历史绘画、舞蹈、服饰、家具彩绘等都体现出素、白、雅、和的特点，而且这些民俗特点同时也体现在朝鲜族民居的形态设计上。在建筑外形上，"天地方远，品物多方"，足以概括其特点。朝鲜族建筑大多为矩形，这是朝鲜族房屋的基本形体。其外观以白墙青瓦（或干稻草屋面）为主要特点。民居的建筑材料均由木、石、草、土等天然材料构成，木结构的传统建筑形式没有任何装饰，外观保持原有的质感及色彩，朴素且与自然和谐统一，构成了朝鲜族聚落鲜明的空间环境特征。朝鲜族民居的建筑形象一般有三部分作为主要构成要素，即烟囱、屋面和墙体。朝鲜族民居的烟囱在建筑侧面，也是直立于地面，只是材料用木板做成长条形的方筒形状，口径每边约25厘米，高达房脊，具有向上的视觉感受。随着中原文化的入侵，在现在的民居中，大多把烟囱建在屋顶，烟道与墙融为一体，使烟道内的余热进一步散发到室内，取暖效果更佳。早期没有这样做，是因为多数建筑屋顶全是用草苫的，烟囱从屋面穿出不利于防火，也容易造成雨水渗漏腐烂屋面下的木结构。在黑龙江民居中的火炕决定了烟囱存在的必然性，也为建筑形象带来了变化，与简洁的房屋体量形成一横一纵、一大一小的和谐构图关系。

朝鲜族传统民居的结构最能表现其民族特色的是房柱和屋顶。房柱分为圆柱和角柱，圆柱有直圆柱和鼓形圆柱；角柱有四方柱和八角柱。房柱沿屋四周分布，下端可装置环形的木栏杆，顶端连接梁和檩，再用斗顶托房檐。屋顶均为有屋脊的结构，采用悬山式和歇山式屋顶。为了装饰屋顶的四角，把椽子架成扇形，有时还装上双层的椽子（图6-3-5）。

朝鲜族民居的屋顶形式为悬山和四坡顶，草厚度很大，有30~50厘米。后来出现了前后双坡顶，这种屋顶是受满族、汉族等住宅形态影响后出现的屋顶形态，里面左右对称。结构采用砖混式，东西两侧山脚用毛石砌筑，最后将平面削平，并用水泥勾缝这种结构大大增加了住宅的稳定性。

黑龙江省朝鲜族建筑墙体的做法与满汉两族民居做法基本类似，只不过朝鲜民居又在外面刷上了白灰或抹上黄泥。具有一种简洁、干净的立面特征。在林区普遍用木材做墙，建筑形象与环境形成了非常和谐的对话关系。如今，这些墙面材料都已经被砖石替代，但仍然保留了墙面干净利索、简单装饰的特征。其次是门窗洞口的特点。黑龙江民居一般只在南向的正面开窗，侧面不开窗，背立面通常也不开窗，有的人家为了通风和采光要求，只开很小的气窗。因而墙面的实体部分明显多于开洞部分，使建筑形象非常厚重，这是东北民居的一个共性特征。

朝鲜族建筑室内的取暖设施也是火炕。而朝鲜族火

图6-3-5　朝鲜族民居建筑形态（来源：程龙飞 提供）

炕的特点也主要在炕面。将浸透了的油而发黄、又光又滑的"炕油纸"铺在炕面上，显得干净爽快，而且容易擦拭。住家的油纸炕上，备有莞草席子或各种坐垫。按照习俗，老人坐卧在热炕头，年轻人坐卧在"炕梢"。长幼有序，非常和谐。

第四节　其他少数民族聚落民居建筑类型及其建构技术

鄂温克族、鄂伦春族、赫哲族是生活在我国东北地区、人口较少但具有悠久历史的少数民族聚落，他们及其先民长期生活在黑龙江、乌苏里江、松花江与大小兴安岭交织错落的白山黑水之间，从古至今"夏捕鱼作粮，冬捕貂易货"，被学术界称之为"黑龙江三小民族"。他们的建筑形态受到地域自然环境与民族经济条件的影响，在其狩猎、渔猎生活中逐渐形成，最根本的目的是满足基本的生活居住需求。鄂伦春族、赫哲族主要以捕鱼为生，兼有狩猎和采集等生产劳动，为了适应鱼类的汛期和洄游路线及逐野兽而迁徙，形成了一种独特的游动式聚落形态。建筑形态完全适应游牧渔猎生活的需要，由于迁徙不定，建筑必须能够就地取材、结构

简易、便于拆搭迁移，这也在很大程度上塑造了这些民族的斜仁柱式的建筑形态。

一、聚落组成平面形态

鄂温克族、鄂伦春族的建筑聚落以"小聚居大散居"为主要分布模式。建筑组团规模较小，由一个家族的血缘乌力楞或地缘乌力楞中的斜仁柱排成直线形的一列组成。建筑周围的树林中、河畔的开阔地都可以成为他们进行室外生活、生产、集会的活动场地（图6-4-1～图6-4-4）。赫哲族的固定建筑聚落以临近乌苏里江、松花江、黑龙江岸形成的屯落为主。屯落由若干个家族院落组合在一起形成，总平面形状多呈方形或长方形。屯落中的单元院落由住屋与室外栅栏组成，每个单元院落均朝向南面。院落之间由东向西并列排布，室外栅栏高约1米，前后两列栅栏之间限定形成室外空间（图6-4-5）。

二、单体建筑平面形态及结构构造

（一）撮罗子

鄂伦春族和鄂温克族世代居住在大兴安岭的密林之中，过着狩猎生活，其生产生活习惯一直保留到现在，形成了农耕和狩猎并存的生活状态。鄂伦春族和鄂温克族与生活在同一纬度的欧洲、亚洲、北美洲其他民族，在宗教信仰和居住形式等方面极其相似，这是相同或相近的自然环境造成的，其用于生产生活的建筑形式主要有三种：一是地面建筑"撮罗子"，二是悬空建筑"靠劳宝"，三是半地下建筑"地窨子"。这三种建筑均是生活在这一地区少数民族的先民们为了适应自然环境、气候和狩猎活动特点而发明创造的。这些建筑的特点是就地取材、实用性、临时性和易于迁移。其中"撮罗子"建于森林中的空地，是使用桦木杆、桦树皮或兽皮和毡子为主要建筑材料搭建的一种干阑式建筑，用于居住、仪式等。撮罗子又称"斜仁柱"或"撮罗昂库"，是东北狩猎和游牧民族的一种圆锥形"房子"（图6-4-6）。"撮罗"是"尖"，"昂库"是"窝棚"，这是赫哲人的叫法；"斜仁"是"木杆"，"柱"是"屋子"，这是鄂伦春、鄂温克人的叫法。把两种名称的意思合起来，就是"用木杆搭起的尖顶屋"，这正是"撮罗子"最主要的特征。这种圆锥形房屋一般高3～5米，由二三十根碗口粗的松木为主干搭建而成，外面覆盖桦树皮和帆布，看上去很像印第安人的"提皮"。它一般被建在地势较高、阳光能照射到而且水和柴草就近可取的平坦之处。撮罗子的内部空间比较宽裕，地面直径一般为4～6米，室内北、东、西三面搭设供人起居坐卧的铺位。有的是用干草和树皮直接铺在地面上，更多的则是在约一尺高的架子上铺木杆木板，上铺草席或皮子，可以更好地防寒防潮。按照民族习俗，"撮罗子"内的方位是有不同等级区别的。

（二）马架子房

马架子房是赫哲族传统民居的代表形式。马架子房一般是在平整的地面上埋上柱子，用土坯砌成墙体，在柱子上钉上横梁，在横梁上垫上条子抹上泥，再铺上一层羊草作盖；窗户和门都开在南山墙上，有的不开窗户；房内东、西两边搭火炕，与设在南端的锅灶相连，连接处设有矮墙。其外呈"马鞍架"形，所以叫马架子房。赫哲族人用树桩或较粗的树枝围绕马架子及鱼楼子等建起的栅栏限定出院落。院落为方形，近代较为有钱的人家也有用羊草搓成草绳，再用草绳编成草辫，用泥土筑在一起，宽约1.2米、高约3米多的拉哈墙，或是土墙或将圆木堆在一起筑成的木围墙。马架子位于院落的中心，鱼楼子位于院落的东南角或者正南方向，用以储存食物。晾鱼架与晒网架建于住房南向，厕所设在房东侧或房后，马厩位置不定。整个院落作为建

图6-4-1 新生鄂温克乡新生村航拍图（来源：马辉 提供）

图6-4-3 新生鄂温克乡新生村远景图1(来源:马辉 提供)

图6-4-2 新生村远景图2

图6-4-4 新生村中景图2

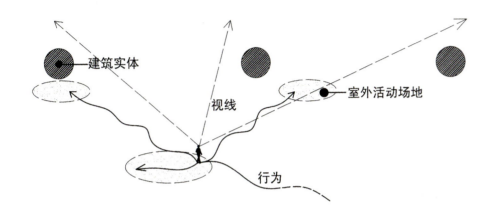

图6-4-5 鄂伦春族、鄂温克族传统室外空间示意图（来源：高萌 绘制）

图6-4-6 撮罗子外观（来源：高萌 提供）

筑内部空间与外部自然环境的过渡，既是屯落中的居民储存食物、用具，满足基本生活需求的空间，又是从事修补渔网、晾晒鱼等生产劳动的场所。

（三）斜仁柱与格拉巴

鄂温克族在民族的发展过程中形成了两种传统建筑形式：居住建筑"斜仁柱"、仓储建筑"格拉巴"，以及由这两种建筑组成的原始聚落。这两种建筑形式以及原始聚落都是在民族传统文化的影响下形成的，聚落的形态特征、建筑的构筑方式以及建筑空间形态特点都自然地表现出鄂温克族的传统文化特色。斜仁柱是鄂温克人的移动性居住建筑，它的构筑方式是为了满足驯鹿文化的移动性需求而产生的。斜仁柱由细木杆与树皮或动物皮毛构成，外形呈圆锥形。其周围多设置仓库建筑格拉巴，格拉巴是他们的固定的仓库建筑，它的构筑方式是在狩猎文化的经济模式影响下产生的。鄂温克人选择了森林中最坚固的自然结构——树木，作为"格拉巴"基础的结构框架。建造时以自然树削去树冠为四柱，树根就是建筑最坚实的基础，在四柱之上用一些较细的檩子围合出一个悬空的仓储空间，最终利用自然结构形成一个坚固耐久的永久性仓储建筑（图6-4-7、图6-4-8）。格拉巴这种底层架空、上层呈半开敞的空间类型，以及使用陡峭的垂直交通构件的空间组织模式，展现出了鄂温克族的狩猎文化（图6-4-9、图6-4-10）。

鄂温克人每当迁移时，就提前到新的地方使用木杆搭出一个锥形的"斜仁柱"结构构架，只需要将原来"斜仁柱"上的桦树皮围子或兽皮围子拆下运到新的地方重新围护在搭好的构架上，等到他们沿着钟摆式的迁移路径再迁徙回来的时候，原来弃置不用的结构构架也可以重新利用。这种构架与表皮相分离的构筑方式充分地反映出了鄂温克人的驯鹿文化特色（图6-4-11～图6-4-13）。

图6-4-7　格拉巴（来源：高萌 摄）

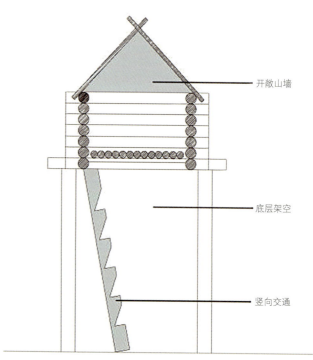

图6-4-8　格拉巴构筑方式（来源：高萌 绘制）

图6-4-9 斜仁柱（来源：高萌 摄）

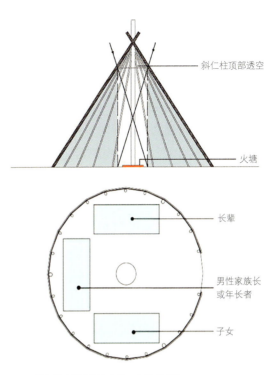

图6-4-10 斜仁柱内部空间（来源：高萌 绘制）

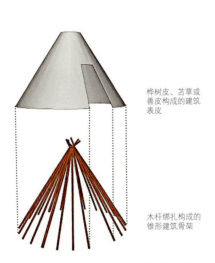

图6-4-11 鄂温克族、鄂伦春族斜仁柱、赫哲族撮罗安口的建筑构成示意图（来源：高萌 绘制）

图6-4-12 赫哲族乌让科安口的建筑构成示意图（来源：高萌 绘制）

图6-4-13 赫哲族昆布如安口的建筑构成示意图（来源：高萌 绘制）

第五节 传统聚落民居建造材料

由于黑龙江地区独特的地理形态和气候环境的影响，传统民居的营建材料也呈现出与其他地区传统民居所不同的特点。为适应严酷的寒带气候，在材料的选择上，黑龙江传统民居的建筑构件多选用地方性材料，如生土、木、草、石材、砖瓦等，它们具有良好的保温隔热功效且具有较强的可塑性，经过简单的加工后还可具有多种用途。这些材料均属于可再生资源，且造价低廉，可就地取材，极大地减少了运输资金与能源消耗。此外，加工过程简易，有效地降低了因加工建造而引起的环境污染。

一、墙体建造材料及建构技术

黑龙江传统民居历来就非常注重墙体的保温，形成了独特的做法。传统民居的墙体大都是几种材料组合而成，纯木、纯草、纯石头的民居较少，即便是采用单一的材料为主体，也会进行添加或涂抹泥土等保温措施。一般来说，为了抵御冬季寒冷的西北风，北墙最厚，南墙其次，山墙再次，室内隔墙由于不承重，而且不需要保暖隔热，普遍做得很薄。黑龙江传统民居应对极寒气候，非常注重墙体的保温，形成了独特的做法。

砖墙体一般是用青砖砌筑的清水墙。满族民居中一般人家，砖是不用特别加工的，砌时用月白灰（泼浆灰加水调匀）砌筑，灌桃花浆，随砌随用瓦刀勾缝。有一些人家对砖的要求比较高，需对砖的上下两面进行加工打磨，要求高的甚至打磨五面。砖块的摆砌以卧砖使用最为常见，一般采用全顺式。也有采用立砖形式的，一顺一丁，内填充草泥。墙体的砌筑，一般都是外层为好砖，内用碎砖衬里，这种做法可以节省大量用砖。

用东北地区特有的黑黏土作为主要材料，与经水浸泡后的谷、稻草等胶合在一起拧成长约60～80厘米的泥草辫子，用它垛砌而成的墙壁叫作拉哈墙，又称草辫墙（图6-5-1）。另外还有幛子，一般是用取材方便的材料制成的，主要有秫秸障子、柳条墙等，也有用木条、木板、柴杆等制作而成。秫秸障是指用高粱秆制成的障子，先把底部埋在地下，再把中间部分和上部用草绳连接起来。柳条墙是指在地面上立木柱之后，横向连接细树枝做成的障子，多分布在平原地带。

夯土墙，又称"土打墙"，其做法是将土填入夯土木模板中经反复拍打夯实而成，常常按照每两米长分段施工，这样一板板夯筑直到需要的高度。为了延长墙的使用年限，土打墙表面要用细泥抹面，常用的材料是由细羊剪（音草）混合黏土构成，墙面需要一年抹一次。土坯大墙是用土坯块垒成的，土坯块的做法是用黏土或碱土、碎草搅和在一起，入模成型晒干后

图6-5-1 拉哈墙（来源：李同予 摄）

而成并用黄泥浆砌筑成墙，这是东北民居使用最广泛的一种墙材料。

二、屋顶建造材料及建构技术

黑龙江传统民居的屋顶按屋面材料分有瓦顶和草顶两种形式。瓦屋面一般采用小青瓦仰面铺砌，瓦面纵横整齐。瓦顶的屋脊上，有的用瓦片或花砖做些装饰，梁头、椽头皆不做装饰。它不同于北京地区采用合瓦垄，其原因是东北地区气候寒冷，冬季落雪很厚，如果采用合瓦垄，垄沟内会积满积雪，待雪融化时会侵蚀瓦垄旁的灰泥，屋瓦容易脱落。特别是经过反复地冻融，更易发生这种现象。因此，该地区的做法是屋瓦全部用仰砌，屋顶成为两个规整的坡面以利雨水的流通。在坡的两端做两垄或三垄合瓦压边，以减去单薄的感觉。在房檐边处以双重滴水瓦结束，既有装饰作用，又能加快屋面排水速度。

草屋顶是传统民居中较为多见的屋面形式（图6-5-2）。一般草房都建在立柱上，首先置檩木再挂椽子，多为三条椽子。椽子以上铺柳条或者苇芭或秫秸。在这些间隔物顶上再铺大泥，称作望泥，也叫巴泥，厚度约10厘米。为了防止寒气透入，再加草泥辫一层，这样既可以防寒又可延长使用。最顶部分稗草，铺置平整，久经风雨，草作黑褐色，整洁朴素，俗称"草泥房"。草房做法，屋檐苫草要薄，屋脊苫草要厚，正如俗语所说"檐薄脊厚气死龙王漏"。

屋脊的样式主要有两种，一种是实心脊，即屋脊全部为实体，造型简洁；另一种是花瓦脊，屋脊用瓦片或花砖装饰，又叫"玲珑脊"，做法比较讲究。花瓦脊的具体做法是在铺完瓦屋面后，在两排青瓦的接缝上方正扣青瓦一排，在空隙部分填充泥灰。这样的构造做法可以在泥灰渗水时依然可以防止雨雪渗入屋内。之后在上面铺砌一皮或两皮的胎子砖，铺一层脊帽盖瓦，在上面用瓦片拼出图案。上面再设一层脊帽盖瓦，两端则用青砖砌实。在做实心脊时则将拼花瓦片部分以青砖代替。

黑龙江传统民居的屋顶相对华北地区来讲比较陡峭，也是由于不同气候的影响。东北地区多雪，尤其是在冬天，气候长期严寒，降落在屋顶的雪可能会很长时间不易融化，这样就给屋顶增添了很大的雪荷载，对于房屋的结构体系造成了不小的负担，从而降低房屋的使用寿命。因此，将房屋屋顶的坡度增大，首先可以使积雪在自身重力的作用下，很快滑落；另一方面，在积雪融化时，也可以使雪水迅速沿瓦沟排出，如果屋顶坡度过缓，则容易造成排水不畅，这样到晚上融雪重新结冰，对屋面结构的破坏是十分严重的。

朝鲜族民居的屋顶，形式为悬山和四坡顶，草厚度很大，约30～50厘米。后来出现了前后双坡顶，这种屋顶是受满族、汉族等住宅形态影响后出现的屋顶形态，里面左右对称。结构采用砖混式，东西两侧山脚用

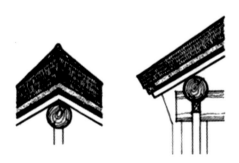
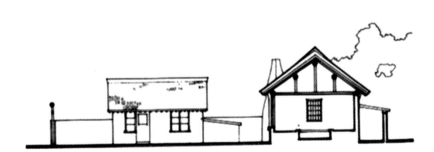

图6-5-2 草屋顶细部构造（来源：周立军 绘制）

毛石砌筑，最后将平面削平，并用水泥勾缝这种结构大大增加了住宅的稳定性。屋顶均为有屋脊的结构，采用悬山式和歇山式屋顶。为了装饰屋顶的四角，把椽子架成扇形，有时还装上双层的椽子。

满族建筑屋顶受到汉文化影响较多，主要采用硬山形式，屋顶举折较为平缓，有瓦顶和草顶之分。满族人在做歇山顶时，对歇山的收山做法不得要领，在原满族的住宅硬山的基础上，另出外廊柱，在外墙柱和新加的外廊柱上架设戗脊。这种"外廊歇山"在建筑立面上表现为，歇山顶的三角形山墙面与下面的外墙上下相对，一看就知是由硬山发展而来的。屋顶设计与东北气候相关，夏季降水较少，坡度可以缓一些。冬季略缓的屋面使屋面积雪不易被风吹落，而起到一定的保温作用。

三、门窗形制及材料

在中国传统民居建筑维护体系中，门窗是建筑的重要构成元素，也是人在日常生活中最常使用且最接近人的部分。作为传统民居建筑中比较重要的构件，在不同民族的特色文化影响下，门窗也呈现出不同的式样和构造形式。

（一）门的形制

黑龙江满族传统民居的门窗做法与其早期居住环境和民俗信仰有着密切关系。其在房门的设计上采用双层门，分内门和风门。内门在里，为木板制作的双扇门，门上有木头制作的插销，风门为单扇，门上部为雕刻成方花格子，外面糊纸，下部为木板。在冬季晚上挂上吊搭可以防寒保暖，刮起大风时还可保护窗户和防进风沙。

首先是其防寒保暖功能，"各方面多开窗户，有如炕大者，俱从外闭。其一方面皆窗者，谓之明装，每方面仅开中央一窗者，谓之暗装。此等形式，元贵贱贫富皆然。""一楹之间类多前窗二、后窗一取其光明多透空气也。"归纳文献记载和建筑实例，满族传统民居窗户的基本样式，一般是在正房南侧开宽敞的大窗，宽度多等于前檐墙宽度的五分之四左右，其下沿约在炕面上方二尺许，上部基本与屋檐同高，这样就有利于更多地获取阳光，增加采光和取暖功能。

东北农村和山区满族住宅室门的一般情况是"房门有内外两层，外层（俗称风门子）向外开，内层（俗称板门）向内开"，其显著的特点，一是正房室门不开在居中的一间，而是位于靠东侧的一间，给人以室门偏东的感觉，民间俗称"口袋房"或"筒子房"。如旧志所记"房之式样，三植者一头开门者曰筒子房。"之所以选择这一形式，与满族生活的传统自然环境有直接关系。满族先民穴居时代的住宅，一般都只有一个出入口（门），并且在主室门相对的室内多是供神之处。那个时代夏秋季节在地面所建临时住宅也多是以木材搭设的"马架子""桦皮房"或者如近代生活在东北地区的鄂伦春、赫哲等少数民族所信的"仙人柱""撮罗子"之类。都是一个出入口，入门后为火堂和寝居之处，正面则为摆放神位处，概括地说都是"口袋房"的形式。在满族进入汉族居住区后，这种住宅的形式出现在农耕地区，即三间或五间的正房，室门开在东侧第一间或四五间房的东侧第二间，而祭祀的神位则在室内的西墙。前文所提到的满族人家院内所立祭天用"索罗杆"，均与室门正向相对，逢祭典时家中妇女在屋门内对索罗杆行礼，所以杆都位于院内的东南隅。

朝鲜族传统民居房屋的门窗形式比较特殊，即门窗"同体"，门亦是窗，窗亦是门。在朝鲜族迁入中国后，渐渐与中国民居风格与元素相融合，形成了种类多样的门窗形式。一部分民居由原来的门窗同体，变成上半部分为玻璃窗，下半部分为木板的形式。但大部分还是保留了传统的形式。朝鲜族传统民居的门窗，根据不同的开启方式，可分为固定式、掀开式、开关式、抽拉式四种类型。也可以根据门窗扇数的多少，分为单扇、双扇、多扇三种类型。

朝鲜族传统民居房屋门的整体数量比一般的民居建筑要多很多，因为很多民居建筑的门就是它们的窗，室内每个房间都需要一扇门。这些门大多数为单扇门或推拉门，也有成排的格栅门。

（二）窗的形制

黑龙江省传统满族民居南北均设置窗户，南面的窗户较宽大，北面的窗户较狭窄，既通风又保暖。窗户上下开合，上扇窗户为结实的木条制作。木条上刻有"云字文"等满族人喜爱的传统花纹。窗户纸糊在窗外，不仅可以加大窗户纸的采光面积，抵御大风雪的冲击，还可以避免因窗户纸的一冷一热造成脱落现象。为了增强窗户纸的经久耐用性，通常将其用盐水、酥油浸泡，从而不会因风吹日晒而很快损坏。窗户在下面固定，可以向外翻转，避免大风吹坏窗户。满族传统住宅的窗还有几个明显的特点：一是其开闭方式，早期多为全开上挂式，即每扇窗户为一整体，开启时自下而上向外掀起，再以铁钩自屋檐下垂挂或用木棍自下支撑。窗下横档中间有一圆孔内穿铁条，从下部窗框中圆孔插入，关闭时即可由室内上锁。这种窗户既有利于通风，又可防止野兽、盗贼闯入。进入农耕地区后，一般民居基本上都采用"上支下摘"式，即每扇窗由上下两合组成，下部插于框内，平时固定，通风时可摘出，上部可上支挂起。二是其窗棂样式，传统者多是横直棂条相交的"一码三箭"式，朴素实用。沈阳故宫帝后寝宫以及北京故宫保留满族特色最多的坤宁宫、宁寿宫等建筑中诸窗即为实例，至清中期以后，才逐渐改用"盘肠""双胜""灯笼锦""步步高"等花式窗棋。但黑龙江省一些满族聚居地区的农村，直至近数十年"满族老屋"仍保持着这样的窗板样式。三是"窗户纸糊在外"，旧时被称为"关东三大怪"之一。即旧志中所谓"窗自外糊，用高丽纸，纸上搅盐水，入苏油喷之借以御雨"，"窗户冬日糊厚纸，涂以苏油或豆油，以御风雪"。这种自外糊窗纸习俗的主要原因，是避免窗纸糊于窗板之内遇冬季积雪，可浸湿靠近窗板之处的窗纸并造成其脱落，影响室内保暖防风。满族住宅的北窗一般较南窗小得多，而且冬季以秸秆、木板、锯末等从外侧封堵，以利保暖。有的地区甚至不设后窗，如《吉林新志》所记"都市房前后均有窗，乡间无后窗，盖防贼匪，御严寒也。"

黑龙江省朝鲜族传统建筑民居一般只在南向的正面开窗，侧面不开窗，背立面通常也不开窗，有的人家为了通风和采光要求，只开很小的气窗。因而墙面的实体部分明显多于开洞部分，使建筑形象非常厚重。

（三）门窗建构材料

木材可以说是人类发展史上最早使用的建筑材料之一，其较好的抗压、抗拉及保温性能十分适用于门窗等小木作的制造。

在《奉天通志》中有所纪："板门或编柴为门。"而早于此约200年的《柳边纪略》中述清康熙年间满族人聚居的宁古塔（今黑龙江省宁安县一代）民居院落"四面立木若城，名曰障子，而以栅为门，或编桦枝，或以横木。"清朝后期至民国初年也有类似记载，如"院落四周立大木，比以板为障，高与檐齐；四周或围以木板，或树以柳条；竖板为垣，编柴为门"等，均属此类。黑龙江传统井干式民居中，其门窗洞口处几乎都用"木蛤蟆"勒边加以固定。而以木板（多用连带树皮的部分，俗称"板皮"）、树枝等为院门或室门的材料，显然是因传统满族民居聚居于山地林地区域，木材资源十分丰富而形成的因地取材的习俗。

第七章 传统聚落的保护与更新

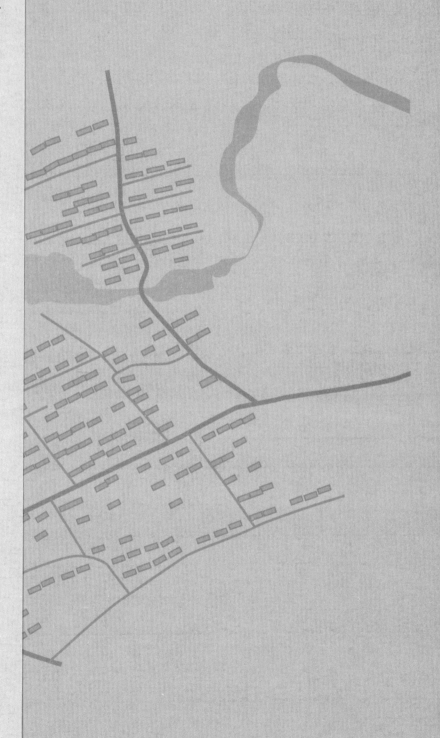

第一节 传统聚落的保护更新理论与原则

本章对黑龙江省传统聚落的现存问题进行分析总结,从历史建筑保护更新理论角度出发,归纳传统聚落的保护与更新原则。提出传统聚落的保护发展的未来方向。并根据黑龙江地区传统村落空间结构与布局要素,在前文分析村落整体空间形态、街巷空间形态、院落空间形态基础上提出村落道路、边界、区域、节点和标志物的相应保护更新策略与措施,同时论述历史人文聚落、自然风貌聚落的相关保护更新实践方法,总结典型村落保护更新实例,并分析其显著成就及存在问题。在传统村落保护实践过程中同时兼顾古村落的发展和更新,希望能为传统村落今后的发展规划提供一定的参考。

一、聚落保护更新理论

在《雅典宪章》中提到有历史价值的建筑和地区的古建筑均应妥为保存,不可加以破坏。而在传统聚落中存在一些能代表某一时期特点的建筑物,能够引起普遍兴趣或者可以教育人民的标志性建筑,应予以保留,并不得妨害居民的健康。在所有可能条件下,使聚落中的所有干路避免穿行于古建筑区,并不增加交通拥挤度,亦不妨碍聚落未来的新发展。

在《威尼斯宪章》中提到世世代代人民的历史文物建筑,饱含着从过去的年月传下来的信息,是人民千百年传统的活的见证。人民越来越认识到人类各种价值的统一性,从而把古代的纪念物看作共同的遗产。所以,传统聚落的保护显得尤为重要,妥善保护它们是我们共同的责任。聚落中的一些历史遗留或有代表性的建筑能够见证某种文明、某种有意义的发展或某种历史事件的聚落环境,所以必须要利用有助于研究和保护建筑遗产的一切科学和技术来保护和修复文物建筑,也要当作艺术作品来保护。务必要使它传之永久,但使用时决不可以变动它的平面布局或再装饰。保护一座文物建筑,意味着要适当地保护一个环境。任何地方,凡传统的环境还存在,就必须保护。凡是会改变体形关系和颜色关系的新建、拆除或变动都是决不允许的。传统聚落有历史价值的建筑上的绘画、雕刻或装饰只有在非取下便不能保护它们时才可以取下。当传统的技术不能解决问题时,可以利用任何现代的结构和保护技术来加固历史建筑,但这种技术应有充分的科学根据,并经实验证明其有效。各时代加在一座文物建筑上的正当的东西都要尊重,因为修复的目的不是追求风格的统一。负责修复工作的个人不能独自评价所涉及的各部分的重要性和决定去掉什么东西。

并且要补足缺失的部分,必须保持整体的和谐一致,但同时又必须使补足的部分跟原来部分明显地区别,防止补足部分使原有的艺术和历史见证失去真实性。必须把历史建筑所在聚落的地段当作专门注意的对象,要保护它们的整体性,要保证用恰当的方式清理和展示它们。黏合材料必须是可以识别的,而且要尽可能地少用,只要能保护建筑和再现它的形状就足够了。在保护修复传统聚落建筑过程中,一切保护、修复和发掘工作都要有准确的记录,作有分析有讨论的报告,要有插图和照片。清理、加固、调整和重新组合成整体的每个步骤,以及工作进行过程中的技术和外形的鉴定,都要写在记录和报告里。记录和报告应当存在一个公共机构的档案里,使研究者都可以读到,最好是公开出版。

在《马丘比丘宪章》中关于文物和历史遗产的保存和保护,城市的个性和特性取决于城市的体形结构和社会特征。因此不仅要保存和维护好城市的历史遗址和古迹,而且还要继承一般的文化传统。该理论在传统聚落的保护与更新过程中同样适用。一切有价值的体现社会和民族特性的历史文物必须保护起来。保护、恢复和重新使用现有历史遗址和古建筑必须同城市建设过程结合起来，以保证这些文物具有经济意义并继续具有生命力。在考虑再生和更新历史地区的过程中，应把优秀设计质量的当代建筑物包括在内。

在《北京宪章》中提到人类对自然、文化遗产的破坏已经危及其自身的生存；始料未及的"建设性破坏"屡见不鲜；"许多明天的城市正由今天的贫民所建造"。并且关于建筑魂的失落，文化是历史的积淀，存留于城市和建筑中，融汇在人们的生活中，对城市的建造、市民的观念和行为起着无形的影响，是城市和建筑之魂。而传统聚落中也存在独特的乡村聚落的人文之魂。但现在技术和生产方式的全球化带来了人与传统地域空间的分离，许多富有地域文化的传统聚落，其多样性和特色逐渐衰微、消失；一些新建建筑与不合理的规划导致聚落原本的人文建筑特色逐渐隐退。由于建筑形式的精神意义根植于文化传统，建筑师如何应对这些存在于全球和地方各层次的变化，以及在新建筑创作时受地方传统和外来文化的影响。如今，传统聚落的发展面临众多纷繁复杂的问题，它们都互相关联、互为影响、难解难分。在保护与更新的同时要正视生态困境，加强生态意识；力争使人居环境建设活动与经济发展良性互动；充分利用科学技术，推动经济发展和社会繁荣；关怀最广大的人民群众，重视社会发展的整体利益；积极推动建筑文化和艺术的创造、发展和繁荣。对聚落环境来说，宜将规划建设、新建筑的设计、历史环境的保护、一般建筑的维修与改建、古旧建筑合理地重新使用、村落和地区的整治、更新与重建，以及地下空间的利用和地下基础设施的持续发展等，纳入一个动态的、生生不息的循环体系之中。这是一个在时空因素作用下，建立对环境质量不断提高的建设体系，也是可持续发展在建筑与美丽乡村建设中的体现。

二、聚落保护更新原则

聚落的可持续更新和发展要求既要满足当代人的需求，又不对后代人满足其需求的能力而构成危害。因此在更新和保护的过程中要重视对环境和自然的保护，要求对传统村落整体空间格局应予以积极地整体性保护，更新与保护的内容包括传统村落的外部重要的自然地形地貌，周边水系环境和村落街巷空间等，提炼其整体空间结构，传承其规划建造的精髓和本质。只有这样，才能提升当今保护和更新传统村落工作的水平。

为了能很好地结合民俗民风，展示地方文化，体现乡土气息，在村落整治、改造的过程中应重点从以下几个方面着手进行村庄肌理的保护与更新。

（一）村落风貌保护原则

1. 整体形态

在新农村的建设过程中村庄的整体现状格局和历史风貌应保留历史特色，在村庄改造、整治规划中应根据村庄整体风格特色、村民的生活习惯、地形与外部环境条件、传统文化等因素，确定建筑风格及建筑群组合方式，延续和发展原有村庄的形态格局和肌理结构。

2. 新建建筑

新建建筑风格应与原有整体风貌协调统一，并尽量运用地方建筑材料，能形成鲜明的地方特色。各类公共建筑除了满足功能要求和方便人的活动外，应与村庄环境充分协调，注重特色空间的保护与营造。

3. 现有建筑

重视保护和利用历史文化资源，对现有建筑进行质量评价，确定保护、整饰、拆除的建筑，注意保护原有村庄的社会网络和空间格局。保留、整治和改善不影响规划布局、建筑质量较好的已建农居，切忌大拆大建；保留建筑质量较好，与村庄整体环境冲突不大的建筑，维持现状；对建筑质量尚好，但建筑质量和外观与村庄整体环境有冲突或不适应的建筑进行整治和改造；拆除简陋的、质量较差的建筑，或对村庄整体风貌有较大影响、质量差的建筑，提高村庄居住环境质量。

（二）特色村落的地缘和血缘特性保护原则

村庄作为自给自足独立的生活、生产单元始终保持着世代累居的特点。它们形成了两种主要的群体关系：血缘群体和左邻右舍守望相助的地缘群体。这两重关系使村落中人口流动率降到最小，活动范围受地域限制，各自保持独立的社会圈子，富有强烈的地缘性。这种特点一方面由于农民的传统意识根深蒂固，使城市文明难以快速渗透到广大农村；另一方面，却无意中使村庄尚未受到外来文化冲击，保留了相当的地方特性。

村落更新应遵循理想肌理更新模式，循序渐进地改造传统村落，减少外来文化对传统村落亲缘和血缘的聚落居住方式的冲击，尊重传统村落的亲缘居住特点。

（三）系统整体性原则

村庄肌理系统的各子系统都是系统的重要组成部分。对村庄肌理的保护与更新，应从系统整体性角度出发，处理好各子系统之间的关系。对村庄进行规划时，应首先明确各子系统在整个大系统中所处的位置、所属的等级和发挥的作用，即要以系统的整体发展要求为指导，建构系统的连续性和层次性。连续性要求村庄内部各子系统以适当的方式联系起来，而不是彼此孤立。层次性要求根据各子系统在整个系统中的等级地位和作用，来考虑其整体结构。从宏观上把握所在村庄的肌理特征，整体协调，使肌理特征得以延续。同时应避免出现以下问题：只注重系统的整体形态，却忽视了子系统的完整性、保护与更新方式合理性的考虑，从而导致效益不佳、资源浪费等后果；只注重局部的更新改造，却忽视了系统的整合，造成肌理混乱、不成体系、整体特色丧失。

（四）以人为本原则

村庄作为人类聚集的载体，在权益上为大家所共享。"以人为本"作为一个先进的民主观念已深入人心。村庄规划中应以人的生活需求的满足与全面发展为宗旨，以物质生活质量和精神生活质量作为基本评价标准。在充分满足人的合理需求的前提下，解决好村庄肌理特色保护、塑造、经济效益实现等问题。

首先应对居民的传统公共生活方式进行深入调查，并了解他们在新的生活观念影响下产生的新需求。要避免那些单纯从村庄形象或经济目的角度出发，却损害了居民利益的更新行为。以人为本，还应体现在对更新过程和结果的同等重视。当前的旧村更新改造实践中，只注重最终结果带来的效益而缺乏对过程的合理规划安排，以致损害居民利益的事时有发生。

以人为本原则的另一个重要体现是公众参与。在很多规划中，居民往往只有被动地接受事实，对自己的未来生活环境没有多少发言权。已有的公众参与也主要停留在设计人员对居民的调查访谈，以及设计完成后的方案展示等浅层次上，真正意义上的、能影响街区更新结果的公众参与缺失。因此，应在整个过程中实行全方位的公共参与，真正体现以人为本的原则。

（五）保护与更新并重原则

一方面，丰富的传统文化积淀是传统村庄所拥有的宝贵财富，如果人们居住于其中的物质世界不能维系这种历史性因素，人们就不能维持他们精神上的根基与往昔的联系，包含历史和地域等因素的传统生活文化，对村庄肌理特征的形成发挥重要影响。村庄的肌理特征，正是传统生活文化活生生的反映。如果在更新中原有的肌理特色被完全抹杀，传统生活文化就会成为无源之水、无根之木而丧失生命力。

另一方面，村庄作为人的生存环境，必须与人的需求及其发展变化相适应。从更高的层次上讲，要同时代所反映的社会、经济、文化特征相适应，因而处于不断更新发展演变的状态中（图7-1-1）。

（六）综合效益原则

村庄肌理保护与更新具有多方面的价值。在传统村庄的更新实践中，为实现各种价值而应采取的不同措施常会相互抵触，因此，在传统居住街区内部公共空间的更新中，应尽量协调好包括社会、经济、文化、生态等方面的因素，争取实现最大的综合效益。

同时，还应把村庄的保护与更新纳入所在区域的发展战略之中，解决好局部效益同整体效益的关系，最大化传承聚落保护与更新的正外部效应，最小化其负外部效应，以获得超出局部效益的区域整体社会、经济、文化、生态综合效益。

（七）原真性原则

保护的过程中进行加固修护和重建等，要依照村落传统布局、院落的传统格局、建筑的传统形制，运用传统的建造技艺和材料来进行保护修缮。充分展现村落的原真性，避免毫无历史依据的仿建现象出现，只有保留了村落空间和布局的原真性，才能一定程度上保留村落的历史意向。

图7-1-1 宁安市渤海镇响水农民新村（来源：宿明哲 提供）

第二节　传统聚落保护更新策略与措施

本节通过传统村落的保护理论与保护原则，结合黑龙江省传统聚落实地调研的结果和以往的资料，并将相关的传统聚落思路和原则运用到具体村落中的道路、边界、区域、节点以及标志物的保护措施和设计策略上，切实地提出具体的实施方案。

一、聚落现状及存在问题

（一）快速城镇化下传统聚落面临的挑战

如今我国城镇化处在飞速发展时期，相关研究数据显示，我国城镇化百分比已达到53.73%。在地域空间上，其表现有两点：一是城市土地的扩张，二是农村村庄的减少。在人口构成上表现为农民向城市居民转变。在产业结构上表现为农业向工业、服务业的转变。基于上述的表现，快速城镇化进程意味着在短时期内较多的农村土地向城市建设用地转化。而不合理的用地规划加上大范围的拆旧建新显然给传统聚落的自然生态环境及历史文化遗产产生了不小的冲击，对不可再生的传统文化资源造成了破坏，使得传统聚落的保护更新在快速城镇化背景下未能快速合理地适应，因此未来的传统聚落保护规划对其如何科学编制要有更高的要求。

（二）聚落的土地利用现状

黑龙江省聚落的土地利用，经过长期的发展和不断的调整，其结构和布局基本合理，但也存在一些不可忽视的问题。由于土地资源的有限性和紧缺性，各类用地均不能满足需要，建设用地与农业用地以及两者用地之间的矛盾日益尖锐，并且黑龙江省的土地利用尚不充分，土地利用整体效益较差。黑龙江省土地利用率为89.9%，耕地、林地、牧业用地利用率仍有潜力。种植业仍处于广种薄收、粗放经营、靠天吃饭的状态，林业、牧草地利用率和生产水平均低于全国平均水平。农村居民点大部分为平房，农村人均用地是城市人均用地的3倍多。因此规划好产业居民用地的合理分配与建设用地的选取，也是对聚落风貌的合理保护。

聚落的自然生态环境离不开土地的保护与合理利用。然而黑龙江省存在着土地资源遭到破坏、质量不断下降的问题。全省水土流失面积较大，同时由于森林过度采伐、草原过度放牧和盲目开垦等，又造成新的水土流失。黑土退化，土壤盐渍化和土地沙化现象也比较严重。不少地区出现由于投入不同，地力普遍下降，影响了耕地质量，进而影响了聚落的自然风貌。由于对土地利用缺乏有效的宏观调控手段，各项建设和农业内部用地结构调整大量占用耕地，造成耕地减少。同时，据全省非农业建设用地大清查统计，全省每年发生违法占地案件上万件，未经批准非法占用耕地较多。因此，在聚落的保护发展过程中要对农村居民点用地空间布局优化重组。这是一项涉及面广、影响较大的工作，要根据当地经济发展水平、自然地理条件以及风俗习惯的差异，因地制宜地统一规划。在对农村居民点用地布局形式和影响因素分析的基础上，借鉴国内外农村居民点用地布局的成功经验来对农村居民点用地空间布局进行优化。

（三）村庄自身发展的需求问题

黑龙江省"空心村"现象亟需改善。随着黑龙江省农村人口大规模地向城市涌入，导致村庄出现"空心化"的问题。空闲宅基地占用了大量的土地，耕不能耕，用不能用，浪费了有限的土地资源。其次，乡村人居环境亟须提升。宅基地的大量空置，无人居住又疏于修缮和维护，恶化了农民的生活环境；市政基础设施和公共服务设施的配置一般要考虑两个要素，即服务人口规模和服务半径。黑龙江省村庄布局分散、规模较小，很难达到设施配置标准，也阻碍了农村经济的发展。最后，农业的产业化和乡村企业的发展，都需要土地适当的集中，实现规模化经营。推行整理农村空闲地，通过被复垦或者整理为村庄经济发展用地，使得闲置建设用地成为村庄重要发展资源，成为村庄规划的内部推动力。

（四）黑龙江传统聚落营建更新过程中存在问题

近年来在我国城镇化快速发展过程中，黑龙江省不少历史文化村镇在进行经济发展和大规模建设的同时，忽略了对历史文脉的科学保护，传统村庄的风貌受到了不同程度的破坏。传统村庄作为承担了多样化的传统文化的载体，其价值远远没有被正确而充分地认识。20世纪90年代以来，可持续发展上升为国家战略方针，国内关于传统聚落保护的研究也由原来的保护层面发展到可持续发展层面。然而，随着我国社会主义新农村建设的开展及农村物质文化条件的进步，农民已经不再满足于传统落后的生活方式，改善居住条件和生活环境成为农民关心的迫切问题。另外，为满足农村人口快速膨胀对居住空间的需求，不少村庄已经或者正在进行新村新民居建设，新村新民居空间对传统村落空间产生了很大的冲击。传统村庄如何在高速发展的今日得以保护、传承与发展，如何处理好过去与现代的对话，如何提升传统村庄空间的人居环境品质，是传统聚落保护规划建设实现可持续发展必须解决的问题。

1. 原真性破坏

黑龙江省传统聚落营建更新过程中存在影响聚落后续发展的问题。如对土地资源的过度开发、废弃荒地问题等给聚落居民的生活方式与聚落结构带来不利的改变。城市化进程加快、配套基础设施建设、商业化的倾向等等导致传统聚落景观不断退化。新建建筑营建方式完全向西方建筑照抄照搬，不考虑本土营建文化，盲目追求"新"，造成了不可逆的破坏后果。此外，某些旅游小镇不当的旅游开发对村镇建筑遗产的历史原真性也产生了一定的破坏。对古建筑进行不恰当的重新包装改建，使古建筑"旧貌换新颜"。由于经济利益的驱动使村镇过度商业化，偏离了原有的自然风貌轨道。游客进入村庄，仿佛进入一个购物步行街，部分旅游保护区与相距不到百米的现代商业仿古建筑同时并存。这种格格不入的营建方式完全不符合人们的认同，会对游客产生"迥异"之感。不仅降低了其文化品位，更破坏了传统聚落的整体风貌。

2. 资金保障尚不完善

传统聚落合理的营建更新建设缓慢的部分原因是保护资金匮乏。在传统村镇营建更新过程中，获得大众认可的改建是需要资金投入的。原真性的自然风貌保护、配套居民的基础设施建设与土地拆迁费用等因素都需要大量资金投入。虽然国家陆续补贴了大量的资金，但对于成千上万的传统村镇的营建更新来说，国家的资金帮助也是难以企及的。并且我国传统村镇保护资金众筹措施也不够完善。真正想要致力于保护历史文化村镇的人们找不到可以捐助的渠道。宣传力度不够，居民保护意识不足，没有充分发挥社会各方的积极性，而且较少提供相关的优惠政策来吸引社会和个人对传统村镇保护的投入。导致传统聚落的营建修复的经费不够充裕而加速其消亡，对于黑龙江省大部分地域偏远的市镇村落来说，对传统村镇保护的资金投入回报风险较大，不如其他产业明显的产值优势也是其一部分原因。

二、聚落保护更新方向

传统聚落文化承载着中华民族的庞大历史文明，其保留至今的自然遗产、物质文化遗产及非物质文化遗产是全人类宝贵的财富。而传统聚落的保护更新更是要将这一文明跟随时代的步伐而传承积淀下去。传统聚落的保护更新已成为一个重要课题，但同时由于政府与原住民对聚落价值认识深度的不同，造成了如今聚落保护更新程度参差不齐的现状。并且传统聚落的保护与发展是一项艰巨综合的事业，发展往往离不开产业，而产业又要靠政策。因此，寻找探析传统聚落的保护发展模式具有十分重要的研究价值与社会意义。在保护与更新的过程中，寻求文化传承、生态环境治理与经济社会发展的合理方式既是传统聚落保护发展的内在要求，也是可持续发展的长远目标。本节通过政府的政策引导、和谐治理、相关理论研究的支持、模式建立与意识培养五个方面来阐述未来的传统聚落保护更新方向，综述传统聚落的保护发展趋势。

（一）政策引导

历史上的传统聚落保护在政策上存在着数量少、覆盖面窄、力度不足等一系列问题，由于各职能管理部门缺乏具体有效的协调机制，使得聚落保护与更新的方式、手段不够明确，致使传统聚落保护更新在实际进行过程中较为混乱，因此，强有力的政策引导是传统聚落的保护发展的基础。

在政策引导方向上首先要具有宽容性。黑龙江省传统村落源远流长，在制定传统聚落保护发展的政策时应当允许文化的多样性与多元化的胸怀。在更新过程中应当选择性的继承发展。因为在不同的民俗文化中存在着一些具有争议性的文化，应在比较中筛选，对其精心鉴别，取其精华，去其糟粕。并且加大资金投入力度，搞好民俗文化的发掘与宣传，同时培养优秀的民俗文化人才。对黑龙江省传统村落提出健全法制体系、深入挖掘文化、完善名城体系、编制专项规划、加强公众参与等措施，加大宣传力度、合理适度开发、建立管理制度、多方合力共举的措施。

其次，应该具有具体针对性，黑龙江省传统聚落具有不同的地域文化特征，在保护更新过程中，在宏观层面对黑龙江省传统村落进行问题研究，针对传统村落从法律法规、政策、资金、管理、保护与利用等方面提出了共性问题。在中观层面针对市域县域及某个传统村落进行研究。根据各地域传统村落的基本情况进行类型划分。对于每一个有价值的典型聚落提出具体可操作性的保护政策措施，对部分保存状态较好的村落提出整体性保护，对破损严重的传统村落提出利用建设生态博物馆的形式进行保护。特定地域传统村落研究有利于分析探索地域内村落现状和规律性，提出对应保护方法、建议措施等；有利于保护传承黑龙江省地域内传统村落独特文化，沿袭多元地域村落形态，避免村落趋同化、一致化。

（二）和谐治理

传统聚落的建筑风貌与空间格局都彰显了传统聚落的文明与价值。随着现代化生活方式的改变，传统聚落也存在着一些问题，例如，由于受到以前的历史生活方式影响，部分村落内部交通布局狭窄，难以满足日后传统村落进一步转型的需要，传统建筑所具有的功能与村民的现代生活方式矛盾日益突出。因此，对于传统聚落的风貌应予以保护，聚落存在的问题也应和谐治理。对于有一定历史价值的村落建筑景观应修缮，最好采用可逆式保护的修复方式，这是最大化保留建筑价值的方式，也是趋势。对于黑龙江省聚落的保护与更新，应当尊重原住民原有的生活状态，但对于实际存在的不合理问题，例如交通环境恶劣，应当予以治理，但要最大限度地保护现存的、具有一定价值的建筑景观。对于居民的居住建筑，在考察其安全性和稳定性后可以适当地进行改造，改造过程中应当保留当地的文化风格，不要标新立异。在未来的聚落保护发展中，用可持续发展的理念对聚落进行治理与利用。

黑龙江省传统聚落内部存在着一定数量的传统民居。传统民居蕴含着当地的历史文化和建造经验，是宝贵的物质文化遗产，然而随着城市现代化的不断发展，高楼大厦林林总总，传统民居已经逐渐无法满足现代人不断进化的物质以及精神追求，这就对传统民居提出了新的挑战。为了使其适应现代社会的不断变化的发展趋势，就必须做出改变，在不改变原有风貌的前提下进行一定的功能置换，按国家相关传统民居保护规范与条例，将传统聚落民居划分为不同级别：一类民居，核心保护类民居，民宿开发中只能修缮，不能改动；二类民居，大部分的典型民居，以保护修缮为主，可进行适当合理改造；三类民居，非传统民居样式的新建或改建类建筑，可部分拆除后改建、扩建；四类民居，保护价值很低，个别风貌或质量较差建筑可拆除重建。

针对聚落中的二类民居，可通过采用内部功能空间置换的方式来延续旧有空间的历史原型。通常将围护及承重结构完全保留，并利用原始结构体系分割的旧有空间，进行内部客房、餐饮等空间的重新划分与整合。在建造技术的选择上，通常的做法是先对保留的结构或围护部分进行修复，再根据需求运用木构架、砖混结构、钢结构等置于建筑内部形成双重体系以加固旧有建筑。在建筑风貌的营造上，完全保留并沿用地方民居的立面形式，可通过内部装修与内置家具作为媒介将乡土材料与文化特征置入民宿建筑内，营造地域性的体验空间。

针对聚落中三类民居，在内部功能空间置换的同时，可在旧有建筑结构基础上进行水平方向加建、扩建，也可通过抬高屋面扩展空间或对屋顶空间进行分层拓展来增加使用面积。在建造技术上通常在原始结构体系基础上进行并置加建，如以木构架作为主要结构的建筑，可利用地方传统榫卯技术加长局部柱子，以扩展竖向空间，或以轻钢等结构进行竖向或水平加建。在建筑风貌表达上完全或大部分保留原有建筑立面，通过增加地方材料及钢材、玻璃等现代材料营造新旧并置的立面形式。

针对聚落中民居保护价值很低或建筑风貌亟须整治的四类民居，可采用将旧有建筑局部或全部拆除，改建为民宿建筑的方法。在建造上一般会采用现代建造技术结合地方乡土材料的方法。在风貌重塑上可基于对当地盛产材料夯土、青瓦、砖材等的再利用，竹材、稻草、柴火等地方乡土材料循环使用以及钢材、玻璃、混凝土等现代可持续材料的适当置入，来实现建筑改建重塑后新旧的融合关系。

（三）理论支持

在保护更新实施过程中，除了政府牵头办事，还需要有关的专家学者对其进行理论研究。对传统聚落进行深入调研，从聚落概况、聚落形态、空间格局、交通节点、院落形态、建筑体量、营造技术、材料符号、色彩肌理等由宏观向微观递进，丰富传统聚落风貌文明的数据库，使之后的保护更新有一定的理论依据，并且，未来的传统聚落研究会加强多学科的深度融合和方法创新，以构建多元综合的传统聚落理论体系与建设模式，集成三维数字化、地理遥感技术GIS、数理模型、VR模拟实景等研究方法，系统梳理出传统聚落的演化规律、阶段判别、类型区分、动力机制等，形成一整套的丰富完备可持续的聚落风土谱系。

例如，哈尔滨工业大学研究团队在基于文化地理学的东北传统民居演化机制与现代演绎研究课题中引入文化地理学理论，提取东北传统民居文化因子。借助ArcGIS分析文化因子的空间性分布特征和历时性演化规律，提出东北传统民居演化理论；最后，课题量化民居演化过程中的文化因子和驱动因子，应用系统动力学分析，将东北传统民居的演化机制转化为决策模型。在此基础上，建立相应的综合评价系统和地域特征控制标准。研究成果将完善东北传统民居理论，为保护与更新提供理论决策支持，推动东北传统民居在新时代有序演化，使其重新焕发生机活力。在未来的聚落保护更新理论研究中，多学科交叉有机融合与现代化技术手段的应用将成为我们不可或缺的研究手段，使之传统聚落研究更加深入、全面、科学，为传统村落保护和发展利用提供强有力的理论支撑。

（四）模式建立

传统聚落的保护更新策略研究集中在法律法规、村落开发模式、建设资金机制、文化活态传承、多元参与性探究等几个方面。其中，成熟合情的发展模式建立是聚落可持续发展的重要机制。通过实地调查和资料的整理与研究，深入挖掘传统聚落的精髓和遗留的片段，化零为整，将残缺的传统聚落片断连为整体，从而形成城市与地区间的保护体系，将聚落整体依据不同的分类方法划分为不同的模式。城市规划中，许多生态环境与传统聚落是相契合的，也可以使其与城市规划相融合，规范成体系化的保护对象，形成科学的保护方法，能够使我们更好地去保护、更科学地去认识和更新传统遗产资源。在保护方面做好物质与非物质文化保护、自然风貌保护、生态景观保护、整体性保护、资源要素保护等。传统聚落研究由于各村基本情况不同，其研究成果、更新策略具有一定差异性。应因地制宜地对不同地域的村落发展进行模式建立。在更新过程中协调好新村与旧村的发展关系，融合共生。适度开发优势产业资源，提高居民生活水平，完善村落发展机制，向大众推广应用成果，借鉴经验。

1. 自然风貌资源主导模式

中国传统聚落形成较早，经过岁月的沉淀，传统聚落具有丰富的文化与自然资源，也具有一定历史、文化、科学、艺术、经济、社会价值。对于自然风貌资源丰富的聚落应充分利用其优势。黑龙江省自然资源丰富，拥有大面积的山川溪流、茂盛林木、草原黑土等资源，因此可立足本地资源、加强活态传承、深化产业合作、适度乡村旅游的更新模式来主导聚落的有机发展。并且挖掘本土文化、整体性保护与开发、积极调动村民参与积极性、正确处理传统村落保护与旅游等商业行为关系。美丽乡村便是今后的发展趋势，可依据天然条件及侧重点的不同，未来的发展倾向也不同。可以是度假村式，也可是结合未来的养老产业的休闲模式。黑龙江省拥有独特的自然地理风貌，有着发达的农林产业。而农业林业本身与自然资源密不可分，在这种独特的环境下，聚落可大力发展乡土旅游产业，促进聚落的发展建设，提高发展水准。乡土旅游的客体是以乡野风光和活动为主，可配以文化教育、饮食康养、商务活动、参观考察等内容，注重参与性与体验性。并且原有的聚落模式往往是村民自行组织发展，这也是传统村落的内在传承机制得以保留的一方面。但现在部分村落自上而下的规划建设，往往会抹杀掉村落的个性文化，这也使传统村落保护更新中存在千村一面的问题。因此，未来我们需要多元协同的保护发展聚落。政府主打综合治理，生态修复，村委会组织村民集体推动系统机制，多元交融地去创新乡建模式。

黑龙江省乡土旅游的潜在市场价值很大，不仅可以促进聚落的建设更新，还能够更好地传承推广聚落的文明。地域资源则是其潜在的发动机，如何利用好其地域条件来进行旅游开发是当前主要问题。在旅游的建设模式中对保留较好的可以保持其原有生活气息，对于部分需要修复的村落建筑可修旧如旧。对于具有发展潜力的可以进行乡村扩建或择址新建，对改善乡村设施、提高物质文化生活水平，不失为一条乡村传统聚落保护与复兴之路。

2. 历史人文资源主导模式

传统聚落往往与该地域的历史文脉相辅相成，是特定文化背景下的产物，是中华民族五千年文化的缩影，其独特的传统聚落形态、乡土建筑风貌与本土特色文化均是地域性文化遗产的重要组成部分。进而可以衍生出以历史文化、民间教育、生态休闲为主体的、历史人文资源为主导的产业发展模式。深入分析黑龙江省传统村落人文历史、民风民俗发展特征，针对村落具体问题提出具体分析和引导，大力展现历史人文资源并建立主导模式，例如古建筑观光、农林景观、庙宇祠堂文化、家族文化、饮食文化、红色文化等。这种更新模式有利于促进传统聚落民族文化探索、文化传承和产业发展；有利于让更多人了解民族村落、关注民族村落，推动民族村落发展振兴；有利于促进民族团结、融合，丰富中华民族文化。因此，发掘民族村落文化，加强文化景观建设和文化遗产保护，延续民族村落形态格局；优化居住环境、提升居民收入、缓解村落空心化、发挥地方产业资源优势，这都是未来聚落更新发展趋势。因此必须坚持记录村落文化历史，将文化遗产建档管理，建立民俗文化博物馆，展示特定的民俗文化、文物古迹、时代场景等，发掘村落物质现象背后的人文精神内涵，展现村落空间形态与文化的关联性，探索村落文化符号和特征，促进村落文化建档保存，保留并可持续发展传统村落文化特色。

例如，黑龙江省的历史也是一部少数民族史，具有独特魅力的聚落文明。几千年来，除汉族外，先秦时期的肃慎、汉魏时期的挹娄、南北朝时期的勿吉、隋唐时期的靺鞨、辽金时期的女真、明清时期的满族，脉络清晰、绵延不断，也是最具有代表性的土著民族族系。肃慎、濊貊和东胡三大系的先民都在这里发源。他们的后裔东胡系的鲜卑、契丹、蒙古和肃慎系的靺鞨、女真、满族先后建立了中国历史上的北魏、辽、金、元、清等封建王朝和渤海国。如今黑龙江省内共有36个民族和族系，主要有满族、汉族、朝鲜族、回族、蒙古族、达斡尔族、锡伯族、鄂伦春族、赫哲族等，其中满族、汉族、朝鲜族是人口数量最多的三个民族。此外，这里还生活着少量外国人的后裔。这些人为社会的发展繁荣、民族的融合、文化的交流都起到了极大的促进作用。由于少数民族传统村落的特殊性、稀缺性，村落形态、建筑形态、文化形态等的传承与更新是首要的，未来的聚落保护更新中，可针对不同的民族文化发展文化产业，突出地域民俗特征。不限于片面性的、静止的保护，而应在文化生态系统范围内注重对人文精神、乡村记忆的集中表达。聚落是民族延续传承的载体。由于少数民族生活方式、风俗习惯不同，进而使村落呈现出独特的民俗文化、民族艺术、村落形态。这种历史人文资源是宝贵的，未来民族特色聚落可持续发展应在政府政策的主导下统筹协调作用，创新聚落的发展模式，动员社会力量广泛参与，提升自我发展能力，促进黑龙江省聚落文化的活态传承。

（五）意识培养

城市文化对传统聚落的本土文化产生一定的冲击。大量的青年去城市务工，随着时间的推移导致空心村的问题。而有人聚集的地方才有活力与生机，聚落的人口减少导致活力缺失，这也使聚落文化黯然失色。在经济诱利的作用下传统聚落的大拆、大改、乱建再加上异地文化的侵袭，村落的物质和精神文化都受到了极大的冲击，因此除了对聚落环境的改善，我们还要加强对聚落文化的认同感，培养文化自信意识，我们几千年的文化积淀，璀璨的聚落文明应当得以重视与发扬。

传统聚落与现代城市的最大区别在于传统聚落的漫长发展过程中，人与人之间建立了地缘性、血缘性等因子构建起着紧密的相互联系，并且在长期的共同生产生活中形成了相似的意识形态及极具地域特征的民俗习惯、文化礼仪等。居民对自己长期生活的场所有了一定的心理归属感与认同感。当居民切身认可所生存的环境，并将其视作自己的"家"才能充分对传统聚落的各项价值产生认同进而对其产生保护的意愿，而且这种认同程度越高，产生的保护意愿也就越强。因此这种归属感与认同感的提升对居民作为聚落主人的主体性意识的提升是一种"无形的力量"。传统聚落是我国文化遗产的重要组成部分，随着国家及社会各界对其价值的深入认识，传统聚落的保护与更新成为一项重要的研究课题。但目前，我国传统聚落保护与更新仍主要以政府为实施主体"自上而下"开展。通过对大量的实践案例进行分析，证明完全由政府主导并运作的"自上而下"的保护与再生模式具有一定的局限性与不适应性。因我国缺少民众"自下而上"公众参与的社会环境，民众对传统聚落的保护意识不强，缺乏主动参与保护与改善传统聚落民居的动力与积极性。居民是传统聚落的建设者和使用者。居民们通过不断探索，因地制宜，充分利用区域资源，自发性建造并经过岁月的沉淀形成了独特的村落风貌肌理。富含历史人文的传统聚落建筑，都是当地居民在长期的生活实践过程中，通过自身勤劳智慧的双手创造出来的。

因此，引导公众积极参与传统聚落营建文化的发展探讨是极其必要的。首先要培养居民的聚落保护意识，而保护意识离不开认同感与归属感。在更新过程中实现聚落居民最基本的生理需求，不仅要满足其温饱问题，还需为居民提供能够遮风避雨的居住场所，居民对于居住环境的需求随着历史变迁而逐步深化，因此对于传统民居部分内部功能要与当代相适应。在实现了生理需求以及安全需求等基本生存需求的基础上，聚落居民对社交活动提出了进一步的要求。由于传统聚落自身的独特性，与外界交流、沟通较少，使聚落内居民形成了相较于城市更为紧密的社交网络，居民在日常生活中对于邻里、宗亲的交往需求尤其重要。而要保障居民的社交活动得以进行，也应保障居民能够获得舒适的交往场所，并组织能促进居民相互交往的民间活动等。

黑龙江省传统聚落的当地居民通过长期的共同生活、交往，逐渐产生大量的共同属性，他们通过共享具有地域特色的民俗文化、审美情趣等形成了稳固的凝聚力，并通过具有价值特色的地方文化及内部凝聚力以获取自身的自尊需求及外界对其的尊重。而只有充分重视并进一步发扬这些保障聚落居民自尊需求的民俗文化、审美情趣才能为居民进一步的自我价值实现做好铺垫，使其对所生活的聚落建筑产生归属感与认同感。

综上所述，传统聚落的保护与更新是相互递进、相互制约、相互共生的关系，二者缺一不可。政策引导开展和谐保护治理、理论支持定调发展更新模式、意识培养加强居民参与力度，在未来发展过程中将传统聚落的保护与更新进行合理结合，找到二者的平衡点，真正意义上实现传统聚落的持久发展、经久不衰。

三、聚落保护更新策略与措施

通过对部分传统聚落的实地调研以及当地居民的调查与询问，在聚落保护更新理论与原则基础上，以意向理论角度从黑龙江地区传统聚落的道路、边界、区域、节点、标志物五点要素出发，本节系统地分析了村落布局中五种要素的构成内容和主要特征。并提出了道路、边界、区域、节点、标志物的保护更新思路，将以上思路运用到具体的保护和更新措施以及与设计策略上，总结每种空间要素的保护更新方法，切实地提出具体的实施方案，为黑龙江地区的聚落更新发展提供新的视角。

（一）道路的保护更新策略与措施

1. 道路的保护与设计思路

传统村落的道路作为村落肌理的最基本构成和骨架，承担着人们的日常生活，也是村落意象的重要构成部分。道路的保护和设计是要尽可能地保留其原有的肌理和道路形态，空间格局以及道路结构。为了加强其意象性，可以根据村落实际状况对道路两侧的立面进行改造，并增加景观小品和绿植等；同时考虑到时代的变迁和生活水平的提高，应有预见性地满足居住者和游客的多种需求。总之，尽量地保持道路的原有意象并在此基础上对意象进行强化，也要兼顾时代需要。

2. 道路的保护措施

1）保护道路肌理

"肌"为表皮，"理"为表皮纹理，道路的肌理是指使用者能观察和感知的一切道路特征。其参数包括道路材质、路网长度、道路宽度、交叉口的位置数量以及生长角度，所占据的地块面积等。

道路的肌理保护作为道路最有效的保护手段，能较好地延续道路的原有尺度和材质等参数，维持道路的原有风貌。但其肌理的保护要求道路本身的状况较好，并且具有一定的保护价值和代表性，其保护的措施也相对比较严格，通常将一定区域内的道路进行整体的保护，保留其道路网络，并划定保护区域范围，严控保护范围内的建筑以及附属空间的新建和道路建设活动，如若有建设活动则尽量使用当地材料，并维持区域内的道路结构和形态特征以及道路周边的空间形态不变。道路肌理的保护除了一定区域范围内的局部保护之外，如有必要，还可以对村落进行整体性的道路肌理保护。

2）修复道路肌理

道路肌理的修复，是针对部分村落中肌理受损程度不大的道路，这些道路可通过一定的修复手段恢复其传统格局。由于村落的发展和现代规划等因素的影响，道路会出现肌理破坏、与村落的整体风貌不协调、空间特征难以延续等现象。对道路肌理进行修复，首先要了解道路原始的形态与材质等，尽量使道路保持自然的状态，并在满足居民日常生活的条件下，对部分应用水泥等现代材质的道路进行材质替换复原，减少现代材料对村落风貌的影响。同时，减少道路对空间的影响，将规划和发展后形态、结构变化较大的道路和已经对村落原有空间节点产生负面作用的道路，在不影响村民出行和生活的前提下，尽量恢复原状。

3）控制道路尺度

黑龙江地区由于地广人稀，村落的用地空间往往较为富余，由于道路两侧建筑以及围墙较为低矮，道路以道路两侧空间的整体尺度较大，建筑和道路形成的高宽比较小，故常给人以开阔疏远的空间感受。对道路的尺度进行控制，可以使得村落的空间感更加亲切宜人，改善村落道路环境，使得使用者与空间之间互动更加亲密，也能减少村落土地的浪费。其具体措施如下：

避免道路尺度继续扩大，遏制其扩大的趋势。由于村民生活水平的提高和出行方式的改变，随着村村通的建设，传统村落的道路呈现出越来越宽的趋势，在满足村民日常出行活动的前提下，应尽量避免道路的继续扩宽，维持其原有的较为宜人的道路宽度。

增加道路空间的层次。同时由于黑龙江村落中院落空间的存在，建筑距离道路有较大的距离，削弱了其对空间的限定之感，但建筑与道路的距离固定，不能轻易更改，因此只能通过增加空间元素和空间层次的方法来使得道路空间更加宜人。由于村落的院墙和道路之间往往还存在一定的过渡空间，栅栏与道路之间存在的过渡空间可通过增加植被来提升空间层次，同时也对道路空间起到绿化和美化作用，增加行人的停留和心理愉悦性。将原有的建筑—院落—院墙—道路的空间层次转变为建筑—院落—院墙—绿化—道路（图7-2-1）。

同时要注意调节界面元素的高度和通透性。高大的乔木相较于低矮的绿植，能更好地限定空间，增加两侧界面的高度与道路宽度的比值，从而削弱空间的空阔感。树木尺度较大，可以对空间进行分隔（图7-2-2），而矮小的灌木对空间的限定感则较差（图7-2-3）。对

图7-2-1 道路层次示意图（来源：杨雪薇 绘制）

图7-2-2 道路两侧高大植物（来源：杨雪薇 绘制）

图7-2-3 道路两侧低矮植物（来源：杨雪薇 绘制）

于在尺度较窄的道路，则可通过增强围合界面以及墙体栅栏的通透性达到在视线上扩大空间尺度的效果，避免植物的过密种植，同时也便于邻里间的沟通与交流。

3. 道路意象强化策略

1）重塑道路肌理

道路肌理的重塑，是针对新农村建设和现代规划背景下，道路的原有肌理破坏严重，难以通过修护来恢复到其自然生长的形态，或者修复难度较大时，为保证村落的传统文脉和空间特征，避免规划后村落道路肌理千篇一律、尺度单一的状况，所采取的较为复杂的措施。部分传统村落在新农村建设的号召下，建设和改造过程中逐渐造成历史被割裂，肌理人工和规划痕迹明显（图7-2-4），因此需要对其肌理进行重塑，改变道路的结构和形态，避免棋盘式道路网格，恢复原有节点空间，挖掘可以延续村落文脉，体现村落历史的空间，对道路肌理进行重新地梳理和设计，让道路网络尽量与自然和环境相契合（图7-2-5）。

2）延续道路整体网络

村落的道路网络是构成村落布局的基本骨架，村落的建筑以及空间等都依托道路网络来进行联系，由于地理位置和地形地貌以及历史因素的影响，黑龙江地区传统村落的道路网络有纵横交错式、鱼骨式、梳子式、图案式、树枝式、不规则网型等多种形式，是村落文脉和历史的载体。要对道路的整体网络进行延续，首先要明确道路的网络的基本形式，在此基础上对村落的整体肌理以及道路建筑等土地关系进行绘制并分析道路的演变过程和演变规律，保证增加的道路不破坏村落原有图底关系，并能作为原有道路的延伸，同时注意道路与建筑之间的组合与联系。一切措施都基于村落原始的和自然演变过程中所形成的网络形态，都应在此基础上进行网络延伸和村落道路网的保护与更新。

图7-2-4 黑龙江村落常见道路肌理（来源：杨雪薇 绘制）

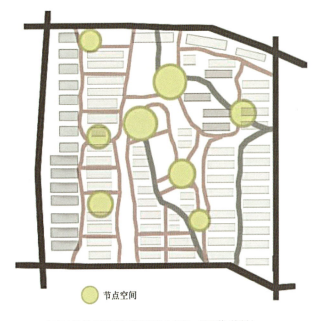

图7-2-5 根据文脉特征等重塑道路肌理（来源：杨雪薇 绘制）

3）保护与更新道路界面

道路两侧的界面空间往往具有连续性，给人以较强的可意象性，因此对其进行保护有利于增加道路的可读性。保护和更新的对象主要为院墙、院门和建筑立面。

院墙的材质样式尽量运用传统的木土石等材料，或运用与当地材料外观相似的现代材料，围墙以及栅栏的样式保持连续性，并能体现乡土特色。其样式多根据村落所属的民族喜好和风俗决定。如蒙古族村落围墙上多带有民族特有的吉祥结图案，朝鲜族村落喜好墙体涂鸦，汉族村落的墙体样式简约大方。

除了院墙之外，院落大门也作为延续和更新的要素之一，要尽量保持其传统的造型。对于意象较差的院门，可在原有基础上进行修缮更新，保持其原有基础样式不变，进行修整和材质替换等（图7-2-6）。多利用木材、砖石相结合的方式，从而营造契合村落氛围的具有乡野和质朴气息的院门。

除院墙、院门之外，建筑立面可运用重复的元素和素材来达到立面的延续性，使得道路两侧建筑的总体风

图7-2-6 院门修缮更新示意图（来源：杨雪薇 摄制）

图7-2-7 村落建筑立面延续示意图（来源：王兆明 提供）

貌相统一。但延续性并不意味着建筑雷同、千篇一律，可根据各户状况在统一中添加变化。做到建筑立面延续，既有共性又有个性。可运用相似的材料，立面分割形式，统一的屋顶形式，相似的装饰元素和立面配色，门窗形式等来达到建筑立面延续的效果，并可根据村落民族民俗的不同，添加和突出具有个性化的素材。如朝鲜族独立于建筑的烟囱，以及鄂温克、鄂伦春、赫哲等少数民族的图腾符号等。建筑立面、院门、院墙、建筑烟囱等形式相似又略有区别，院落之间既有共性又有个性，形成了立面的连续（图7-2-7）。

4）完善基础设施，增加绿化和景观小品

完善基础设施可以提高生活质量，增加道路元素的可意象性。完善道路排水功能，尽量避免道路的自由式排水，防止造成雨天雨水泛滥，影响出行。可采用隐藏式排水的方法，挖设排水渠并在其上运用和材质相近的材料覆盖。增设垃圾桶，避免垃圾乱丢造成的道路环境破坏，同时垃圾桶的样式要与环境和村落风貌相协调（图7-2-8）。可设路灯等夜间照明设备。尽量避免使用

图7-2-8 月晴镇白龙村垃圾桶（来源：杨雪薇 摄）

风格过于现代的路灯,其样式要不太突兀,能融入村落环境。增加道路两侧的景观小品和休息设施,在一定程度上能起到丰富道路元素的作用,增加道路停留的节点以提高道路的可意象性。在道路两侧尺度较大的过渡空间进行绿化设计,增加空间层次,同时注意植物搭配,提高道路两侧的景观质量。牡丹江小朱家村的规划设计,在道路与院落围墙的空地处,运用石材等进行硬质铺装,增设花坛,进行植物种植,并设置可供休息的木质长椅。景观层次丰富,材质搭配合理,大大增加了道路两侧空间的观赏性和人们的停留时间(图7-2-9)。通过以上对道路的保护与设计,使得黑龙江地区传统村落的道路肌理清晰明确、尺度宜人,具有一定意象性的目的。

(二)边界的保护更新策略与措施

1. 边界的保护与设计思路

随着村落的不断更新和演变以及村域规模的扩大,村落原有的边界会不断被削弱,其在村民心中的固有印象和情感也会慢慢淡化。对于传统村落边界的保护,主要有以下思路:

①边界的保护是要不断对边界元素进行强调。
②对现有边界元素进行修复、保护与整治。
③强化边界元素赋予的村落意象,并控制村落的范围。

2. 边界的保护措施

1)修护人工边界要素

对于城墙,水渠等人工要素构成的边界,对保存状

图7-2-9 牡丹江小朱家村规划设计图(来源:王兆明 提供)

况较好的部分进行修复和加固，尽量使其保持原始状态。对于短时间内不会出现损坏的部分，则以日常保养为主来延续现状，附加的修复手段在非必要时尽量不用并减少到最低限度。制定边界人工要素日常保养制度，进行定期监测，及时排除不安全的因素，必要时使用的修护工艺尽量采用传统施工手法和建造工艺，使用现代材料时要考虑其是否会对边界元素造成损害，影响其风貌。对边界的保护也是对村落历史和文脉以及情感意蕴的保护。

而对于某些人工边界，随时代变迁和风雨侵蚀造成破坏的部分，考虑到其所蕴含的情感要素和历史价值，可进行遗址保护。若遗址不复存在或其上被新建建筑，可通过树立相关标识和立碑等进行纪念。

2）保护自然边界要素

对于村落周边的山体、水体、林地、植被以及耕地等自然要素为主的边界，也需要对其进行保护和整治。

（1）对于边界的山体，在保证其安全性的前提下，增加其可意象性，进行一定的景观修复和意象塑造，增加山体的植被，对于坡度较缓可攀登游览的山体，可通过建造上山步道和休息座椅等来加强人与自然的互动，同时也一定程度地增加了村落的可意象性。如牡丹江七里地屯生态村，在山腰设计有木亭，村民可登山远眺，与山林亲密接触，也可欣赏村落全景，加强了与作为村落边界的山体之间的交流（图7-2-10）。

（2）而对于水体元素，则要对其有一定的汛期防洪计划，保证水体的安全性，在此基础上适当进行河道清理和水体环境治理，尽量让河流保持其原始和自然的状态，设计和恢复河岸景观，也可在不影响河流环境和状态的条件下，修建以水体为依托的栈道、亲水平台等景观节点，增强村民与边界空间的交流，加强水体边界的可读性。

（3）对于植物林地等自然边界，禁止对其砍伐和破坏以及其他形式的人为干扰，尽量不破坏植物的自然生长。

（4）控制物质形态边界周围的建筑物与构筑物。黑龙江地区传统村落边界空间的留存和控制，首先维持了黑龙江地区传统村落的空间形态肌理和格局，保留了村落原本的格局风貌。对于村落中的山体和河流等自然边界，以及人工要素构成的边界，由于其是有固定形态的，因此需要控制边界附近的建筑物和构筑物，尽量使其保留最原始的状态，避免在山水等物质形态边界周围的搭建活动，影响边界的原有形态。

3. 边界的意象强化策略

1）整治边界环境

对于部分传统村落边界环境混乱，村落边界成为垃圾堆放点和杂物存储空间的现象，为了维持良好的边界环境，避免因环境问题造成的村落意象的破坏，急需对边界环境进行整治和处理。需要改善对村落边缘住户的

图7-2-10　七里地生态村边界山体（来源：杨雪薇 摄）

院落环境以及其院墙等，使其更加规整，并在院落中设计一定的存储空间，进行杂物和燃料堆放。

2）营造边界景观意象

村落的边界空间是村落景观意象的重要组成部分之一。对于可意象性强的传统村落，边界的意义不只是村落内外空间的划分，也是对村落意象的强调，因此构建边界的景观意象也是营造村落意象的重要环节。无论是人文景观还是以水塘为主体的自然景观，都是边界景观意象营造的方式。对于封闭式、半封闭半开敞式以及开敞渗透式的村落边界，营造景观意象的方式也不同。封闭式边界往往为人工构筑物，需要对其修缮维护，同时突出其人文特质，使其具有观赏性。如城墙等，可在不对其进行破坏的基础上设置登临空间，增加边界的互动性和体验性，如道路等半开敞边界，可通过设置线性景观带来增加景观意象。而开敞式边界以自然环境为主，需要对自然要素保护，对环境进行整治，设立景观小品等。通过建立邻水广场以及休闲亭子等亲水空间，引入人流活动，来营造出边界空间的景观意象。黑龙江牡丹江宁安小朱家村规划，利用村落原有的水体边界来构建沿河景观带，并设置渡口空间，强化边界景观意象（图7-2-11）。

3）构建连续性边界、标示性清晰边界

边界空间在人们进入村落之前就能率先观察到，容易对村落形成先入为主的印象，给参观者带来或自然或人文的意象。随着城市化进程的加快和城市的扩张，边界连续性越强的村落所受到的破坏和冲击越小，且连续性越强，则带来的意象越深刻。因此，无论是封闭的村落边界还是开敞型边界，都应尽量增强边界连续性。如临城市道路的半开放边界的村落可建立一定的景观屏障，在道路旁设置连续的绿化景观带，以农田作为边界的村落也可以通过种植乔木、开花植物等景观来增加边界的连续性。

图7-2-11 小朱家村沿河边界景观带（来源：王兆明 提供）

在调研中发现黑龙江省部分传统村落边界处缺少一定的入口标志性物体，导致难以对村落的身份进行辨别。而边界的标志性物体一定程度上等同于建筑的门，在一定意义上既能对村内外空间进行分隔，也具有指引性，是村落边界不可或缺的一部分。因此，村落边界应保持标志性的清晰，可利用广告牌、牌坊、雕塑等物体对村落入口进行明确和指引（图7-2-12）。

通过以上对黑龙江地区传统村落边界的保护与设计，最终达到村落边界连续、自然要素良好、人工要素清晰明确，且边界具有一定的可意象性的目的。

（三）区域的保护更新策略与措施

1. 区域的保护与设计思路

黑龙江地区传统村落中可能由于建筑风格、建筑密度以及节点分隔等原因存在几个区域。对村落区域的保护是要使各个区域之间"和而不同"，既能构成一个整体，具有统一性和肌理的连续性，同时也要保持各个区域自身的个性和特点，使区域之间既互相独立，又彼此联系。对部分与村落整体风貌出入太大的区域空间，对其建筑外观等进行一定程度的修正，保留区域较为独特的个性，同时做到与村落整体上协调。

2. 区域的保护措施

提升区域元素整体性，协调延续建筑风貌。对于建筑风貌等引起的区域划分，如村落中有古城区的传统村落，可以将古城区作为核心保护区，距离古城区较近的建筑区域设置建设控制地带，再向外辐射的外围空间为风貌协调区，从而保证整个村落风貌与肌理的统一。

核心保护区对不同年代和不同风貌的建筑进行分级保护和修缮。对于建设控制地带，由于其建筑风格一般与古城区存在出入，建筑材料较现代，建筑形制的修改可行性较小，可通过调整建筑外立面以及屋顶的材料和

图7-2-12 洛古河村边界标识（来源：杨雪薇 摄）

色彩，使其与古城区相契合。如图7-2-13所示，个别蓝色屋顶的民居影响了整个区域的协调统一，则可通过对其屋顶的调整达到与建设控制地带相契合的目的。

对于风貌协调区，作为村落风貌的延伸区域，要与核心区风格和意象相统一。对于建筑色彩形制等不同所形成的区域划分，可保留不同区域的个性，运用具有连续性的元素来增加不同区域之间的联系和统一性。如在建筑立面上增加相同的建筑装饰和相同的开窗形式等。

3. 区域的意象强化策略

1）增加村落区域间联系

对于由广场空间和池塘等节点分隔所形成的不同区域，要削减其由于场地和地形原因造成的空间分隔感。尽量保持区域间风貌的统一，通过交通的可达性和建筑、院落墙体以及植被等的连续性等来增加区域间的彼此联系，同时对部分风格突兀的建筑物进行屋顶墙体的

图7-2-13 建筑风貌的协调延续（来源：杨雪薇 提供）

改造，保证村落的整体意象和统一性。

2）保持区域多样性，突出区域个性特征

对于社会人文差异等造成的区域划分，此类村落区域之间的区别更多地体现在风俗和生活习惯的差异上。如多民族混居的村落，不同的民族会形成自己的聚居区域，而其多样性是村落的最大特征，对此要尊重其习俗，保持区域的多样性。对该种类型的区域的保护，关注点更多在区域内部，区域作为一个整体，需要加强其内部的统一感和民族特征，如对部分建筑等进行外观上的修整，或加以民族装饰等，使区域内部建筑整体风貌协调，样式具有一定的延续性等。

通过以上保护与设计策略，使得黑龙江地区传统村落的区域达到协调统一，建筑风貌整体一致，个体又具有自身独特性。

（四）节点的保护更新策略与措施

1. 节点的保护与设计思路

传统村落的节点是具有一定功能性的村落空间，是村民日常生产生活中的重要载体。因此要对村落节点进行合理的保护与更新。

首先要重视空间遗产，对节点的保护首先要保持其空间格局的完整。完善节点元素，对于保存较好的节点进行定期修缮，保存状态较差的，根据其重要程度和所含有的村落意象、情感意蕴等进行节点重塑或者遗址保护。对于节点比较单一或缺失的村落，适当增加村落的起始节点以及广场等活动节点。除了对节点物质性的保护，还要将保护提升到精神层面，通过标识和文字素材等加强其意象。同时，人的活动才是最美的风景，若要保持和重现节点空间的活力，要适当引入村民的活动。

2. 节点的保护措施

1）重塑历史节点，留存空间遗产

华中科技大学的李晓峰教授提出了"空间遗产"的概念，所谓空间遗产是指具有突出意义和普遍历史文化价值的空间环境，往往承载着相关人群的集体意义。具有物理空间、社会空间与精神空间三重空间属性。村落中历史底蕴深厚的节点空间，体现了村落的文脉，是村民重要情感寄托的载体，也是村落的重要"空间遗产"。因此对其进行重塑，是对空间遗产的留存和保护。

黑龙江地区传统村落的历史节点一般围绕着村落的入口空间以及历史建筑，村落标志物等展开。对于历史节点，对其进行保护和重现，加强对其意象的塑造，可依照村落的资料以及相关人员的口述，对节点空间内的元素恢复和重塑，尽量还原历史节点的固有风貌。如在牡丹江小朱家村的规划设计中对于村落中的戏台这一节点进行了重建，在原场地上运用石材和木材重现了戏台的固有风貌，还原了戏台这一历史节点，提升了村落整体的文化内涵，并通过引入人群的活动，增加了村落的活力（图7-2-14）。

2）存旧更新生活节点

传统村落的生活节点分布较为广泛，院落门口、古井磨盘等空间都能形成尺度宜人的生活节点，这类节点村民使用频率较高，是村民日常生活的重要载体和邻里沟通的场所。要对现有的生活节点进行保护，节点内的长椅、石桌等元素可进行一定的修缮和更新，并对古井、拴马桩、石磨等空间恢复和还原，以便人们唤起村中过去的记忆和乡愁情感。如图7-2-15所示，村落古井和路旁的生活节点，对古井进行保护，并围绕古井种植绿植和铺贴砖石，营造古朴典雅的空间氛围。对路旁休息节点修整设计，搭配多种层次的植物和休闲座椅。

3. 节点的意象强化策略

1）营造节点的空间含义

对于破坏严重难以进行保护与还原的节点空间，可赋予其新的空间意义，如对其遗址进行保护，在周边建立展览场地，通过文字和图片甚至多媒体等手段增加村民对这一节点和村落历史文脉的了解，也可运用文化墙、浮雕墙等加深节点的文化内涵。如黑龙江柯尔克孜民俗村在村落中建有史诗长廊，将村落的历史故事与民族的诗歌通过长廊进行展示，村民可在廊中休息并了解村落文化，赋予了节点新的空间意义，大大提升了村庄的文化内涵（图7-2-16）。

2）塑造村落起始节点景观

部分传统村落缺少入口节点，则村民以及外来者在观察和行走过程中缺少进入的仪式感，起点空间的景观营造也十分重要，能加深对村落的印象，从而提高其可意象性。除此之外也可运用牌坊等元素增加入口空间的仪式感。

图7-2-14 小朱家村戏台节点的还原（来源：王兆明 提供）

（a）小朱家村路旁生活节点设计

（b）村落古井的保护设计

图7-2-15 生活节点的保护更新意象图（来源：杨雪薇 摄）

（a）柯尔克孜民俗村史诗长廊

（b）柯尔克孜民俗村长廊石雕

图7-2-16 柯尔克孜民俗村史诗长廊（来源：杨雪薇 摄）

3）增加节点活力

没有人流活动的节点空间是不具备生命力的。只有引入民俗活动，将节点空间使用起来，增加其可达性和实用性，节点空间才具有自身的价值和意义。黑龙江地区传统村落的民俗活动众多，如祭祖祈福等，活动与承载节点的空间关系如图7-2-17所示。对于礼俗精神节点，可通过恢复和再兴村落的传统祭祀祈福活动，从而为节点注入场所感。

而对于广场等娱乐交往节点，则通过秧歌戏曲等乡村喜闻乐见并可参与其中的文娱活动，增加节点的活力。只有通过对节点的使用，才能唤起村民对村落的历史记忆和内心深处的情感归属感。

4）构建以节点为中心的景观形态

黑龙江地区传统村落的节点类型丰富，尺度多样，既有以水体亭台为中心的景观节点空间，也有以寺庙祠堂等建筑物为中心的礼仪节点，还有路口空地等生活节点，而对于节点空间意象的营造上，可建立以节点为中心的景观形态。以路旁空地为基础，设立木质休息座椅和木廊，搭配绿植和硬质铺装，形成以生活节点为中心的景观形态，或者可形成如图7-2-18所示的以植被为

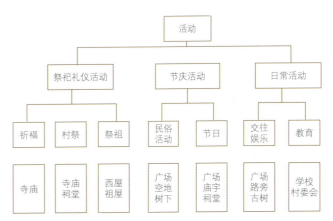
图7-2-17 黑龙江村落活动与承载空间示意图（来源：杨雪薇 绘制）

主、硬质铺装为辅，兼具休息和观赏功能的景观形态。利用村落祭祀礼仪节点，围绕村落的龙王庙形成景观点，龙王庙作为古建筑物，文化积淀和历史气息较浓，可以很自然地搭配植物，通过园艺设计形成具有自然气息的别具一格的人文景观。村落往往有生活节点、交往节点等多处节点空间，设计更新后会形成空间层次丰富，类型多元的景观形态（图7-2-19）。

通过以上对节点的保护措施与设计方法，最终达到村落节点多样、尺度宜人、节点内元素丰富、意象性良好的目的。

图7-2-18 以植被为主的景观形态（来源：杨雪薇 摄）

图7-2-19 围绕祭祀礼仪节点形成的景观形态（来源：王兆明 提供）

（五）标志物的保护更新策略与措施

1. 标志物的保护与设计思路

由于村落的历史文脉和发展进程等因素的不同，不同传统村落中具有不同类型和样式的标志物。对于标志物的保护与设计思路如下：

①对于标志物的保护，尽量进行原址的修缮。

②重视"空间遗产"，同时要将标志物所处的环境也列入保护范围。

③强化标志物的意象性，突出其情感内涵。

④针对具有使用功能的标志物，在不破坏其结构和外观的情况下对其恢复使用，适当引入人流可增加其活力。

2. 标志物的保护措施

1）原址修护

对于保存较好，仍能维持其基本功能的标志物，对其进行原址保护、修缮和加固，尽量恢复其历史样式。引入相关民俗活动，使标志物除观赏之外，还具有实用功能，通过使用来增强其情感底蕴。例如黑龙江省肇源县民意乡大庙村的白塔，该塔即进行了原地的修缮，保持其原有的建筑外观，并围绕建筑形成了一定的活动和观赏空间（图7-2-20）。

2）遗址保护

对于不能保持原有功能的标志物，将其作为遗址进行保护，增加周边的标志，以免造成遗址的进一步破坏。对此类标志物应在周边加设防护措施，同时保证其现状不发生进一步破坏。如标志物具有突出的情感价值和历史价值，可按照原有式样进行异地仿建。

3）保护营造标志物场景空间

标志物的场景空间是村落重要的"空间遗产"之一，具有突出意义和普遍历史文化价值，往往承载着村民的集体意义，具有物理空间、社会空间与精神空间的多重属性。

村落中的标志物往往与其所处的环境具有密切的联系，独立于环境存在的标志物就丧失了其部分历史含义，其场景性就不再完整。因此对于村落中标志物进行保护，不能孤立于环境保护而存在，而应将标志物与环境当作整体，将其认定为空间遗产，强调其历史文化价值与记忆，元素与周边环境共同保护，还原标志物及其所在的场景，对标志物周边环境进行修复和整治，有利于强化标志物的意象，增加村民对其的情感认知。

3. 标志物意象强化策略

1）塑造村落入口标识景观构筑物

对于缺少标志物的村落，可在村落的入口空间以及重要节点根据实际需要和村落历史文脉来增加标志物，如设置牌坊、雕塑、文化石等，来强化村落意象，保证村落空间元素的完整性和丰富度，并形成以标志物为重点的景观空间。如黑龙江省宁安朱家村入口空间的景观构筑物，利用石材砌筑形成门洞，营造易于识别的村落入口（图7-2-21）。而洛古河村村落入口文化石也成为一个景观标志物（图7-2-22）。

图7-2-20 肇源县民意乡大庙村（来源：刘洋 提供）

图7-2-21 朱家村入口空间的景观构筑（来源：王兆明 提供）

图7-2-22 洛古河村入口景观石（来源：杨雪薇 提供）

2）强化标志物的情感内涵

传统村落中的标志物，往往与人的记忆和情感紧密相连。如村落的古树常有村民围绕而坐，闲话桑麻；村落中的祠堂承载了村民对先祖的情感与缅怀；小到一根拴马桩，也保留着先辈们生产劳动的痕迹。因此，针对标志物意象的强化，需要重视其所具备的情感内涵。

（1）还原标志物功能。对于具有一定实用功能性的标志物，如村落中的瞭望塔等，可以通过对其加固修缮，重新进行使用，来强化其历史意义。

（2）运用现代性的展演唤起生活记忆。对于不能继续使用的标志物，可以在周围设立相关标识，利用文字图片等来介绍标志物的历史渊源，强化其文化价值和居民对该标志物的记忆。

（3）引入与标志物相关的人流活动，强化族群记忆。对于不能继续使用的标志物，可于特定日期在标志物所处空间，引入与其相关的活动。如在庙宇遗址附近组织祈福活动等。

（4）如对于观赏性大于实用性的标志物，利用周围空间强调观赏性和空间记忆。如古树等可围绕标志物本身设立与环境相契合的休憩交流的相关休息设施，如木质座椅等塑造村民闲聊的场景空间，来唤醒村民内心深处与古树相关的记忆。

例如黑龙江省富裕县友谊乡三家子村，该村有土筏子墙、古树、古井以及萨满活动场地、村落祖坟等标志物和节点空间。但村落标志物的保护较差，给人以混乱之感，需要对古树等标志物进行周边环境的整治和意象的强化（图7-2-23）。

（六）聚落保护更新的政策措施

1. 传统村落保护发展已开展的工作和乡建实践活动

《历史文化名城名镇名村保护条例》施行以来，黑龙江省各地区部门依照该条例严格开展传统村落保护发展工作，对传统村落的调查、研究、保护、规划及设施建设等做了大量工作。同时，也在乡建过程中，进行了

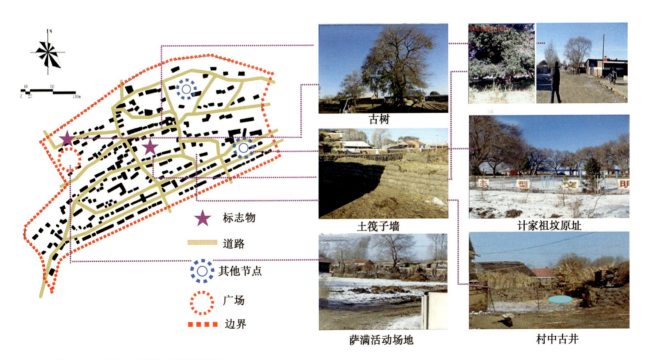

图7-2-23 富裕县友谊乡三家子村（来源：杨雪薇 绘制）

大量实践活动。

1）广泛调研，深入研究。

深入开展以具有优秀历史文化、地域文化特色的传统村落为重点的传统村落的调查。在黑龙江省传统聚落广泛调研中，共计调研乡镇69个，其中涉及镇18个，村落651个。在广泛调研的基础上，深入研究了海林市横道河子镇、黑龙江省黑河市爱辉镇、齐齐哈尔市克东县金城乡古城村、大庆市肇源县民意乡大庙村、讷河市兴旺鄂温克族乡索伦村等16个具有优秀历史文化和地域文化的传统村落。在了解和把握全局的基础上，建立完整的黑龙江省传统村落档案体系，并通过组织专家评估、鉴定，有针对性地制定历史文化名镇名村认定条件、分类标准以及保护开发方案等。黑龙江省住房和城乡建设厅分别在2014年、2016年组织开展了黑龙江省优秀传统村落调查成果征集和黑龙江省传统保护设计优秀作品的竞赛评选等活动。

2）申报国家历史文化名村，重点发展

在全省传统村落档案体系框架下，黑龙江省在中国历史文化名城名镇名村申报中，申报了海林市横道河子镇等17个传统村镇。其中，海林市横道河子镇被评为中国历史文化名镇。横道河镇是一座百年古镇，有着悠久的历史，现留有许多历史古迹，有着珍贵的历史鉴证价值，镇内至今仍有256栋1901～1905年建成的俄式风格建筑，其中国家级保护建筑5处，市级保护建筑104栋。以"挖掘中东铁路文化，打造历史文化名镇"为定位，以"整体规划、战略开发、分步推进、以点带面"为原则，全面推进名镇整体开发建设。除横道河子镇外，黑龙江省黑河市爱辉镇也被评为中国历史文化名镇。

此外，黑龙江省也于2013年启动省级历史文化名镇名村评审工作，按照《历史文化名城名镇名村保护条例》（国务院令第254号）的有关规定，参照《中国历史文化名镇（村）评选办法》（建村〔2003〕199号）的标准和程序，经评审确定齐齐哈尔市泰来县塔子城镇、齐齐哈尔市泰来县江桥镇、齐齐哈尔市龙江县龙兴镇为第一批省级历史文化名镇，齐齐哈尔市克东县金城乡古城村、大庆市肇源县民意乡大庙村、齐齐哈尔市泰来县大兴镇创业村为第一批省级历史文化名村。

3）规划引导，重点保护

编制传统村落保护建设规划。按照尊重历史文化，传承人文资源，保护生态环境的要求，在全面分析古村落发展类型、空间分布、人口规模、产业设施、人文积淀等现状和特点的基础上，选择历史特征和地域个性鲜明且建筑格局和原生态风貌保存较为整体的传统村落，作为申请国家历史文化名镇名村、黑龙江省历史文化名镇名村的重点规划发展对象。对于申报的6个历史文化名村进行重点保护发展规划，邀请规划设计师及专家学者对6个申报的历史文化名村进行了详细的保护规划设计和研究。对于坐落在传统村落中的历史建筑，进行重点保护利用，加强对重点历史建筑的保护、修缮、再利用。

4）完善基础设施建设

按照因地制宜、以人为本、可操作性强的要求，在充分征求村民意见的基础上，划定村落的重点保护区和风貌改造区，明确规划保护区内土地利用和住房建设要求，制定并完善了各个传统村落的基础设施、公共服务设施建设等，以保护传统文化、加速村落经济发展为目的，提高传统村落居民生产生活水平。

2. 黑龙江省传统村落保护发展已取得的成效及存在问题

在各界人士的共同努力下，黑龙江省传统村落保护发展取得了非常大的成效。在传统村落的学术研究领域中，组织黑龙江省的专家学者团队深入研究并编著了《中国传统民居类型大全（黑龙江篇）》《黑龙江省特色村庄设计研究》《中国传统建筑解析与传承 黑龙江卷》等一系列著作，同时还发表了相关论文共计50篇。在中国历史文化名镇名村申请上，共计申请了6个传统村落项目，包括第一批（2个）：齐齐哈尔市富裕县友谊达斡尔族满族柯尔克孜族乡宁年村富宁屯、齐齐哈尔市富裕县友谊达斡尔族满族柯尔克孜族乡三家子村；第二批（1个）：黑河市爱辉区新生乡新生村；第三批（2个）：哈尔滨市尚志市一面坡镇镇北村、牡丹江市宁安市渤海镇江西村；第四批（1个）：齐齐哈尔市讷河市兴旺鄂温克乡索伦村。针对这6个传统村落分别做了相应的历史文化研究和保护发展规划方案。在其他传统村落的保护性发展规划上，各地区针对自身实际和地域特点，进行了详细的保护发展规划方案设计。在黑龙江省传统村落保护项目上，完成了60余项成果，取得了很大的成效。

伴随着城市化和新农村建设的加快推进，黑龙江省在传统村落保护发展上也面临着许多现实困境。首先，传统村落的消逝速度不断加快，许多传统村落的原生个性正在逐渐消失，还未加强保护的部分传统村落古建筑损毁严重，村落风貌逐渐消失，大规模连成一片的传统村落风貌和自然生态风貌越来越少；其次，传统村落保护的观念还未深入人心，部分群众没有认识到古村落文化遗产的历史文化、建筑艺术等宝贵价值，一味地以大拆大建为目的；再次，现代居住理念的改变使得传统村落和传统民居不能适应现代人的居住习惯，一些村民开始外迁，导致原生的传统村落逐渐衰败，另外还有一些村民为改善居住条件对传统民居大院随意翻新甚至拆除重建，对村落风貌破坏十分严重。最后，传统村落的综合发展环境不理想，许多古建筑和设施都出现了物质性老化和功能性衰退，古村在传统与现实中寻找发展突破口的难度很大，再加上对传统村落保护重视不够，各级的政策、资金、人力投入匮乏，古村落历史文化遗产保护和传承工作任重道远。

3. 黑龙江省传统村落保护发展的可实施工作计划

（1）扎实做好下一批中国历史文化名镇名村申报工作。对于已上报但未评上的传统村落继续加强摸查和保护工作，更深一步挖掘传统村落的价值，对于传统村落的历史文化、地域文化等价值进行更深层次的研究，进一步完善汇报资料。对于新发掘的传统村落进行深入调研分析，制定发展计划，尽快落实保护发展工作，做好申报中国历史文化名镇名村的准备。

（2）加快编制审批保护发展规划。对已列入的中国历史文化名镇名村进行带头示范性保护发展规划，组织各地区负责部门进行学习，更好地开展全省广泛的传统村落保护工作。

（3）抓好保护发展项目建设。对于获得中央补助资金的中国传统村镇，计划做好项目计划表的上报工作，用足用好中央补助资金。对于有望申报成功的传统村落，全省计划加大资金投入，帮助地方政府更快更好地完成村落的保护发展工作，顺利开展下一步的中国历史文化名镇名村和黑龙江省历史文化名镇名村申报工作。

（4）对传统村落的街道、围墙等历史风貌建筑进行维修保护，进一步增强基础设施建设，加快传统村落的景观建设，进一步提升村民居住环境和村庄内在景观。进一步加强宣传，将传统村落保护内容写入村规民约中，与村民面对面交流，真正让传统村落保护发展的意义被村民熟知，让村民积极主动参与到传统村落保护中来。进一步加强与群众的交流，尊重群众的建议和意见，对具有重要价值的历史保护建筑要严加保护管理，对传统村落的空间格局合理规划控制，防止传统村落保护发展中遭受到旅游性、开发性的破坏。

第三节 传统聚落保护更新实践

本节论述对黑龙江省传统村落历史人文聚落、自然风貌聚落的保护与更新实例与措施。探讨了传统村落以人为本、整体性保护等原则和自然要素人工要素相协调等保护思路，提出未来发展更新的走向。

一、历史人文型聚落保护更新实践

历史人文聚落主要从民族文化、历史传承方面着手，进行规划建设，注重于保护。

（一）相关实践方法

历史人文主导型传统聚落，根据村庄本身的特点，可以细分为历史文化名村和民族风俗特色村。这两者都属于我国传统文化的一部分，无论是历史文化还是民族特色，都有其不可忽视的特色。对于历史人文村庄来说，保护规划应该是其最重要手段，历史人文村镇保护的目标决定了保护规划的任务。而且由于村镇保护的目标具有阶段性，在历史发展的不同阶段具有不同的保护目标。保护规划相应地也具有阶段性的特点，根据前面的研究，历史人文主导的村镇规划建设的近期目标是尽可能地保护历史文化村镇物质层次的原真性，并在此基础上，尽可能全面地收集、记录、整理并保存，使之转化为知识层次原真性，并在现代社会中尽可能地发扬其精神价值和社会功能层次原真性。因此，目前民族特色传统村镇保护与建设的任务主要由以下三方面组成。

一是记录，就是要尽可能全面地收集、记录、整理并保存历史人文主导型特色村镇的基础资料数据，将村镇由物质层次的原真性转化为知识层次的原真性。这是因为，基础资料的收集和分析是保护规划的基础性工作。这里所讲的记录，其内涵和外延比通常情况下做规划设计项目的现状分析那种简单列举的方式要宽广得多。它是历史人文主导型特色村镇保护的目标对保护规划任务提出的技术要求，需要建立一套科学的历史文化村镇基础资料收集指标体系，并运用信息技术建立历史文化村镇基础资料数据库。

二是控制，就是尽可能地保护历史人文主导型特色村镇的物质文化遗产和非物质文化遗产。我国的历史人文主导型特色村镇历史文化遗产正面临着严峻的形势。村镇保护规划必须从空间上对现存的物质文化遗产进行严格控制，并采取适当的保护措施；对已经受到破坏的民族特色村镇制定科学的整治计划，以期恢复其历史风貌。对非物质文化遗产也要提出适当的保护控制措施，并在保护的前提下发扬其精神价值和社会功能。

三是引导，就是在保护的前提下，合理引导历史人文主导型特色村镇的经济社会和谐持续发展。这既是历史人文主导型特色村镇乡土生活延续性和遗产资源公共性特点对保护规划的要求，也是村镇保护目标中尽可能地发扬其精神价值和社会功能层次原真性的主要途径。

（二）典型村落实例

近年来，黑龙江省已经建立了多个历史人文主导的特色村落。这些特色村落或具有悠久的历史文化，或是具有独特的民族文化。由于处于不同的区域和自然条件下，因此具有不同的村落形态、建筑风格以及生活特点，社会活动的多样性为每一个村庄提供了其独特的文化内涵和风貌格局。因此，特色村落见证了历史和文化的变迁，有着独一无二的民族特色代表性。

1. 黑龙江省宾县（历史文化名村）

宾县境内有很多古建筑，这些古老的建筑历史久远，文化深厚；还有很多种传统的生产生活方式，工艺精湛，叹为观止。淳朴的民风、优美的地理环境、山水相托，和谐宜居。

宾县宾州镇大同村始建于民国时期。大同村南靠群山，西临大同河及平川耕地，东、北毗邻耕地。大同村占地约1257亩，人口5274人。村内街道整洁有序，房屋多为传统式的建筑风格。传统建筑集中连片分布在务本屯、石洞屯、自强屯、新福屯、农安屯、中心屯、新立屯、新建屯、桦树屯、城子屯、胜荣屯、忠诚屯、忠盛屯、全富屯、全德屯、永平屯，传统建筑保持基本完好。传统建筑一部分为土草结构，三间平房；一部分为土墙面，瓦盖；另一部分为砖瓦结构。室内为南北各有土炕一出，土地面，木质窗户和门。体现主要传统建筑文化内涵：负阴抱阳，背山面水，建筑形态崇尚天人合一的精神，注意环境与建筑的交融。大同村拥有全国重点文物保护单位庆华古山寨遗址等，2013年5月，国务院批准列入中国历史文化名村（图7-3-1）。

宾县满井镇永宁村始建于中华人民共和国成立以后，该村所辖城子屯、崔玉海屯、牛家屯、黄烧锅屯、龙王庙屯、齐海屯、王玉山屯、河北屯、柴家屯、西占房屯、三马架屯、立新屯、镇江屯共13个自然屯。该村西靠满井镇政府，南临乌河至塘坊，占地约858亩，人口为4467人。传统建筑保持基本完好。传统建筑一部分为土草结构，三间平房；一部分为土墙面，瓦盖；另一部分为砖瓦结构。室内为南北各有土炕一出，土地面，木质窗户和门。村内自来水接入农户，生活垃圾集中收集，污水处理，厕所为分户使用，有线电视、电话接入农户，水泥路面铺设。村内设有卫生室，电网已经改造。村内及周边环境现状保持基本完好。永宁村拥有省级文物保护单位永宁城址（金代）。

大同村和永宁村在经济及社会发展中已与时代发展相同步，村落环境绿色和谐（图7-3-2、图7-3-3），民俗文化仍保持着原生态，且丰富多彩、底蕴十足，是典型的民俗文化村。其发展后劲十足，发展前景十分看好，其保护和发展价值很大。

2. 宁安市江西朝鲜族村（民族风俗特色村）

宁安市江西朝鲜族村位于牡丹江上游，总人口1583人，430户。其中朝鲜族有380户，为黑龙江省较大的朝鲜族村落。全村有耕地面积6000亩，其中水田5400亩，是响水大米的主产区。

宁安市江西朝鲜族村距离国家级名胜景区镜泊湖仅有15公里，西邻著名国家地质公园，距火山口地下

图7-3-1　庆华古山寨遗址（来源：周立军 提供）

图7-3-2　村落局部风貌（来源：周立军 提供）

图7-3-3 村落与周边环境协调性（来源：周立军 提供）

森林公园仅有30公里，唐代著名的"海东盛国"——渤海国上镜龙泉府遗址就建于村南，素有"北国鱼米之乡"的美誉。

江西村在充分发挥了少数民族特色的基础上，结合自身的经济产业，打造了其适合自身发展的一条新兴道路。江西村水稻种植历史悠久，而且90%左右的水田面积在"石板地上"，是响水大米的主产区。江西村还以少数民族的朝鲜族特色民居为主构建和谐的乡村风貌。江西村作为黑龙江省的新农村试点村，也曾面临传统民居和新农村建设相矛盾的问题，经过专家的研究，在村内设立了朝鲜族民居保护区，对保护区内的42栋传统民居进行了修缮。村委会还要求新建的房屋必须按照规划以传统朝鲜民居的风格进行建设，做到了建筑工艺与自然相和谐的乡村风貌，为少数民族村寨保护与发展创造了优良的环境。江西村按照传统的朝鲜族的建筑风格，建设文化、体育、休闲三处广场。建设景观柱4000多米。其中文化广场占地达4000平方米，以玄武岩为基调，设置露天剧场、休闲草坪、健身器材和亮化灯饰等，是日常文化娱乐和"流头节"表演场所，体育广场占地达17800平方米，有篮球、排球、足球、门球、秋千、跳板、摔跤等场地和设施，可以承办小型的民族运动会。休闲广场占地达17400平方米，设有朝鲜族民族文化长廊，同时具有休闲观光、江鱼垂钓、露天舞台等功能。

江西村的"流头"文化，展现了少数民族的传统文化内涵。"流头节"也于2007年年初，被黑龙江省列入全省非物质文化遗产的保护名录中，并申报了国家级非物质文化遗产。江西村结合其本身的少数民族文化特色，大力发展特色饮食，现有民俗特色餐饮接待点30多家，年收入利润可观（图7-3-4、图7-3-5）。

图7-3-4　流头节中举办顶水罐比赛（来源：王海明 提供）

图7-3-5　流头节实景照片（来源：王海明 提供）

3. 宁安市海浪镇依兰岗满族村（民族风俗特色村）

宁安市海浪镇依兰岗满族村形成于清代顺治初年，南邻牡丹江，北依欢喜岭，是清代宁古塔镶蓝旗第二牛录的牧马场。依山傍水，具有满族村落选址特色，村落北欢喜岭下为清代古塔通往吉林的驿路。现存该段古驿路的路旁有树龄超过400年的古树一棵，树种为长白落叶松。村域面积达5平方公里，村庄占地面积约180亩。常住人口380人，地形地貌特征为丘陵地带。

依兰岗满族村已被列入少数民族特色村寨示范点，并在当地成立了满族民俗馆，并且由黑龙江省民族事务委员会批准其规划传统村落民居改造工程。现依兰岗满族村，仍沿用清代选址特色，沿江发展，现有的129户居民中，其中一半人口为满族后代。依兰岗满族村是黑龙江省比较有特色的少数民族传统村落，其省级非物质文化遗产是满族萨满家祭（图7-3-6、图7-3-7），其资料整齐，传承久远，历史悠久，在东三省较为闻名，曾多次接待加拿大、韩国、日本等国家，以及中国台

图7-3-6　依兰岗满族村民俗馆（来源：王海明 提供）

图7-3-7　依兰岗满族村家族公祭处（来源：王海明 提供）

湾、香港等地区的专家学者。

（三）显著成就

通过对省内的特色传统村落调研分析，这种历史人文主导型传统村落有着较为明显的优点，并在建设后取得了显著的成效。

历史人文主导型村庄充分发挥了历史文化及民族风俗特色，以少数民族特色村寨及悠久的历史文化发展保护为主导，不断打造当地的特色优质产业，挖掘民俗文化，保护和修缮特色民居，改善村屯环境，开展民族团结进步创建活动，使得少数民族特色村寨建设有了进一步的发展。

（1）培育特色产业，发展当地的优质企业，奠定发展少数民族村寨发展与保护的基础。结合当地历史悠久的种植业，带动全村经济效益。

（2）保护传统民居，以当地的少数民族特色民居构建和谐的乡村风貌。目前特色村庄的改造都面临着保护传统民居和新农村建设相矛盾的问题，通过研究发现，应在村内设立少数民族特色住宅保护区，并对保护区内的传统住宅进行修缮。对新建房屋提出严格的要求，使其按照当地的民俗传统风格进行规划设计与建设，打造建筑工艺与自然相和谐的乡村风貌，为少数民族村寨保护与发展创造优良的环境。

（3）挖掘和传承当地的历史文化，丰富特色村庄的文化内涵，保护非物质文化遗产，以当地特有的历史文化特色带动村庄的发展。

（4）积极发展民族团结进步创建活动，更鼓励和发展平等、团结、互助、和谐的社会主义民族关系。近年来，各个民族特色村庄立足自身实际，把谋求民族经济发展和社会进步作为贯彻党的民族政策、维护民族团结进步的头等大事，以加快少数民族地区经济发展为重点，积极探索新时期民族团结进步工作的新道路。各少数民族村寨、各个民族之间相互尊重彼此的民族习惯，邻里关系和谐，促进了民族团结工作的深入展开。

（四）存在问题

在黑龙江省传统聚落走访调研过程中，笔者发现，具有历史人文主导型特色的村镇到今天仍然"风采依旧"的还是少数，更多的时候，"原真"往往和陈旧、破损甚至是消失联系在一起。在当今的经济社会，特别容易在对待历史遗存问题上出现功利化的倾向：早已消失的，可以借古名而赋今形；只剩基址的也可以起新厦以展雄姿；残缺的可以复为完璧；破旧的也能粉饰一新。而采取这样仿古的做法，在原地"复原"古建筑，反而使得古建筑的原真性逐步丧失。

1. 历史人文保护制度和措施落后

分析目前工作中的相关政策和措施，大体存在两个方面的缺陷：在微观上，针对具体村镇没有具体的管理条例和实施细则，与民族特色村镇相关的规定分散于由国家到地方的多个法规条例中，彼此缺乏衔接，在实际工作中常造成混乱，容易被缺乏保护意识的机构或个人钻空子，造成传统风貌的破坏。目前我们的工作还停留在确定保护的内容和范围方面，这可以说只是保护立法工作的基础。尽快制定、完善保护的法规条例，包括更科学具体的保护规划编制办法，针对具体村镇的保护条例、规划管理条例与实施细则等都是保护工作面临的重要任务。在宏观上，对保护工作的开展没有创造良好的外部条件。民族特色村镇的规划建设是政策性很强的工作，必须通过政策加以引导。特别是现阶段，由于我国尚处于发展中国家阶段，国家在经济上无法提供足够的保护资金促进保护工作的开展，制定相应政策就显得尤为重要。所以针对目前的国情，我们亟须的政策至少包括两个方面：一是明确保护工作的主体，鼓励社会参与；二是制定资金收集渠道，保证一定的经济投入。

2. 资金保障制度和筹措措施的滞后

今天黑龙江省内历史人文主导型特色村庄整体推行缓慢的一个重要原因就是保护资金匮乏。在传统村镇保护中，风貌保护、基础设施改善和拆迁补偿等都需要大量的资金投入。虽然国家陆续补贴了大量的资金，但对于成千上万的传统村镇来说，国家资助是难以企及的。各省的专项保护经费也有限，难以做到供求平衡。让地方财政负担传统村镇大部分的保护资金对于珠江三角洲等经济强市和经济强镇来说还是有可能的，但对于黑龙江省大部分地处偏远的市镇村落来说，就难度较大，而且对传统村镇保护的投入难以像其他产业投入一样迅速见到回报和成效，所以有些地方政府部门及开发部门也不愿在这方面投入较大的资金。资金匮乏的另一个原因就是我国资金筹措措施依然相对单一落后，没有充分发挥社会各方对传统村镇保护的积极性，很少提供相关的政策优惠来吸引社会和个人对传统村镇保护的投入。

3. 宣传教育措施的滞后

传统村镇的民众对于自己世代居住的村落或城镇的价值并没有清楚的认识，他们保护意识的淡薄不仅仅是文化素养造成的，更多的是由于切身的生活感受。对于他们来说，自己日日夜夜对着的老屋并没有什么独特或是值得骄傲的地方，阴暗潮湿、破旧不堪，甚至还没有水电这些最基本的现代化基础设施，当然没有钢筋混凝土建出来的、贴着光洁瓷砖的农民房来得好用、漂亮。另外，在村镇保护方面也并没有对民众进行易懂生动的宣传。对于数量众多的村镇民间传统建筑，政府不可能每一个都能监管得到，只能依靠民众的自觉参与。所以，只有切实改善传统村镇中民众的生活环境，通过宣传教育等手段提高全社会对传统村镇保护的认识，并让民众在保护中得到实惠才能增强民众保护的意识，传统村镇的保护才能持续有序地进行下去。

4. 基础设施落后

在黑龙江省传统聚落调研过程中感受最深的就是历史人文主导型特色村镇的基础设施严重落后，无法适应现代生活要求。村镇的基础设施仅仅限于道路水利等方面，如消防水池、街道排水沟渠系统等。便利的交通工具和交通设施、自来水、完善的排水系统和环保设施、现代通信、供电、消防、环卫、交流信息的空间等现代文明的标志在传统村镇中都极度缺乏。随着现代文明的进步，村镇的基础设施条件已经不能适应现代人的需要，需大力整治和改造。但是在改造过程中的难点问题是，在古村落狭小的街道空间和住宅空间中如何合理地施工，不破坏原来的街道和住宅空间结构。这一点在许多已经比较成熟的村镇，例如一些国家和省级传统村落等也仅仅是解决了供水问题。对于消防、排水等和老百姓生活息息相关的问题，还有待进一步发展。

二、自然风貌型聚落保护更新实践

自然风貌主导型传统村落按照村庄的自然风貌可以分为特殊地形村落和特殊气候村落，其中特殊地形村落可以分为滨水村落、山林村落等；特殊气候村落可以分为雪景村、极光村等。在保护与更新实践过程中可结合当地有利的自然风貌环境来再塑传统聚落的风光。

（一）相关实践方法

1. 组织区域旅游网络成规模发展

由于单个村镇的规模通常较小，若没有借力点，旅游经济难以全面启动。所以自然风貌主导型村庄应把众多各具特色的村镇人文资源和周边的自然景观资源有机地结合起来，形成旅游网络，将邻近的村镇和自然景观景点作为网络中的重要节点，形成规模效应，使得两者互相促进，共同发展。可以效仿的例子是安徽的黟县，通过旅游网络的建立把宏村、西递、南屏、屏山、关麓等村庄有机地联系在一起，组成一个以徽派建筑为主题的特色网络。在发展中资源的互补与共起到了很大的作用，带动了整个区域旅游经济的发展。

2. 游览项目配置应扬长避短

村镇文化内涵丰富，各个村落应扬长避短，在自身环境容量允许范围内开展有特点的游览观光内容，突出自身特点，开展建筑博览、民俗风情展示，体验乡村生活等。不应将其他村镇的旅游项目照搬照套，既使游客失去新鲜感，又导致自身特色的丧失。

3. 旅游服务设施配套应适度且搭配合理

在村镇边沿或相邻的传统村镇之间建立区域性旅游服务中心，由代表居民利益的团体为游客提供餐饮、商品服务、医疗急救、邮政电信、宾馆、交通等在内的综合服务项目，同时限制各村镇内部的旅游服务设施的建设，避免居民为了挣旅游服务的钱而私搭乱建，破坏风貌，污染环境，同时也减少对村镇居民生活的影响。以往的传统村镇保护易陷入就业怪圈，家家户户开店卖旅游纪念品，业态单一，缺乏丰富的内容和内涵，破坏传统村镇古朴亲切的氛围和特色。所以，对于保护区的居民也要实行就业引导，对于擅自改变居住用地性质、全民皆商的行为要加以限制。

4. 制定详细的宣传和展示政策方案提高传统村镇知名度

自然风貌主导型村庄的旅游发展与村镇的知名度息息相关，所以宣传和展示非常关键，可通过以下措施来实施：

（1）通过出版各种类型的图书、图片和音像资料等，展示历史村镇宝贵的文化遗产，扩大村镇的知名度。

（2）开展历史文化学术研究活动，挖掘文化内涵。

（3）大力创造外部环境，吸引各界人士参观、考察和学习。

（4）加强对导游队伍的培训，提高旅游服务质量，做好对游客的宣传。

5. 正确引导公众参与

居民是村镇的主人和使用者，也是村镇的建设者，传统民居是居民日常生活的有机载体。民居自建是千百年来村庄传统民居发展更新的基本方式。今天我们所看到并为之赞叹的极具审美价值和富含历史文化信息的地方传统民居，都是当地居民在长期的生活实践过程中，通过不断地探索、积累和总结经验，逐步建造起来的。居民建房大多自觉地从实用的观点出发，遵循着以最小支出，获得最大效益的基本经济法则。同时，这些根植于本乡本土的传统民居大多就地取材，是符合当地生态环境的生态型建筑，这与当前的可持续发展原则在基本出发点上不谋而合。因此，自然风貌主导型村庄的建设，吸收居民参加是十分必要的，并应本着以人为本的思想，充分考虑居民的社会关系、经济状况、居住条件等多重因素，考虑居民的实际要求和现实条件，面对面地与居民共同探讨，了解居民的意见，分析居民的价值观、生活方式和需求，提高居民参与保护的热情和积极性，在此基础上正确引导居民从社区的角度而不是仅仅从个人的角度，来考虑社会未来发展方向。只有这样，公众参与才能成为自然风貌主导型村镇保护与发展的积极因素，同时也才能使自然风貌主导型村镇的保护更新发展建立在科学、有效的基础上。

自然风貌主导型村庄并不适用于所有的自然环境优美、生态良好的村庄。因此，我们应选取那些具有相对优越的区位条件的村庄优先发展。区位条件是村庄发展旅游业的外部前提条件。因为村庄作为旅游目的地，除了如安徽的西递、宏村等少数具有很高旅游资源价值的村庄以外，一般优势不明显，对游客的吸引力较弱，若因其偏远导致到达时间过长、交通成本较高，无法吸引足够的旅游者，则村庄很难发展旅游业。村庄无法像大多数风景名胜区那样提供丰富的旅游资源和多元化的旅游服务，使得旅游者延长其逗留时间。一般来说，除了风景区沿线，乡村旅游客源对象主要以短途旅游为主，因此，应大力发展村庄的交通条件，缩短游客往返时间成本，提高旅途舒适度。乡村旅游作为一种生态休闲旅游模式，主要客源是城市居民，在加强自身的服务条件下，大力宣传自己的特色，吸引周边的短途居民。当下城市居民生活已经从温饱型向小康型转变，有着大量的区域客源市场支撑乡村发展旅游业。

（二）典型村落实例

由于黑龙江省某些村镇地理位置良好，自然景观优美，或者因其自身的民族特色鲜明，具有良好的观赏价值，因而一些村镇出现了旅游化的现象，即称之为自然风貌主导型村庄。村庄的旅游开发，很好地带动了当地的经济发展，据日前国家旅游局在江西省旅游产业发展大会上透露，经过20多年的发展，乡村旅游已成为国民旅游休闲的重要方式、农民增收致富的重要途径、农村经济发展的重要力量。目前全国乡村旅游经营户有170多万家，营业收入达2700多亿元，带动超过3000万农民受益。

1. 得莫利旅游名镇（滨水村落）

得莫利位于方正县城东约15公里处，幅员面积约22.5平方公里，全镇房屋建筑砖瓦化率达75%，村镇周围有大量的自然和人文景观，有"哈东第一村"的美誉。雄奇的山势、奔腾的江水、金色的沙滩和梨树园、森林构成了一幅独特的山村画卷，村民住宅三五成片依偎在大山的怀抱中。优美的自然风光、淳朴的民风，加之特殊的地域地点，吸引了不少游客前往游览。得莫利高速公路服务区位于镇区南侧，是黑龙江省最大的综合性服务区之一，日客流量达3万余人，日接待量1.5万余人，以特色餐饮"得莫利炖活鱼"享誉全国。因此，方正县提出打造得莫利旅游小镇发展思路。按照现有现状，规划核心包括农宅建设和服务区，南至哈同高速、北至松花江畔、东至得莫利山、西至新老哈同公路分岔口，未来哈佳铁路从地段中部穿过（图7-3-8、图7-3-9）。

图7-3-8 得莫利松花江上小渔船（来源：王海明 提供）

图7-3-9 得莫利原始森林（来源：王海明 提供）

得莫利镇将充分利用得莫利这张名片效应,积极挖掘本地的旅游资源,努力打造十大景观,即建设得莫利老城区活鱼一条街;开发集观光、采摘、餐饮于一体的青龙山梨园;以尖山子屯为依托建金色沙滩浴场和餐饮观光区;建设20公里松花江快艇旅游观光区;在西岗屯建设木屋风俗渔村;打造风光秀丽的小南江江心岛景观区;开辟莝草顶子登山游乐区;建设小石子攀岩游乐区;建设得莫利滑雪(草)场游乐区;建设江湾旅游度假别墅景观区。通过十大景观的开发建设,促进旅游产业的强力发展,有效地推动得莫利镇的镇域经济发展,提高居民的生活水平和生活质量,为推进现代中等城市建设增加动力。

得莫利集镇布局划分为"一心、两轴、两带、多片区","一心"即旅游服务中心广场处形成的开敞的中心节点,是镇区的经济、服务、景观中心。"两轴"即镇区东西向和南北向的主干路形成的沿街商业服务轴线,也是镇区的主要发展轴线。"两带"即通过镇区北部的松花江南岸形成的滨水景观风貌带和沿得莫利河形成的得莫利河景观带。"多片区"即分为特色产品集散区、休闲别墅区、农家乐服务区、旅游度假区和农业采摘区五个产业分区。

2. 宁安市小朱家村(滨水村落)

小朱家村地处北纬44.04°,东经129.05°,海拔289米,四季分明。三面环水,风景变化多样。小朱家村联系南北两岸的主要特色交通方式为渡船。项目临近G11鹤大高速,交通条件相对便利,东距AAAAA级风景名胜区镜泊湖约8公里,距火山口国家森林公园约20公里,邻唐渤海国上京龙泉府遗址。同时正处于自然风光、人文资源、响水米产业三大核心范围中心区域,区位条件得天独厚。地理特征显著,气候独特,吸引大量游客。

小朱家村地处美丽的牡丹江上游,三面环水、四季不冻的奇特自然条件使小朱家村春季,万物复苏生机盎然;夏季,碧涟苍翠清爽宜人;秋季,五花山色人间仙境;冬季,白雪雾凇净化心灵。北方冬季皑皑白雪里流水与雾凇并现,当属一绝(图7-3-10)。小朱家村在规划构思方面有着显著的特色:

(1)强调规划地块的整体性,在道路交通、绿地景观、公共设施等方面进行了衔接和统一,形成一个道路通畅、公共绿化带连续、景观和谐、公共设施齐全的完整而又统一的和谐宜居、宜业、宜游的美丽村庄。

(2)充分考虑与镇驻地远期规划的衔接。

(3)规划充分尊重现状肌理,在现有路网和建筑布

图7-3-10 小朱家村庄规划(来源:王兆明 提供)

局基础上继续拓展，力求功能合理，交通流畅，为居民提供一个安全、宁静、优美的居住环境。

（4）规划村庄以满足旅游度假和居民居住两方面实际出发。充分利用小朱家村的自然资源、产业资源和历史人文资源，力求在保留原汁原味农村环境的基础上进行改造性规划。

在小朱家村内，步行路面材料以沥青为主。村南岸路面以铺装当地火山岩为主，尽量保持自然野趣。为增加登山乐趣，在坡度比较平缓、危险性小的地段，辅以自然山路。自然山路需清除路面的杂草、碎石，步道边设置简单的指示方向牌，危险处设警示标志，在确保游客安全的前提下保护生态环境。步道两侧应配有相应解说牌，对自然景观、人文景观、地质构造、珍奇植物进行解说（图7-3-11、图7-3-12）。

沿步道边选择适宜空间，设立了游客小憩点（亭子），供小憩或避雨用，也是引导或里程的标志。山顶设有一处观景平台（望乡台），游客可以在此处俯览到整个小朱家村全貌。

3. 萝北县名山镇（山林村落）

萝北县名山镇隶属于黑龙江省鹤岗市，它坐落在美丽的黑龙江畔，与俄罗斯比罗比詹犹太自治州阿穆尔捷特十月区隔江相望，镇内有国家一类国际客货口岸——萝北口岸，是黑龙江省面向东南亚发展江海联运的黄金

图7-3-11 街区改造图（来源：王兆明 提供）

图7-3-12 住宅改造图（来源：王兆明 提供）

水道，也是鹤岗市对外开放的重要窗口。经济构成以农业、商贸和旅游为主，镇内旅游资源富集。经过多年的开发建设，已初步形成了沿江公园名山岛、迦南星城三大风景区。规划总体布局概括为"一江、一岛、一山、两区"。"一江"即中俄界江——黑龙江，是世界上最长、最美、最环保、流域面积最广的界江，流经萝北146.5公里；沿江而建的名山沿江风景区全长约1800米，由中华园、俄罗斯园和犹太园"三大主题公园"组成，集中展示了中国、俄罗斯和犹太三大古老民族的不同文化。"一岛"即坐落于黑龙江上，距名山江岸约200米的名山岛，小岛呈狭长仿锤形，原始植被保护完好，人文景观特色鲜明，是国家AAAA级风景区。小岛有"一山"即全区之巅名山，游客登临山顶，可俯瞰两岸风光，领略界江风采，感受俄犹风情、体验军旅文化；"两区"即名山中心生活区和迦南星城犹太风情旅游服务区，是名山旅游名镇的两个重要组成部分。

名山镇于2009年被黑龙江省委、省政府确定为全省重点旅游名镇之一（图7-3-13、图7-3-14），按照省委"要充分发挥旅游资源优势，围绕界江观光、异域风情，建设具有地域特色旅游名镇"的指示精神，高起点、高标准编制了《名山旅游名镇建设总体规划》，并研究解决名镇建设的土地、资金、项目等事宜，将名镇建设作为全市"一号工程"全力推进，建设了大卫广场周边的五个旅游服务设施项目，投资达1.37亿元。

4. 中国雪乡——双峰林场（雪景村落）

中国雪乡一般是指双峰林场，它位于牡丹江市大海林林业局境内雪乡人家、张广才岭中段，素有"中国雪乡"之称，这里山清水秀，景色神奇。有两座近1700

图7-3-13　名山镇大卫之星塔（来源：名山镇政府　提供）

图7-3-14　名山镇大卫广场（来源：名山镇政府 提供）

多米的高峰，两山山顶终年积雪不化，遍生高山偃松、岳桦。达紫香八月开花，却又气象万千，各具特色。闻名遐迩的"雪乡"双峰，年积雪期长达7个月，积雪最厚处近2米。每年冬季，皑皑的白雪在负力的作用下，随物具形，千姿百态，雪乡双峰成了一个冰雕玉琢的童话世界，吸引了无数游人、国内外摄影记者和电视剧组来此创作，《闯关东》《大约在冬季》《林海雪原》均在此拍摄。

解放军"八一"滑雪场就坐落在这里。双丰林场位于黑龙江省牡丹江市海林县张广才岭的深山老林里，植被丰富。由于受海洋性环境和大陆性季风的双重影响，加上这里海拔高，具有山区小气候，因此夏季降雨充沛，冬季降雪早，雪期长，是我国降雪量最大的地区（图7-3-15、图7-3-16）。

雪乡犹如一颗璀璨的明珠，镶嵌在张广财岭的东南坡，由于受山区小气候的偏爱，这里每年十月瑞雪飘飘，冬季积雪厚度可达2米深，雪质优良，雪量丰富。隆冬季节几乎日日飞雪迎宾，好一派北国风光。拥着层层叠叠的积雪，百余户的居民区犹如一座相连的"雪屋"，房舍随物具形的积雪在风力的作用下可达1米厚，其状好似奔马、卧兔、神龟、巨蘑……千姿百态，仿佛是天上的朵朵白白云飘落，雪乡从初冬冰花乍放的清晰到早春雾凇消流的婉约，无时无刻不散发着雪的神韵，因此得名"中国雪乡"。景色秀丽、民风淳朴、气候独特的"中国雪乡"双峰景区是大海林风景区的重要组成部分。雪乡的夜景尤为美丽，淳朴的雪乡人在自家

图7-3-15 雪乡建筑（来源：周立军 提供）

图7-3-16 雪乡入口（来源：周立军 提供）

挂起大红灯笼，洁白如玉的白雪在大红灯笼的照耀下，宛如天上的朵朵白云飘落人间，幻化无穷。

5. 北极村（极光村落）

中国漠河县北极村原名漠河村，1860年开始有人居住，位于大兴安岭北麓，坐落在黑龙江上游南岸、七星山脚下，与俄罗斯的依格那思依诺隔江相望，地理坐标为：东经122°21′05″~122°21′30″，北纬53°27′00″~53°33′30″，素有"不夜城"之称，是全国观赏北极光和白夜胜景的最佳观测点。全村243户，963人，北极村距漠河县城西林吉镇约83公里。

北极村以北极光和极昼现象闻名于世。每当夏至前后，一天24小时几乎都是白昼，午夜向北眺望，天空泛白，西边晚霞未逝，东方朝晕又起，像傍晚，又像黎明，人们在室外可以下棋、打球。每年的夏至节都吸引着国内外游客从各地赶来，欣赏这一年一度的自然景观。人们在大界江边点燃篝火载歌载舞、饮酒叙话、通宵不眠，整个夜晚充满欢乐和浪漫的气氛。

漠河县政府修建了许多旅游景点，如北陲哨兵、神州北极纪念碑、快乐山庄和北极山庄。两座古香古色的小别墅群别具风格，还有北陲亭、古水井、日伪电厂遗址、北极第一家等景点，并且游客可以乘游船游览界江，尽览两岸秀丽的景色和异国风情。中国科学院地球物理研究北极地磁台台址也建在此地。2003年，北极村被国家旅游局评定为AAA级旅游景区，2005年被评为"国家级文明村"。

（三）显著成就

（1）各个自然风貌主导型乡村拥有其自己典型的风格，良好的生态环境，美丽的田园风光，丰富的人文资源，为打造优质的旅游产业奠定了坚实的基础。自然风貌主导村庄都较好地保护了传统民居建筑及特色景观资源。为非物质文化遗产保护做出了巨大的贡献。

（2）除了传统民居以外，部分自然风貌主导型乡村还有许多具有重要历史价值的旅游景观要素，并对其进行了充分的利用与开发。另外，村庄中分布的多处古井、名木古树也予以标注，保护良好，避免了损失。

（3）乡村生态环境优美，自然景观较好，并结合当地的特色，创造收入，吸引游客。优美的乡村田园风光，每年都吸引大量游客慕名前往。

（4）游览项目配置扬长避短。村镇文化内涵丰富，各个村落扬长避短，在自身环境容量允许范围内开展有特点的游览观光内容，突出自身特点，开展建筑博览、民俗风情展示，体验乡村生活等。

（四）存在问题

1. 游客容量过量与不足

旅游开发性破坏使村镇的建筑遗产逐渐丧失其历史原真性。旅游的浪潮是我国另一个不可遏制的大趋势，每年超过10亿人次的旅游人数，并以每年20%以上的速度递增。世界各地到我国旅游的人数不断增加，我国已经成为第四大旅游国。但旅游的开发也有两面性，一方面通过旅游使国内外的游客认识我国历史文化村镇独特的风貌和丰富多彩的地方文化，使这批民族的瑰宝体现出其自身的社会价值和经济价值；但另一方面旅游业也是一柄双刃剑，其破坏性不同于建设性破坏，它是在初步认识到历史文化村镇的文化价值前提下，将这些不可再生的而且十分脆弱的文化遗产作为普通的旅游资源来开发，以经济效益为单纯的追求目标，使保护利用变成了开发旅游的措施，将遗产保护与旅游开发本末倒置。本来应该是以保护为主、旅游开发为辅，达到不断增值的可持续发展模式，但现在有些地方的旅游发展模式采取了"杀鸡取卵"的方式，对古建筑进行不恰当的重新包装改建，使古建筑"旧貌换新颜"。对旅游发展比较成熟的村镇，造成巨大不利影响的主要原因是旅游容量的过度。但同时对旅游发展还不成熟的古村镇，旅游容量的不足也制约着古村镇有利保护的实施。

2. 过度商业化倾向

由于经济利益的驱动使过度商业化成为影响村镇整体风貌的主要原因。它的表现形式有两种。一是在村镇内部的商业化，现在有的村庄可谓户户开店，家家经商，进入村庄，仿佛进入一个购物步行街，就连游人慕名前往的旅游景点也淹没在这个巨大的商海之中。而且在当地经营的商品中，地方特色产品较少，而稍有名气的地方特产则因满街都是所谓的"正宗"，让人真假难辨，使部分游人对其失去了兴趣。二是在村镇保护区外围的商业化，与第一种相比，此种情况更为普遍和严重。旅游保护区与相距不到百米的现代商业仿古建筑同时并存。这样的情况屡见不鲜，这不仅影响了历史文化村镇的整体面貌，而且降低了它的文化品位。

3. 同质化现象严重

自然风貌主导型村镇旅游业的开发过程中所出现的同质化特征，折射出了其开发的目的在于争"文化"牌子。例如，从全国目前情况来看，已经进行旅游开发的村镇200多个，而潜在的具有这种资源可能性或者能开发村镇旅游同类项目的还有1000多个。由此可见，村镇旅游开发中，的确存在典型的同质化现象。例如，在村镇旅游的开发过程中，其思想和经营策略也可谓雷同的。实际上，村镇旅游因人为的原因、自然的原因、历史的原因导致同质化现象放大了。还有绝大多数的村镇旅游开发，是以观光旅游为主的模式，追求"来了、看了就走了和拍照留念"，因而很多时候对其历史文化的内涵开发不够。加上观光旅游的这一部分客户群，对历史文化的感觉往往不够，就导致了从需求的角度来说，强调了功利的同质化动机和动力。由于历史的、自然的、人为的原因，这几方面相互促进、相互影响，最后导致村镇旅游同质化的开发模式越来越强。

4. 交通不便

自然风貌主导型村落大多远离城市，这不但使村镇的历史文化得以很好地保存，同时也带来很多问题，其中最主要的问题就是交通不便。多数景观村庄公路等级为等外公路，宽3米，一般为砂土路面，多弯道，实际行程要数个小时。整个镇就像与世隔绝，进出班车极少、路况也较差，如果不尽快改善，旅游业无论如何都发展不起来。

从自然景观、生态利益、人居环境、规模扩张、功能转向方面入手，在保证当地特有的环境的基础上，最大可能地提高居民的受益效果与居住环境，注重于发展。因此只有处理好保护与发展的关系、适度发展旅游业、正确引导公众参与、重塑村镇文化氛围才能更好地引导黑龙江传统聚落绿色生态的可持续性发展，并且发扬独一无二的人文内涵，弘扬优秀传统聚落精神。

索引

聚落（村落）名称	地点	现存主体聚落形成年代	类型	规模（面积等）	户数/人口	民族	级别（历史文化名村名镇、第几批传统村落、文保等级等）	页码
三家子村	齐齐哈尔市富裕县友谊乡	清代、民国时期、中华人民共和国成立后	平原型	约4.83平方公里	1100人	满族、汉族	第一批中国传统村落	090
富宁屯	齐齐哈尔市富裕县友谊乡宁年村	清代、民国时期、中华人民共和国成立后	平原型	约2.8平方公里	360人	满族、汉族	第一批中国传统村落	056
新生村	黑河市爱辉区新生乡	中华人民共和国成立后	山地型	约0.3平方公里	404人	鄂伦春族	第二批中国传统村落	186
镇北村	哈尔滨市尚志市一面坡镇	清代	丘陵型	约2.71平方公里	2610人	汉族	第三批中国传统村落	104
江西村	牡丹江市宁安市渤海镇	民国时期、中华人民共和国成立后	丘陵型	约4平方公里	1583人	朝鲜族	第三批中国传统村落	053
索伦村	齐齐哈尔市讷河市兴旺鄂温克族乡	中华人民共和国成立后	平原型	约4.5平方公里	1150人	鄂温克族	第四批中国传统村落	054
瑷珲村	黑河市爱辉区瑷珲镇	清代、民国时期	平原型	约5.26平方公里	409人	满族、汉族等	第五批中国传统村落	065
坤河村	黑河市爱辉区坤河乡	中华人民共和国成立后	平原型	约13.8平方公里	278人	达斡尔族	第五批中国传统村落	095
顺桥村	牡丹江市海林市横道河子镇	清代	山地型	约7.94平方公里	918人	汉族	第五批中国传统村落	—
百路村	齐齐哈尔市讷河市兴旺鄂温克族乡	清代、民国时期	平原型	约34平方公里	720人	鄂温克族、达斡尔族	第五批中国传统村落	094
街津口村	佳木斯市同江市街津口乡	中华人民共和国成立后	邻水型	约30平方公里	537人	赫哲族	第五批中国传统村落	—
桦树林子村	伊春市嘉荫县常胜乡	中华人民共和国成立后	丘陵型	约5.42平方公里	464人	俄罗斯族、汉族	第五批中国传统村落	056

续表

聚落（村落）名称	地点	现存主体聚落形成年代	类型	规模（面积等）	户数/人口	民族	级别（历史文化名村名镇、第几批传统村落、文保等级等）	页码
东吐莫村	大庆市杜尔伯特蒙古族自治县胡吉吐莫镇	中华人民共和国成立后	平原型	约35平方公里	1560人	蒙古族、汉族	第五批中国传统村落	100
塔子城镇	齐齐哈尔市泰来县	民国时期	平原型	约131.94平方公里	15832人	汉族、满族	第一批省级传统村落	224
江桥镇	齐齐哈尔市泰来县	民国时期	丘陵型	约79平方公里	22000人	蒙古族	第一批省级传统村落	224
龙兴镇	齐齐哈尔市龙江县	民国时期	平原型	约625.33平方公里	35887人	汉族、满族	第一批省级传统村落	224
古城村	齐齐哈尔市克东县金城乡	民国时期	平原型	约22平方公里	4313人	汉族、满族、朝鲜族	第一批省级传统村落	224
创业村	齐齐哈尔市泰来县大兴镇	民国时期	平原型	约64平方公里	2090人	汉族	第一批省级传统村落	224
大庙村	大庆市肇源县民意乡	民国时期	平原型	约50平方公里	1800人	汉族、蒙古族	第一批省级传统村落	078
古城村	黑龙江省牡丹江市海林市长汀镇	清代	丘陵型	约3.21平方公里	610人	满族	省级文物保护单位	008
满族村	宁安市海浪镇依兰岗	清代	丘陵型	约5平方公里	380	满族	历史文化名村	229
洛古河村	黑龙江漠河市北极镇	民国时期	山林型	约5平方公里	163人	汉族	历史文化名村	061
名山镇	鹤岗市萝北县	民国时期	山地型	约82.7平方公里	2341人	汉族、满族	历史文化名镇	235
满井镇	黑龙江省宾县	民国时期	丘陵型	约176.7平方公里	24593人	汉族、满族	历史文化名镇	227
宾州镇	黑龙江省宾县	民国时期	平原型	347平方公里	126188人	汉族、满族	历史文化名镇	227
柯尔克孜民族村	黑龙江垦区富裕牧场	中华人民共和国成立后	平原型	约29平方公里	424人	柯尔克孜族、蒙古族等	历史文化名村	140
小朱家村	宁安市渤海镇	中华人民共和国成立后	邻水型	约5.5平方公里	450人	汉族、满族、朝鲜族	历史文化名村	—
北极村	大兴安岭地区漠河市漠河乡	清代、中华人民共和国成立后	邻水型	约16平方公里	963人	汉族	国家级文明村	240
北红村	大兴安岭地区漠河市北极镇	清代、中华人民共和国成立后	邻水型	约4.2平方公里	500人	俄罗斯族、汉族	—	069

续表

聚落（村落）名称	地点	现存主体聚落形成年代	类型	规模（面积等）	户数/人口	民族	级别（历史文化名村名镇、第几批传统村落、文保等级等）	页码
大同村	哈尔滨市宾县宾州镇	民国时期	平原型	约68平方公里	4169人	汉族	—	227
更新村	牡丹江市穆棱市河西镇	中华人民共和国成立后	丘陵型	约6.91平方公里	180人	朝鲜族	—	055
卡伦山村	黑河市爱辉区四嘉子乡	中华人民共和国成立后	山地型	约30平方公里	857人	满族	—	056
七里地村	牡丹江市海林市横道镇	清代、民国时期	山地型	约2平方公里	219人	汉族	—	144
清泉村	黑河市五大连池镇	民国时期	平原型	约12平方公里	2750人	汉族	—	—
肇安村	黑龙江省大庆市肇州县肇州镇	清代	平原型	约10.3平方公里	2680人	汉族	—	040
双峰林场	牡丹江市	中华人民共和国成立后	山地型	约5平方公里	550人	汉族	—	237
得莫利镇	哈尔滨市方正县	中华人民共和国成立后	邻水型	约194.9平方公里	8290人	汉族	—	233
拉林镇	哈尔滨市五常市	清代、中华人民共和国成立后	平原型	约147.74平方公里	42000人	满族、汉族	—	088
依兰镇	哈尔滨市依兰县	清代、中华人民共和国成立后	丘陵型	约105.06平方公里	87673人	满族、汉族	—	102
宁安镇	牡丹江市宁安市	清代、民国时期、中华人民共和国成立后	山地型	约158.35平方公里	29497人	满族、汉族	—	108

参考文献

[1] 周立军. 东北民居 [M]. 北京：中国建筑工业出版社, 2009.
[2] 杨星辰, 杨大威, 刘淑梅. 黑龙江省简史述略 [J]. 边疆经济与文化, 2013 (01): 6.
[3] 韦宝畏, 许文芳, 刘新星. 中国东北地区民居建筑文化述论 [J]. 吉林建筑工程学院学报, 2010 (02): 33.
[4] 徐璐思, 刘捷, 罗奇. 铁路影响下的近代哈尔滨城市建设初探 (1896~1931) [J]. 华中建筑, 2012 (8): 91-95.
[5] 周立军, 杨雪薇, 周天夫. 黑龙江省传统聚落布局特色的意向分析 [J]. 城市建筑, 2017 (18): 18-23.
[6] 迟明照. 近代东北自然环境与东北习俗文化 [D]. 长春：吉林大学, 2007.
[7] 姜玉. 东北地区人口迁移流动及其影响研究 [D]. 长春：吉林大学, 2017.
[8] 王茹. 哈尔滨中东铁路工业文化景观空间网络构建研究 [D]. 哈尔滨：哈尔滨工业大学, 2016.
[9] 陈思, 刘松茯. 中东铁路的兴建与线路遗产研究 [J]. 建筑学报, 2017 (s1): 28-31.
[10] 刘松茯. 西方现代建筑在哈尔滨的发展轨迹 [J]. 哈尔滨工业大学学报, 2002, 34 (3): 424-429.
[11] 朱玉凯. 黑龙江省乡村聚落景观设计研究 [D]. 长春：吉林大学, 2014.
[12] 魏笑雨, 吴疆. 黑龙江省中东铁路历史建筑保护之路 [J]. 中国文化遗产, 2013 (1): 40-44.
[13] 刘松茯. 西方现代建筑传入中国的前哨站：谈哈尔滨新艺术运动建筑的特征和历史地位 [J]. 建筑学报, 1996 (11): 36-39.
[14] 郑先友, 徐俊丽. 营造和谐共生的现代村落 [J]. 合肥工业大学学报（自然科学版）, 2008: 09.
[15] 刘倩颖. 自然条件对村落形态和布局的影响 [J]. 农业科技与信息（现代园林）, 2010: 04.
[16] 王文卿, 周立军. 中国传统民居构筑形态的自然区划 [J]. 建筑学报, 1992: 04.
[17] 张杰, 吴淞楠. 中国传统村落形态的量化研究 [J]. 世界建筑, 2010 (01).
[18] 王智平. 不同地区村落系统的生态分布特征 [J]. 应用生态学报, 1993: 04.
[19] 张佳茜. 东北地区传统聚落演进中的人文、地貌、气候因素研究 [D]. 西安：西安建筑科技大学, 2016.
[20] 黄世明. 闯关东——重组近代东北 [J]. 中国国家地理, 2008 (10): 334-343.
[21] 范立君. 近代东北移民与社会变迁 (1860~1931) [D]. 杭州：浙江大学, 2005.
[22] 陈建华. 中国文化线路申报世界遗产策略研究 [D]. 长沙：湖南师范大学, 2014.
[23] 李秀莲. 女真人与黑龙江流域文明 [J]. 黑龙江社会科学, 2012 (2): 152-154.
[24] 杨茂盛, 田索菲. 白山黑水系中华——黑龙江流域的民族崛起促进了中国历史进程 [J]. 北方文物, 2006 (3): 50-62.
[25] 舒展. 黑龙江流域民族传统文化概论 [J]. 黑龙江民族丛刊, 2007 (3): 137-145.
[26] 王禹浪, 王志洁. 黑龙江流域古代历史与文化概述 [J]. 黑龙江民族丛刊, 2000 (4): 83-89.
[27] 王禹浪. 黑龙江流域的历史与文化（一）[J]. 哈尔滨学院学报, 2006, 24 (1): 44-48.
[28] 黄源成, 许少亮. 生态景观图式视角下的传统村落布局形态解析 [J]. 规划师, 2018, 34 (01): 139-144.
[29] 李同予, 薛滨夏, 白雪. 东北汉族传统民居在历史迁徙过程中的型制转变及其启示 [J]. 城市建筑, 2009 (5): 104-105.
[30] 汤璐. 基于空间句法的东北村落空间形态 [D]. 哈尔滨：哈尔滨工业大学, 2015.
[31] 杨贵庆, 蔡一凡. 传统村落总体布局的自然智慧和社会语义 [J]. 上海城市规划, 2016 (4): 9-16.
[32] 周立军, 李同予, 薛滨夏, 戚余蓉. 黑龙江省特色村庄规划建设研究 [M]. 哈尔滨：黑龙江科学技术出版社, 2015: 87-89.
[33] 李立. 乡村聚落：形态、类型与演变——以江南地区为例 [M]. 南京：东南大学出版社, 2007: 25-39.
[34] 戴余庆. 东地区传统村落街巷风貌特色及保护更新研究 [D]. 哈尔滨：哈尔滨工业大学, 2016: 24-28.
[35] 胡学慧. 东北地区传统村落空间形态研究 [D]. 哈尔滨：哈尔滨工业大学, 2017: 73-74.
[36] 周巍. 东北地区传统民居营造技术研究 [D]. 重庆：重庆大学, 2006.
[37] 朱霞, 谢小玲. 新农村建设中的村庄肌理保护与更新研究 [J]. 华中建筑, 2007, 25 (7): 142-144.
[38] 杨振宁. 浅谈村庄肌理的保护与更新 [J]. 城市建设理论研究（电子版）, 2012, 2 (35).

[39] 李欣. 苏州村庄空间形态研究[D]. 苏州：苏州科技学院, 2012.
[40] 单琳琳. 黑龙江满族民居建筑及内部装饰研究[D]. 哈尔滨：哈尔滨工业大学, 2006.
[41] 熊振昌, 闵娟. 浅谈城市设计与城市特色[J]. 城市建设理论研究（电子版）, 2015, 5（35）.
[42] 薛姣. 河南省传统村落类型与形态研究[D]. 郑州：郑州大学, 2016.
[43] 郭伶俐. 劳动、生产、实践概念辨析[J]. 河南理工大学学报（社会科学版）, 2011, 12（1）：40-45.
[44] 王美玲. 黑龙江省少数民族旅游发展的研究——以满族旅游为例[D]. 哈尔滨：黑龙江大学, 2014.
[45] 车霁虹. 富饶神奇的黑龙江[M]. 哈尔滨：黑龙江人民出版社, 2006.
[46] 朴玉顺, 彭晓烈. "京旗文化"特色村镇的保护与建设[J]. 小城镇建, 2014, 32（5）：83-87.
[47] 翟有龙, 李传永. 人文地理学新论[M]. 成都：西南交通大学出版社, 2004.
[48] 赵月梅. 当代蒙古族的牧业生产习俗研究——以黑龙江省杜尔伯特蒙古族自治县布村为例[D]. 北京：中央民族大学, 2011.
[49] 左岫仙. 黑龙江流域少数民族对东北亚陆海丝绸之路的历史贡献[J]. 黑龙江民族丛刊, 2018, 34（4）：106-114.
[50] 程弓. 黑龙江冰雪丝绸之路（连载八）[J]. 黑龙江史志, 2012, 28（22）：46-48.
[51] 陈威, 张丽筠. 论中国古代驿站对当前装备保障的启示[J]. 科学时代, 2013, 21（3）.
[52] 张继梅. 站人在边疆经济文化中的作用——以黑龙江为例[J]. 法制与社会, 2008, 17（25）：213-214.
[53] 许诺. 湖南滨水传统村落空间组合研究[D]. 长沙：湖南大学, 2018
[54] 徐琴. 基于游客体验的风景区景观规划设计研究——以苍南大渔寮景区一期为例[D]. 杭州：浙江大学, 2018.
[55] 孙硕, 余璇. 稻田元素在景观设计中的应用研究[J]. 美与时代·城市, 2017（3）：31-32.
[56] 王立群. 生产性景观要素在乡土景观中的再利用研究[D]. 西安：西安建筑科技大学, 2015.
[57] 何振良. 东北区农业景观的调查研究[D]. 北京：北京交通大学, 2013.
[58] 徐渤海. 环境综合质量指标体系的构建及应用[J]. 华东交通大学学报, 2013（5）：97-103.
[59] 钟大雁. 浅谈生态型小城镇景观营造[J]. 中华民居, 2013（12）：56-57.
[60] 杨保锁, 王力刚, 宋喜梅. 乡土树种在黑龙江省城市园林绿化中的应用探讨[J]. 现代农业科技, 2011（10）：225-225, 230.
[61] 刘宇. 宁安张闻天旧居[J]. 黑龙江史志, 2008（13）：13, 16.
[62] 熊海珍. 中国传统村镇水环境景观探析[D]. 成都：西南交通大学, 2008.
[63] 俞孔坚. 田的艺术——白话景观与新乡土[J]. 城市环境设计, 2007（6）：10-14.
[64] 韩聪. 气候影响下的东北满族民居研究[D]. 哈尔滨：哈尔滨工业大学, 2007.
[65] 刘思锋, 于薇. 中国东北井干式传统民居的地域特色研究[C]//2011年中国建筑史学学术年会论文集. 2011：163-165.
[66] 张成龙, 邱爽. 长白山区传统木构建筑的建构解析[J]. 吉林建筑工程学院学报, 2009, 26（02）：59-62.
[67] 黄远. 东北碱土民居研究[D]. 沈阳：沈阳建筑大学, 2012.
[68] 张凤婕. 地域·宅形·基因——东北地区汉族传统民居研究[D]. 沈阳：沈阳建筑大学, 2011.
[69] 周立军, 李同予, 曲永哲. 东北汉族传统合院式民居的空间特点解析[J]. 南方建筑, 2008（5）：20-23.
[70] 李同予. 东北汉族传统合院式民居院落空间研究[D]. 哈尔滨：哈尔滨工业大学, 2008.
[71] 张复合. 建筑史论文集（第16辑）[M]. 北京：清华大学出版社, 2002.
[72] 王铁军. 东北满族民居本土文化传承与发展研究[J]. 吉林艺术学院学报, 2015（3）：67-72.
[73] 常慧. 东北传统民居文化生态研究[D]. 哈尔滨：哈尔滨工业大学, 2012.
[74] 高萌. 东北三个少数民族传统文化的建筑表达研究[D]. 哈尔滨：哈尔滨工业大学, 2008.
[75] 孙宇, 苏志伟. 民居生态技术在绿色建筑设计中的应用[J]. 城市建设理论研究（电子版）, 2013（13）.
[76] 宋春雪. 朝鲜族传统民居建筑装饰研究[D]. 长沙：中南林业科技大学, 2013.

[77] 周立军, 于立波. 东北传统民居应对严寒气候技术措施的探讨[J]. 南方建筑, 2010（06）: 12-15.
[78] 林晓花. 黑龙江省满族民居研究[D]. 哈尔滨: 哈尔滨工业大学, 2006.
[79] 王时原, 代小梅, 刘九菊. 乡土聚落保护更新下的民宿开发与设计研究[J]. 建筑与文化, 2019（9）: 214-215.
[80] 刘晟崇, 杨小军. 2017年度中国传统村落研究评述[J]. 经营与管理, 2019（03）: 148-155.
[81] 王永德. 地域文化背景下乡村旅游村落的保护发展研究——以河南省为例[D]. 青岛: 青岛理工大学, 2019.
[82] 杨雪薇. 基于意象理论的东北传统村落布局保护研究[D]. 哈尔滨: 哈尔滨工业大学, 2018.
[83] 李依蔓, 白胤. 现代化进程中的传统聚落保护与更新策略[J]. 中外建筑, 2016（12）: 77-78.
[84] 霍爽. "新型农村社区"指导下的美丽乡村规划研究[D]. 哈尔滨: 东北林业大学, 2015.
[85] 秦学芳. 新农村规划中如何体现村庄风貌规划——以中卫市中宁县宁安镇古城村为例[J]. 建筑工程技术与设计, 2014（28）: 6-7.
[86] 周开保. 桂林传统村落保护发展的模式探讨[J]. 广西城镇建设, 2014（11）: 34-45.
[87] 张劲农. 漳州历史文化街区整治保护规划瑕疵及其思考[J]. 福建工程学院学报, 2013, 11（1）: 84-88.
[88] 杜晓帆. 城市历史遗产及其真实性[J]. 建筑与文化, 2012（12）
[89] 王琦. 黑龙江省民俗旅游资源开发研究[D]. 济南: 山东大学, 2009.
[90] 刘征. 山地人居环境建设简史（中国部分）[D]. 重庆: 重庆大学, 2002.
[91] 国际建筑师协会. 北京宪章[J]. 福建建筑, 1999（03）: 7-10.
[92] 邱立姝. 黑龙江森工系统人力资本管理与开发研究[J]. 中国林业经济, 2018（6）: 15-18.

后 记

对于黑龙江省传统聚落保护研究，一方面是乡村振兴发展战略的现实需求，同时也是对传统乡村文化的保护与传承。针对传统聚落的保护与更新，其首要工作就是要厘清黑龙江省现存的传统聚落资源，充分认识其现存的发展问题，挖掘其内在的精神文化及乡土智慧，尊重其自身的发展模式，发现其内在的文化价值，并充分肯定其在现代聚落发展中的积极作用。与此同时，积极弘扬与传承优秀的传统乡土文化，在此基础之上，再对传统聚落的保护与更新提出更为具体的要求与措施，才能更好地把握传统聚落在当代保护与更新的发展道路与方向。

黑龙江省传统聚落保护的研究成果，一方面可以使人们更好地掌握黑龙江省传统村落发展的第一手资料，清楚地认识其当下的发展状况，给予未来规划建设者更多的参考，使得传统聚落在未来的保护与更新的发展过程中，能够更好地传承其优秀的聚落文化，突出其独特的地域和民族特色，突破其发展中所遇到的瓶颈，推动新时代美丽乡村的建设，提高黑龙江省城乡建设水平和综合竞争力。另一方面，可以充分发扬传统聚落所呈现出来的优秀的规划与营造技艺，不仅能给传统聚落的保护与更新提供更为合理的方法途径，同时也能为新时代的村落建设提供更多的灵感与方法。而这种优秀的传统聚落的营建智慧对于每一位规划建筑师而言，可以充分激发其创作灵感，促使其创作出更具乡土气息及民族特色的设计作品，为传统聚落的保护与更新提供更多的可能性。总之，对于黑龙江省传统聚落的保护研究，要究其本质，寻其规律，尊重传统，规避同质，独具创新，使得传统聚落在新时代中能够更加平稳有序地发展与变革。

近些年来，无论是国家政策的引导，还是人们对传统文化保护意识的提高，都使得对传统聚落保护的关注度大大提升。本书对黑龙江省传统聚落的保护研究，仅仅是对黑龙江省传统聚落文化研究的一个开始。如何更好地把握传统聚落的发展脉络，传承传统聚落优秀的乡土文化，保护传统聚落形态的原真性，创新传统聚落在当下的发展模式，仍是一项艰巨而漫长的任务，需要从上至下，各个层面的力量共同参与、共同努力，才能一步步走向更加美好的未来。

回望几年来黑龙江省传统聚落的实态调查与保护研究工作，凝聚了许多研究人员的辛苦劳动与付出，这里要感谢汤璐、苏瑞琪、王艳、王蕾、程龙飞、杨雪薇等同学在黑龙江省传统聚落调研工作中的辛苦劳动。感谢崔馨心、李玉梁、周余亭、李蝉韵等同学参加各章节的编写和进行整合梳理工作，为本书编写做出突出贡献。黑龙江省住房和城乡建设厅村镇建设处王海明同志和黑龙江建筑职业技术学院的王兆明教授也为本书编写提供了部分设计案例，在此一并表示衷心感谢。由于部分客观原因及作者研究的局限性，本书难免会存在一定的疏漏与不足，望专家、读者及相关人士批评指正。

图书在版编目（CIP）数据

中国传统聚落保护研究丛书. 黑龙江聚落 / 周立军，周天夫著. —北京：中国建筑工业出版社，2021.12
ISBN 978-7-112-25706-5

Ⅰ.①中⋯ Ⅱ.①周⋯ ②周⋯ Ⅲ.①乡村地理—聚落地理—研究—黑龙江省 Ⅳ.①K928.5

中国版本图书馆CIP数据核字（2020）第245750号

黑龙江省地处祖国北疆，独特的地理环境、悠久的历史文化及多元的民族内涵，孕育出多样的聚落类型及结构形态。伴随黑龙江大地上人们生活生产方式的发展，衍生出了以生产、交通、行政、防御为代表的功能形态。在地理及文化的双重引导下，独具地域特色的黑龙江民居应运而生，典型的营造技艺凝聚了人们因地制宜的劳动智慧，结合传统的景观特征，构建出黑龙江省传统聚落丰富的文化内涵。本书从宏观的聚落形态至微观的民居建造，基于不同的空间层次阐述了黑龙江省传统聚落的典型特征，并在新时代聚落发展的背景之下，提出相宜的保护更新策略与措施，为黑龙江省传统聚落的发展提供理论支持。本书可供建筑、城乡规划、风景园林、人文地理、文物保护等相关专业的读者及文化旅游爱好者参考阅读。

责任编辑：胡永旭 唐 旭 吴 绫 贺 伟 张 华
文字编辑：孙 硕 李东禧
书籍设计：付金红 李永晶
责任校对：王 烨

扫一扫
观看本卷聚落视频资源

中国传统聚落保护研究丛书
黑龙江聚落
周立军 周天夫 著

*

中国建筑工业出版社出版、发行（北京海淀三里河路9号）
各地新华书店、建筑书店经销
北京锋尚制版有限公司制版
北京富诚彩色印刷有限公司印刷

*

开本：889毫米×1194毫米 1/16 印张：17¾ 插页：8 字数：463千字
2022年12月第一版 2022年12月第一次印刷
定价：**208.00元**（含视频资源）
ISBN 978-7-112-25706-5
（36642）

版权所有 翻印必究
如有印装质量问题，可寄本社图书出版中心退换
（邮政编码100037）